新選組記念館青木繁男

調べ・知り・聞いた秘話を語る！

戦国おもしろばなし

百話

目次

本能寺の変の黒幕 72

三 秀吉の話 …… 81

四 徳川家康の話 …… 95

五　井伊直虎の話 …… 110

六　関ヶ原の戦いの話 …… 121

一 織田信長の話

信長の私生活・実像

1 戦国武将の健康法、信長の場合

「信長のスポーツと、食生活はどんなだったか?」

織田信長（1534〜1582）は戦いの時を除いては、生涯、心身の鍛練と運動は欠かさなかった。彼の日常生活は、16、17歳の頃まではこれといった遊戯もせずに、専ら心身の練成に余念がなかったらしい。毎日欠かさず、朝夕は「馬」の練習をする。『信長公記』によると、その間は市川大介から「弓」の特訓を受けた。平田三位《さんみ》からは「兵法」を学び、「鉄砲」は橋本一巴《いっぱ》より指導を受けた。軍事訓練を兼ねた「鷹狩」にも常に行っていた。春から初秋9月にかけては川で「水練」をし、その腕前は相当上級であったらしい。毎日々1年中、大部分はこの様に修練に費やされ、日常の〝いでたち〟も、独特のスタイルであった様だ。胴衣の袖を外して着用し、半袴をはき、腰に火打袋や必要な品々を下げていた。髪は茶筅髷《ちゃせんまげ》にし、紅《くれない》や萌黄《もえぎ》の糸を巻き結っていた。今日風では、トレーニングスタイルであろう。それも常時このスタイルで、父信秀の葬儀にもこの格好で参上したのは有名である。斎藤道三（1494?〜1556）との会見時の途次もこのスタイルだった。

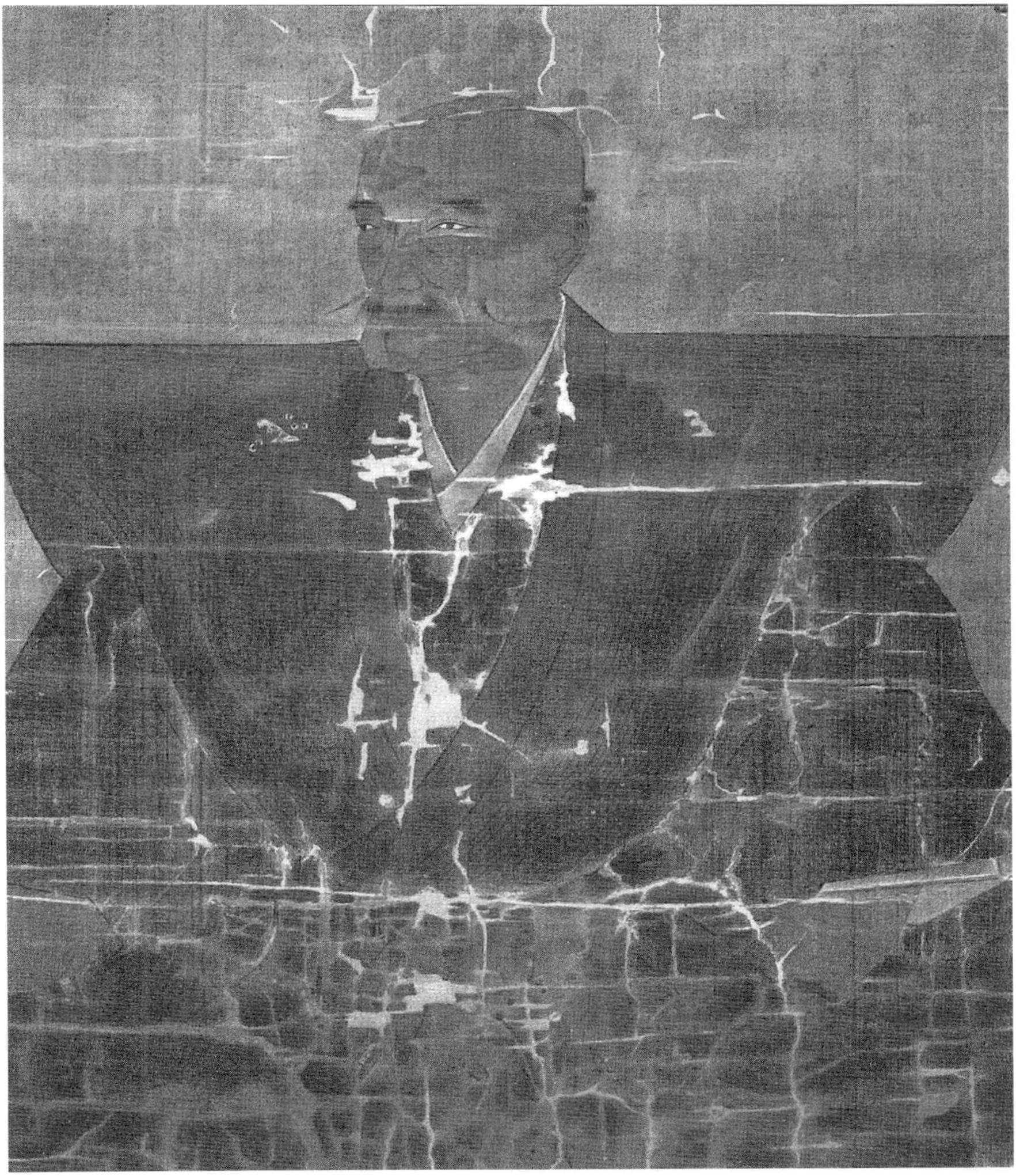

斎藤道三

乗馬は特に深く行い、相当なものであったらしい。弘治元年（1555）6月26日、弟喜六郎秀孝《ひでたか》が、叔父にあたる尾張国守山城（愛知県名古屋市守山区市場）主・織田信次《のぶつぐ》の家臣に誤殺された時、清州城（愛知県清須市一場）より守山迄、三里を一気に駆けたという。名馬でも三里を走れる馬はない。彼が常に自分の馬と自分を如何に鍛えていたかが、これで分かるのである。信長と家康は、特に健康を守った武将である。

織田信長

2 戦国の夫婦 「信長と濃姫」不信と裏切りの夫婦

戦国時代の大名の娘の御嫁入りの御心得の第一条は、「たとえ夫婦が一緒の床に入っても、懐刀を肌身離さぬ様に」ということだった。何時相手に殺されるか分からないし、場合によっては夫を殺す必要があるからである。

信長は少し変わった「暴れん坊」で異常といえる人物である。この信長の妻は、美濃領主の「マムシ」と言われた男、斎藤道三の三女である。彼女の名前は「濃姫」（帰蝶）（1535？～1612？）と言われているが、はっきりしない。道三も信長に劣らぬ凄腕の人物で、元々、その素姓の分からない人物である。寺の小僧や、商人など転々と職業を変え、その後、美濃の稲葉山城（のちの岐阜城）の城主・長井長弘に仕え、主人を倒し、長井新九郎規秀と名乗ったが、それまでも次々と名前を変えたと言われている。そして次に美濃の土岐氏に仕えたが、主人を追い出して、弟の頼芸《よりあき》を据え、これもその後追い出して、自ら美濃を掌握して斎藤新九郎利政と名乗った。道三と言うのは剃髪してからの名前である。この、いわゆる『国盗り物語』（司馬遼太郎小説）は、最新の研究では、父・長井新左衛門尉と道三の二代にわたるものであるといわれている。

話を戻すと、道三と織田家は、領地が隣り合わせとなっていたので、しばしば合戦をし、そして和解の目的で、この結婚がされた。信長の「大ウツケ」の噂は、道三も知っていた。天文18年（1549）娘が嫁いでから後、道三は信長を尾張中島郡の正徳寺に呼び寄せ対面した。この時信長は、噂に違《たが》わず〝麻の単衣を着て、肩脱ぎに袖をして、茶筅髪《ちゃせんまげ》に結い、太刀、脇差を縄でぐるぐる巻き〟にしてやって来た。そしていざ対面の場に出て見ると「ちゃんとした正式の服装」になり、そして応対も立派で、戦国一の梟雄《きゅうゆう》と言われた道三の前でも悪びれず、立派な態度であった。道三はその態度に「舌を巻いた」という。その後、部下が「信長はタワケですな」

と言ったところ、「ところが無念な事に俺の子供は、あのウツケ者の門に馬をつなぎ、臣下の礼をとるだろうて」と言ったという。

この信長と濃姫が結婚して暫くの事、姫は、毎夜夫が夜が更けると寝床を抜け出すのに気付いた。注意していると、毎夜・子の刻である。さては女の所へ?当時、側室は複数いたので、初めは気に留めなかった。姫も毎夜同じ時刻に出て行くので「カン」に触って、とうとう信長に問い詰めると思い掛けない返事である。「何で女の所など通いに行くものか」、「でも、それなら毎夜同じ時刻に出ていらっしゃるのです?」、「それには訳がある」、「それを聞かせて下さい」、「これだけは言えぬ」押し問答の末、誰にも言わない約束ならと切り出した。「事は重大だ、絶対に漏らさない様に」、「よろしゅうございます」、「よし、ではな、俺は今、庭に出て、火の手の上がるのを待っているのだ」、「火の手」、「そうだ。そなたの父、道三殿の城からな」、「え、何ですって」、義父とは言え油断のならないこの男を、彼は秘かに亡きものにしょうとしていたのだ。「まあ、何という事を」濃姫は呆れて、夫の顔を見守ったが、信長は「実はな、俺は、そなたの父の家老達二人をとっくに「手なずけ」てしまっている。彼らが見事に父を討ち果したら、城で火を燃やす。それを子の刻という、約束となっているので、こうして毎夜見ているのよ」。濃姫は絶句した。「よくも私の父を」、これが、夫のなすべき事か、夫はそんな人なのか、今迄、彼を信じていた事が悔しかった。「よしそれなら」濃姫は何としてでも父にそれを知らせようとする、この時、夫より父を選んだ。夫に激しい敵意を燃やしたのだ。いざ父に知らせをと思っても、なかなか思うように出来ない。注意して見ていると、信長は道三の家老二人に物を贈ったりして、接近に努めている。これは確かに夫の言う事に相違ないと、遂に彼女は道三への連絡に成功。娘の知らせで、道三は謀叛の家老二人を退けて、難を逃れた。

何と、これは信長の謀略だった。彼は道三がしたたか者である上に、有能な家老等に守られているのを排除すべく、自分の妻を利用して、両者の離間を狙ったのだった。つゆとも知らず、姫は夫の計画にはまり、嘘の情報を道三に、その手で有能な部下を殺させてしまった。これにより斎藤氏の勢力は弱体化し、道三の孫・斎藤龍興（1548〜1567）を、信長は美濃から放逐した。これは夫と妻、相互の不信が成す業である。

戦国時代の夫婦関係とは、こんなものであったのである。

3 『信長記』から見える、信長の優しさ

非常な「残虐さ」で知られる信長であるが、太田牛一（1527〜1613）の『信長記』には彼の「優しさ」が僅かに書き残されている。現在にも伝わる「津島踊り」の初見資料といわれる、『信長記』の弘治3年（1557）「おどりを御張行《おはりぎょう》、7月18日信長公は津島で盆踊りを盛大に催した。旗本の士たちが赤鬼青鬼・地蔵や弁慶といった仮装をし、信長公は天人の御衣装で、小鼓を打ち、女おどりをされた」とあり、信長の内心のいらだちと不安感、それを解き放つ為の〝踊り〟だったようだ。

『梁塵秘抄《りょうじんひしょう》』に「舞へ舞へ蝸牛《カタツブリ》舞はぬるものならば、馬の子や牛の子に蹴ゑさせてむ。踏破《フミヤブラテ》せてむ。実《マコト》に美しく舞うたらば、華《ハナ》の国まで遊ばせむ」とあるように、舞はこれを仕事とする人だけでなく、見物人や舞を真似る人たちにとって、自己の精神の自由をもたらした。一遍上人の「踊り念仏」しかり、空也上人の「六斉念仏踊り」もしかりである。一心に舞い踊ることを通して、あらゆる罪障《ざいしょう》（往生・成仏の妨げとなる悪い行為）は消えていく。不慮の死を迎えた弟喜六郎秀孝《ひでたか》（?〜1555）の霊を慰めつつ、敵味方の供養が可能である。天人の姿を舞った信長が託したものは、「夢」「幻」の現世で自分がなじまなければならぬ形だったと、「牛一」

は信長の心を感じたのであろう。

「思わぬ楽しみにあずかった津島の村々の者たちは、清洲まで御礼の踊りを見せにやってきた。信長公は大層満足し、一人一人に言葉をかけてやり、茶などをふるまった。皆感涙して帰っていった」。

信長の背後関係

4 天下を目指す信長と供に「津島神社」

愛知県津島市では毎年7月に「日本三大川まつり」として知られる「尾張津島天王祭」が、二日間に亘って催される。この祭に関する文書『大祭筏場車記録』には、ある武将について以下の記述がある。「かづさ殿、橋の上に御座候て御見物され候。女房達、橋坊主の裏に桟敷をうち、それに御座候」。今から450年以上前この地を治めていた武将が、この祭の朝の風景を楽しんでいたとされる記述である。武将「かづさ殿」とは信長（1534～1582）である。その記載の時期は弘治4年（1558）で、かの今川義元を破った2年前、尾張の国の統一戦争の真只中のことである。この〝津島の地〟と信長の出である織田家との関係は深い。信長の祖父信定（?～1527）は、伊勢と熱田を結ぶ「湊町」として、津島の経済力に目をつけ、隣に勝幡城《しょばたじょう》（愛知県稲沢市平和町城之内）という居城を構えて、この地を支配下に置いた。そして、その子信秀（1527～1551）は、受け継いだ「財政基盤」を背景に成長を見せる事になる。織田家の台頭は、津島の経済力の活用によるものであり、一方では外敵を防ぎ、又、神社への寄進も行い「津島の人々と良好な関係」を進めた。太田牛一の『信長公記』には、信長は、清州から津島の有力者の一人、堀田道空の屋敷の庭で「天人の格好で女踊りを踊った」と記されている。そして後日その御礼に津島の有力者達は、清洲の信長の元にやってきている。こうして地元民との関係を深め、基盤を固めていたのである。

〝桶狭間の合戦〟では、今川義元に「一番槍」をつけた津島家の一人に、服部小平太（一忠）がいた。

5 織田軍の強さは、その軍規にあった

日本に来訪し布教をしていた宣教師の人々には、「イエスズ会」の本部に定期的に通信を送ることが義務化されていたが、このことは余り知られていない。特に『フロイスの報告書』が素晴らしく秀でているので、これればかりが有名だが、『耶蘇会士日本通信』という報告書が残されていて、この中に、信長が城を造った時の話が報告されている。「2万人の人夫は使役された―中略―あるとき、工事をしていた一人の兵士が通りかかった女性のベールを引き上げて、その顔を見ようとした。するとその時遠くで見ていた〝信長〟が走り来て一言も云わずにその兵士の首をはねてしまった」と書かれている。信長が如何に軍規を重んじたかを示す話だが、その厳しさには宣教師も大変驚いた様である。他にも、信長率いる軍勢が京都に上った際、臨済宗妙心寺本山に立ち寄ったところ、軍の一兵卒が通りすがりの市中の女性をからかったのを知った信長は、これで軍規の乱れるのを厭い、家来に命じてこれを斬首させた逸話とか、また、乱取り（戦場に於ける金品子女の略奪暴行）も、織田軍はこれを厳しく戒めていたようだ。厳しい軍規をバックに、信長は近代兵器の採用、強度の団体教練を

行い、強力な織田軍団を育てていたのだ。

また、信長について次のように述べている。

「此の尾張の王は、年齢三十七歳なるべく、長身痩躯、髯少し。声は甚だ高く、非常に武技を好み、粗野なり。正義及び慈悲の業を楽しみ、傲慢にして名誉を重んず。決断を秘し、戦術に巧にして、殆ど規律に服せず、部下の進言に従うこと稀なり。彼は諸人より異常なる畏敬を受け、酒を飲まず、自ら奉ずること極めて薄く、日本の王侯は悉く軽蔑し、下僚に対するが如く肩の上より之に語る。諸人は至上の君に対するが如く之に服従せり。善き理解力と明晰なる判断力を有し、神仏其他偶像を軽視し、異教一切の卜《うらない》を信ぜず、名義は法華経なれども、宇宙の造主なく、霊魂不滅なることなく、死後何物も存せざることを明に説けり。仕事の処理は完全にして巧妙を極め、人と語るに当り猶予曲折を悪《にく》めり。諸侯と雖も其前に出づるに当り剣を携ふることなく、彼は常に二千余の騎馬の小姓を引率せり」。

6 細川藤孝《ふじたか》は、陰の信長、天下布武へのサポーターであった

信長（1534〜1582）がイエズス会と連携して天下布武に突き進んだ裏には、ある人物のサポートがあったのではないか。つまり、その人物は〝細川藤孝（幽斎）〟である。

まず細川藤孝（1534〜1610）は、足利義輝（1536〜1565）・義昭（1537〜

1597）とは異母兄弟として親密な関係にあり、義昭と信長を結んだ仕掛け人の一人であった。また、従兄である大儒学者・清原枝賢《えだかた》（1520～1590）は初期キリシタンであり、藤孝、異母兄・三淵藤英《みつぶちふじひで》（？～1574）と共に、義昭を一乗院から脱出させ匿った和田惟政《これまさ》（1530？～1571）は、潜在キリシタンであったようで、バテレンからの情報に触れられる立場にあった。

さらに、藤孝（幽斎）は古今の学問に通じた第一級の文化人であり、儒教にも詳しかった。信長は天正4年

細川藤孝（幽斎）

（1576）には京都の教会（南蛮寺）の土地を与え、天正8年閏3月には安土に教会と神学校（セミナリヨ）を設立の許可を出し、イエズス会に手厚い保護を与えて、日本布教のサポーターとして行動している。洗礼こそ受けてはいないが、信長の施策や行動は、九州におけるキリシタン大名と同じである。信長は潜在キリシタンと同じ様な心情を持っていたのではなかろうか。しかし信長は武人であり、一面儒学の精神も体内に入っており、『春秋左氏伝』に記された「七徳の武」（暴を禁じ、戦を収め、大国を保ち、功を定め、民を安んじ、衆を和し、財を豊かにの七つ）による本当の「天下布武」を理想とし、戦国の現世の終結を考えていたのではないかと思われる。これを裏からサポートできた人物は〝細川藤孝〟と思われるのである。

7 織田信長の経済力の背景

信長（1534～1582）は、秀吉（1537～1598）と共に、金銀を多量に所持し使用していた事が知られている。両者共に南欧勢力からの供給と思われる。堺の豪商・津田宗及が、天正6年（1578）正月、安土城に登った時、ある1室で黄金1万枚を見たと言われている。秀吉以前には、金山の採掘はそれほど進んでいなかったのにかかわらず、信長は家臣の使者などに再々黄金を与えていて、その総計は1千400枚を超えていたといわれる。信長は輸入品の独占により経済的に突出していたのである。年貢米と賦課役銭の収入だけの戦国大名では、天下布武を目標とする軍事費は賄えないのである。そして信長による「禁裏（宮中）修理」「義昭邸新築」「安土城築城」などの費用も莫大だったはずで、『信長公記』に、バテレンからの黄金、他の援助を受けていたとされるが、それは秘中の秘で、信長のバテレンサポートの裏には南欧勢力の全国制覇の援助があったはずである。そして、信長を大友宗麟（1530～1587）と結ばせ、押し上げる担い手は堺の豪商達であった。津田宗及の叔父で、大友宗麟の御用商人となって豊後と堺を往復していた天王寺屋道叱《どうしつ》がいた。永禄10年（1567）2月10日、道叱は豊後から堺に帰り、信長が2万貫もの矢銭を掛けてきた頃、宗及と道叱は次々と堺の有力商人の元を訪ねている。そして、信長が堺の町を接収する為、〝佐久間〟〝柴田〟を派遣した時、宗及は、今井宗久と共に妥協派になり、堺町衆に服従策を説いたと見られる。大友宗麟と信長を繋ぐパイプは、堺の「日比屋一族」「天王寺屋一族」であった。同じく堺の商人今井宗久は、豪商・武野《たけの》紹鷗《じょうおう》の女婿として地歩を築いていた。彼は堺衆を統率して鉄砲の製造をはじめ、信長に兵糧、弾薬を供給した。信長が制圧した生野《いくの》銀山に代官を出して管理をしている。大友氏の元に鉄砲鍛冶が仕え、大友氏は本格的鉄砲生産に入り、永禄7年（1564）に毛利軍を迎え撃った大友軍は、1千200挺の鉄砲を持っていた。宗久は、堺と豊後を往復する道叱等を通じて宗麟と交流があったのだが、信長は〝堺商人〟や、〝バテレン〟の経済的支援の下で、勢力を拡大して行ったのだ。

8 信長の京都馬揃えは、巡察師のアレッサンドロ・ヴァリニャーノの為に行われた

従来、信長の「京都馬揃え」は、天覧の為に行われたと言われてきたが、実際には主賓は天皇では無く、イエズス会の巡察師ヴァリニャーノ（1539～1606）であった。天正7年（1579）7月、島原半島南端の口之津に上陸したヴァリニャーノは、有馬領、大村領を経て翌8年8月には豊後府内に入り、大友宗麟

の下で「ミサ」を行い、臼杵《うすき》に新設した修道院の開院式で講演したり、イエズス会の協議会を開くなど布教と視察活動を行った後、フロイスらを伴って、天正9年（1581）2月4日に、堺に向けて豊後府内を船出した。その第一の目的は、京都及びその周辺での布教活動の視察と安土での協議会開催であった。

ヴァリニャーノ一行が、堺に着いたのは2月13日であった。それから15日に堺を発し、若江（東大阪市）、八尾、河内、岡山（四条畷）のキリシタンを訪問しつつ、高槻に17日に到着した。ヴァリニャーノは、その2・3日後には入京して22日の復活祭を京都で祝う予定であったが、信長が祝祭と競技の準備をしているとの知らせを受け、高槻とその周辺に留まった。22日には高槻で多くの信者と共に復活祭を祝っている間に、信長から連絡が入り、急に出発してその夜、京都に入った。

この日程は信長の日程と合わせる為にこうなったのであった。信長は13日には未だ安土にいて15日の上洛が予定されていたが、18日に延期され、実際に京都に来たのは20日であった。信長は何かの都合で上洛が遅れたため、自分が上洛してからヴァリニャーノが入京する様、高槻に待機させていたと見られる。

『信長公記』には23日、バテレンが「黒坊主」を召しつれて参礼したと記されているが、信長に謁見したのは25日である。

吉田兼見の日記『兼見卿記』によれば、「馬揃え」が28日に決定したのは、信長が上洛した翌日の21日であった。挙行日の決定が遅れたのは、肝心の馬場の場所が決まらなかったからと見られるが、実はヴァリニャーノの都合に合わせて決めた可能性が高い。

更に「馬揃え」の挙行において、ヴァリニャーノの存在が意識されていたのは、日程だけでは無かった。当日、本能寺を午前8時に出た信長は、室町通を上り、一門以下、歴々の武将からなる大騎馬隊と共にパレードして馬場に入った。華美な〝いでたち〟の信長は、さながら住吉明神と思われる程のきらびやかさであったと言われている。これは、信長の威容を見せつける一大パレードであった。馬場では華やかに装った天皇、公家、女官が桟敷に並んでいた。続いて午前8時～午後2時迄、大群衆が見守る中、着飾った何十騎もの騎馬が馬場の中をぐるぐると一度に駆け、前例の無い行事が行われた。信長の行動についてフロイスは、「信長は贈られた椅子をことのほか喜び、自分の入場に威厳と華麗を加える為、それにより、他より異なる者であることを示した」と記している。

四人の男が担ぐ椅子の乗り物は、ローマ教皇の絵画によく見られる。信長の贈られた椅子も、信長にとって権威のシンボルであった。信長は唐天竺の王が用いる織物「キンシャ」を用い、更にこの椅子に座って見せる事により「他より異なる者」、すなわち天皇を凌ぐ「日本国の帝王」である事を、天皇を始めとする大群衆に見せつけたのである。この時、日本に新たな「帝王」が誕生した事を示された。

京都での「左義長」を見たいと言わされて「馬揃え天覧挙行」の名目作り役を果した正親町《おおぎまち》天皇（１５１７～１５９３）は、その上に、無視された事を悟ったであろうと思われる。それにもかかわらず、５人の勅使を遣わせて「かほど面白きご遊興を、ご覧になり歓喜斜めならず」旨を伝えている。それほど信長に対して、朝廷側は神経を使っていたのであった。

9 イエズス会の為に立った武将、織田信長

イエズス会から、信長（１５３４～１５８２）への武器援助が一例ある。西暦１５８４年8月5日付、長崎発信のイエズス会総長宛てのフロイス書簡によれば、天正12年（１５８４）、羽柴秀吉が紀伊根来衆を攻め

る際、「小西アウグスティヌス行長」が率いた艦隊の船に、豊後の国王が信長に贈った大砲一門が、多数のマスケット銃と共に備えてあったという。イエズス会司教を通じて、インド総督に大砲贈与と硝石の独占輸入を要請しているほど、ポルトガル国、イエズス会と親密な大友宗麟から、信長は大砲を贈られていた。信長は間接的にイエズス会から武器援助を受けていたのだ。『信長公記』によれば、元亀元年（１５７０）9月の野田、福島での対石山本願寺戦と、天正2年（１５７４）7月の長島一向一揆攻めの海上からの攻撃に、信長は「大鉄砲」を使っていた。又、天正6年（１５７８）6月、本願寺と組んだ毛利との対戦で、播磨国神吉城《かんきじょう》攻めと九鬼水軍の海上からの雑賀《さいか》攻めに大鉄砲を使った。更に、同年11月、九鬼水軍と毛利水軍の海戦（第2次木津川口海戦）の際に、大鉄砲を持って攻めていた。この大鉄砲は大船に備えてあったというから、南蛮渡来の大砲の可能性が高い。これらは、宗麟から贈られた大砲が使われたかは確認出来ない。

室町幕府第13代将軍・足利義輝も、宗麟から鉄砲と大砲を贈呈されていた。後にキリシタンとなる人々の支援のもとで、避難先から京都入りを果し、永禄元年（１５５８）11月上洛後、すぐに布教許可を与えている。義輝は南欧勢力が援助するイエズス会の保護者であったと考えられるのである。従来、バテレン保護策を採った理由としては、伝統的宗教に圧力を加える為に、政治的・軍事的に必要からからであろうと思われている。当時、腐敗していたと見做《みな》し、既成宗教を忌避《きひ》していた信長は、「遠く万里の波濤」を越えて布教に来た姿に感心し、更に新奇を好む進んだ性格から、国際貿易の地位を認識し、一向宗などとの対立上必要視したものであった。キリシタンの教えが、武士の倫理的精神を養い、下剋上が罪悪として否定されるとの判断と、宣教師の〝戦闘的な使命感〟と信長の中にある〝積極的運命感〟との共通性であり、デウスの教義の信仰からでは無いのである。

信長自身は、元亀2年（１５７１）12月に岐阜を訪れた、フランシスコ・カブラル（１５２９～１６０９）

に「予はバテレンの教えと予の心は、何ら異ならぬことを、白山権現の名に於いて汝に誓う」と、述べている。しかし天正6年（1578）10月に明らかになった荒木村重の謀反時、信長はバテレンに対して「功利欲」剥き出しの言動を取った。信長は南欧の文明に触れ、賛嘆と憧憬の念を持ったであろうが、その精神は「キリシタンの教義」と懸け離れていた。信長はイエズス会の支援によって全国制覇に挑戦しただけでなく〝イエズス会の為に立ち上った武将なのである〟。信長は全国制覇遂行に、南欧勢力の援助を受けていたのであった。

イエズス会の紋章

信長の岐阜城内でのフロイスへの厚遇に驚く人々についての不思議さも、「彼らは、万《すべて》の事が、デウスから出ている事を知らなかったから」と言うフロイスの言葉の不思議さも、「彼らはフロイスが信長の援助者である事を知らなかったから」という意味に解釈すれば良いのである。

又、永禄12年（1569）4月から6月にかけての、バテレンへの布教許可を巡る、禁裏との熾烈な戦いの後、ルイス・フロイスの岐阜下向による直訴に依って、信長が綸旨に逆らってまであっさりと前言を翻した理由も、フロイスが南欧勢力からの「信長援助の恩恵」を持ち出したからと見なければならないのである。

信長の進軍

10 桶狭間の非業の死、今川義元は愚将か

戦国史の中で最も有名な合戦、桶狭間とか田楽狭間戦といえば、映画では〃お歯黒〃をつけた公家姿の大将が本陣を攻められウロウロするシーンが有名である。筆者にもそんなイメージで今川義元（１５１９～１５６０）を考えていたが、彼が〃お歯黒〃をつけていたのは、当時の武将も公家風の暮らしをしていたからだ。今川家は名門で、代々、公家文化に浸り詩歌を愛した。義元の母は公家の出である。当時は公家、武家の区別はされていなかったようである。足利将軍は武家であるが、公家以上の公家暮らしをし、京都の室町文化を作っている。

今川家は足利の出身である。足利尊氏の5代前の義氏《よしうじ》、その子に長男長氏《おさうじ》と次男泰氏《やすうじ》が生れ、次男の泰氏が足利を継いだ。長男長氏は三河国の吉良家を継ぎ、それの次男が今川荘に住み、今川国氏《くにうじ》を名乗った。そして三河から駿河・尾張と勢力を拡大し、大勢力となり、将軍に準じる大主《たいしゅ》となり公家風の暮らしをしていたのだ。義元は政治、国作りには実力がある立派な戦国大名であった。

今川義元は信長と同じような環境から成長してきた将であった。

父の今川氏親《うじちか》が大永6年（１５２６）死去、義元8歳。家は嫡男氏輝（１５１３～１５３６）が継いだ。が、十年後に病死し、その後、跡取りに義元が登場した。彼の父、氏親が家を継ぐ時も家臣と一門の対立があった。氏親の父・義忠（１４３６～１４７６）が遠江《とおとうみ》に出陣して帰り、敵の残党に不意打ちをくらって討死

した時、まだ竜王丸といわれる童児であった氏親は、母の兄・伊勢新九郎（のちの北条早雲）（１４５６？～１５１９）の後押しで、両派の対立を征して、後継ぎの座に就いた。義元も同じ感じで権力者の座に就いた。こうして、義元が今川家のトップになったのが天文５年（１５３６）６月であった。

義元の父の氏親は、領内の検地を実施している。この様な新しい政策を今川が行っていた事に注目しなければならない。この制度を成文化したのが、大永６年（１５２６）の分国法『今川仮名目録』である。国の憲法と云ったものを氏親は残した。義元はこれを踏襲し、信長より一歩先に領国経営を上手に展開。そして強力強大な戦国大名となって行った。義元は守護大名ではない、新しい道へと踏み出していた。商業政策も積極的に実施した。領内の商人の保護、楽市・楽座も、六角氏の〝観音城下〟で既に行っていた。今川家は時代を先行する実力を持っており、また外交も上手に展開していた。当時、今川家の周辺には、武田、北条の強豪がおり、今川は北条寄りであったが、北条が大きくなり、〝北条早雲〟は世を去っていたが、その子・氏綱《うじつな》（１４８７～１５４１）は、今川氏のテリトリーに進出しはじめていた。これに対して義元は、外交手段を発揮し武田から妻を迎えた。この方は「信虎の娘」「信玄の姉」である。こうして今川・武田同盟が成立。武田を利用し乍ら、義元は東海道の雄として地歩を固めていった。

その後、信玄の父・信虎（１４９４／１４９８～１５７４）は、子の信玄（１５２１～１５７３）に追い出される。当初は、娘のところ、今川氏に身を寄せた。そして義元は、京への道を開き出した。

岡崎の松平氏は危なくなった。松平の当主、広忠の子・竹千代（家康）が人質になり、今川城下で幼年時代を過ごした事は有名であるが、義元は外交にて、東側の敵を押さえ和平を保ち、西進に集中して行った。そして、文芸趣味も政治の為に利用した。永正14年（１５１７）対立していた武田信虎と義元の父・氏親が和睦した。この仲介の人物が連歌師の宗長（１４４８～１５３２）であった。連歌師は当時スパイの様な仕事も共にしていた様である。諸大名がバックアップし資金を出していたのだ。今川義元は文化人として有名だが、運悪く、信長の奇襲に命を落とし、信長もその後、光秀の奇襲に命を落とした。二人とも、奇襲での死は同じなのだが、〝お歯黒公家〟が、義元を愚将とさせていた。

11 敵の首にお歯黒《はぐろ》をつけたのは何のため

筆者は、お歯黒をつけた〝今川義元〟の話を前項に書いたが、ここにお歯黒に纏《まつ》わる面白い話がある。『おあむ物語』と云う、戦国時代の物語が残っている。〝おあむ〟とは「お庵《あん》」〝老尼僧〟のことで、本名は不明で当時20歳位の娘さん。この人は慶長5年（1600）「関ヶ原の戦い」の時、石田三成方の大垣城に籠っていた、山田去暦《きょれき》なる人の娘であるらしい。彼女の「戦さのときの思い出」話が江戸初期『おあむ物語』として出版され、人々に読まれていたらしい。何しろ〝敵方に包囲されて、落城寸前〟の体験だから、むごたらしい話の多い中で、びっくりする様なこんな話が伝わっている。

戦があると、天守閣に敵方武将の首が持ち込まれる。これは手柄の証拠に使われたのだが、女たちの役目はその首に名札をつけて由来を覚えておく他に、たびたび「お歯黒をつけることだった」。戦後の恩賞のため、立派な武将に見えるよう、少しでも綺麗に見栄え良く化粧することが求められたのだ。

「みかたへ、とった首を、天守へあつめられて、札をつけて覚えおき、さいさい、くびにおはぐろを付ておじゃる……くびもこはいものではあらない。その首どもの血くさき中に、寝たことでおじゃった。」

この「おあむのお話」に子供たちが「それはなんで」と聞く。〝おあむ〟の答えはこうだった。昔は立派にするために「武将の首の白い歯にお歯黒」をつけて欲しいと頼まれていたのだと云ったという。『おあむ物語』の「さし絵」に、たくさんの首の置いてあるところで二人の女性がお歯黒をしている様子が描かれている。〃おあむ〃は、首は怖いものではありませぬと云っている。

「今川義元だけ、お歯黒の首をとられた」のではなく、多くの武将がお歯黒をつけていたことがよく分かる話である。

しかし、凄まじいのはこれから。〃おあむ〃は、目の前で実弟が射殺され、冷たくなっていくのを目の当りにする。また、闇に紛れて城から逃げる際には、身重の母親が急に産気づき、田んぼの水を産湯代わりに妹を出産。すぐに父親が母親を肩にかけて落ち延びて行ったと話す。

12 信長と義景による、義昭争奪戦。「義景の嫡子毒殺」

細川藤孝《ふじたか》（幽斎《ゆうさい》）（1534～1610）は、朝倉義景（1533～1573）に、よくよく足利義昭の帰洛の尽力を勧めていた。そのため、永禄11年（1568）義景は、評議の後、兵を整え6月28日に出陣と定めていた。その数2万3千700余り。自らの旗下である浅井・三田村から兵8千余り、和邇《わに》・堅田・朽木《くつき》・高嶋から、そして亡き若狭守護武田義統《よしずみ》の子・義頼からそれぞれ兵を催促している。しかしこの時、「加賀、能登、越中の一向一揆」がその留守を狙うとの報《しらせ》があり、出陣は遅滞していた。

そこで藤孝（幽斎）は大坂に行き、本願寺顕如に会った。義景の娘を、顕如の長子教如に嫁がす約束をして、一揆が朝倉に扈従する事を願った。しかし6月25日に義景の嫡子阿君丸《くまぎみまる》が急逝《きゅうせい》し、義景の嘆きが深く出陣が大いに延引した。義景は対面もしなくなり、次第に物事がおろそかになった。義景が一向に動かなかったため、義昭は悩んでいた。

藤孝（幽斎）は義昭に「信長をお頼みなさるがよい、信長には兼ねて内通していました」と言い、藤孝と上野清信は、義昭の使者として岐阜に赴き、明智光秀の取り次ぎにより、信長に謁した。

信長（1534～1582）は「武臣の面目なり」と請け合い「先ず当国に移座なさるように」との事であったので、戻った藤孝は、この事を義景に諭した。足利義昭（1537～1597）は7月13日に越前一乗谷を出馬し、義景は近江との境まで義昭を見送らせた。7月25日に岐阜の立政寺《りゅうしょうじ》（岐阜市西荘）に入った。同27日に義昭に謁した信長は、義昭から「三好誅罰を頼んだところ早速に承知し迎えをよこし、礼儀正しい事、偏《ひとえ》に当家再興の守護神と思う」との言葉を掛けられた。それに応えて「信長、不肖の身にて、御大事を承る事は恐れ多いが賢君の佳運に乗じ、逆敵を亡ぼすのに、天地の神々が、何で加護なさならない事がありましょうか」と、述べたので、義昭は大いに歓んだ。

去る永禄8年（1565）義昭が南都を出てからの藤孝（幽斎）の辛苦は、筆舌に及ばざる事であった。又、義昭の一乗谷からの道中、警護を娘婿の浅井長政方にも依頼したので、浅井久政、長政父子は小谷城《おだにじょう》（滋賀県長浜市湖北町伊部）に、三日間留めてもてなした。義昭は朝倉氏、浅井氏、明智光秀、信長の兵に次々と守護されて岐阜に到着した。

一方『朝倉家記』には阿君丸の急逝について、次の様な記述が残されている。「永禄11年5月下旬、義昭の元服に列席した二条晴良《はるよし》は、上洛の暇乞《いとまご》いに朝倉館に赴いた。6月21日に、義昭は自邸に義景を招いて饗応した。当初「近衛家、九条家、一条家、二条家」の他は将軍家に召される事は無かったが、近日、義昭が織田信長の元に出向くという風聞《ふうぶん》があるから（招待した）との事でもあった。能役者服部彦二郎の能が披露された。

その頃、京都から毒が多く下ってきて、義昭、家臣の内輪に下されていると世上に取り沙汰があったので、義景も用心して、酒宴も早々にお開きになる様申し合わせていた。

6月25日に義景の一子、阿君丸の乳人《めのと》が頓死《とんし》した。それは「毒害の為」と、人々は言い合っていたが、その乳を呑んだせいか同日暮れ頃から、阿君丸（1562〜1568）が急病となり、急ぎ治癒の祈りをしたが、間もなく「末葉の露」と消えた。義景が「天を呼び、地に臥して嘆いた」のも当然の事であった。乳人を殺害して自分が乳人になろうとしたと見られた、御さし夫婦と若公《わかぎみ》に奉公していた御末の女房等は、皆、誅伐《ちゅうばつ》された。皆は不思議な事と言い合った。

これによれば義昭側の誰かが、阿君丸の乳母に毒を盛ったかの様に受け取れる。真偽の程を確かめる事は出来ないが、全くの虚偽では無いと思われる。義景と信長の動向を見ると、両者が「義昭争奪」の為に、激しく戦っていた事は明白である。又、足利義昭をより強く必要としていたのは信長の方であった。義昭が、慌ただしく朝倉氏の庇護《ひご》から離れて信長の元に身を寄せた裏には、義昭獲得を焦った信長と細川藤孝、明智光秀の間で何らかの〝陰謀が企《たくま》まれていた〟と、見なければならない。

『朝倉家記』に拠れば、義昭が出立の前、朝倉義景の望に任せて、6月24日付で書状を与えた。そこには義景の忠義を賞し、向後、義景の身上を見放す事は無いと記されていた。この意味する所は、今迄の恩に背く事は無いと、義昭が義景に約束したものである。

逡巡《しゅんじゅん》の末であったとは言え、義昭をもてなしてくれた義景への、せめてもの気遣いがあったろう。しかしこの約束は2年足らずの後に、見事に「一片の反故《ほご》」となる。そうなる事態を、義景は恐れていただろうか？義昭は、その時、何の予想もしていなかったのであろう。

13 六条本圀寺《ほんこくじ》襲撃事件、何故信長は速やかに動かなかったか

足利義昭の将軍宣下《せんげ》から10日もない、永禄11年（1568）10月26日に信長は岐阜へ向けて京を引き上げた。この「用心棒」の留守中に、「三好三人衆」は義昭の宿所である六条本圀寺を襲ったが、細川藤孝、明智光秀をはじめとする、義昭の奉公衆と目された人々が善戦し、からくも撃退した。永禄12年正月4日から5・6日迄の事である。

『信長公記』によれば、信長は6日に襲撃の知らせを受けると、諸将にすぐさま上洛の触れを回したという。丁度大雪であったが、自身は10騎ばかりで岐阜から飛び出した。3日の路を、2日で到着して本圀寺に駆けつけた。

しかし『足利季世記』に拠れば、これと少しばかり様子が変わってくる。「三好三人衆」が、京都へ出陣を予定したのは永禄11年11月13日であったとされている。という事は、信長が岐阜へ引き上げてから20日も経たない時点で〝義昭打倒の計画〟が立てられた事になる。その時は「合力《ごうりき》の軍勢を更に集めてから」として、予定を延引し、実際に出陣したのは12月28日になってからだった。三好勢はまず和泉の家原城（大阪府堺市西区家原寺町）を血祭りに上げ、堺で勢揃いしたところで1万余人の兵力となり、正月2日に堺を出て河内中堀に陣取った。3日には山城のミツ（三津）（不詳）、4日には東寺に陣取る。ついに5日には義昭の宿所の六条本圀寺に取り掛かった。そして6日にも続いて攻め立てたが、「奉公衆」の善戦により、2千700余人の首を取られて敗退した。

これによれば襲撃軍は、年末から堺付近に集合して気勢を上げ、ゆっくりと「六条本圀寺」に攻め登っている。その間、信長に注進しなかったのかと疑問が起こるのである。「今度《このたび》、信長が早々に上洛すれば、敵は堪《たま》

本国寺跡碑（京都市下京区）

らなかっただろうに、そうでなかったのは〝何故か？〟というと、三好方が六条本圀寺を攻めるという、巷の噂があったが、義昭はこの事が雑説か実説か確かな説を極めてから連絡しようとの由を、曽我兵庫頭を使いとして村井民部少輔貞勝《さだかつ》に内談した。村井は承り、義昭の意見はごもっともであると申したので信長への注進は遅くなった。」

ここで注目は、当時としては信長への注進が遅かったと見られていた事、義昭が信長への早期の連絡を遠慮していた事、そしてその時、京都に残された村井民部（貞勝）が悠長に構えていたという事である。そもそも信長が、岐阜へ引き上げた事も、時期尚早で無かったのか？現将軍足利義栄《よしひで》と「三好、松永勢力」を追い出して京都へ乗り込んできたのだから、信長は少なくても3、4ヶ月は京都に滞在して、新将軍義昭の身辺と幕府運営の発足を見守るべきであっただろう。それなのに義昭の本格的な入京から、12日後には岐阜へ向かって引き上げてしまった。これは余りにも不用心ではなかったか、又、『足利季世記』には、信長の動向について、次の様に述べている。「信長が岐阜を出たのは永禄12年正月7日であり、その日近江高宮に着いて、8日には瀬田に着陣。9日朝に本圀寺に到着した。信長は義昭を本圀寺に見舞い、その無事を確認して大変満足したという」。

これに対して『言継卿記《ことつぐきょうき》』に寄れば、信長の到着は10日である。六条本圀寺襲撃は4・5・6日の3日間だったが、4日には三好軍は塩小路迄迫り、京都の中は「もっての外の騒動」であった。

とすれば、信長への注進も遅ければ、上洛の日時も遅かった事になる。義昭への襲撃は数日前に予測出来たのであり、それを信長側は、言わば傍観していたのだ！　これらを総合して考えてみると……。信長が、三好軍に襲撃される隙を義昭の周辺に故意に作り、村井貞勝が岐阜へ通報を遅らせた上で、ゆっくりと駆けつけたという構図が見えてくるのである。

この後、信長は、勘解由小路室町《かげゆこうじむろまち》に御所建設を取り掛かり、4月14日に新御所（二条城）の移徒の運びとなった、支援の恩恵を与える一方で、恐怖の源を作り、そこから救出して更に恩を売るという手はずは、後に信長が朝廷に行った手法であるが、まず手始めに義昭に対して行われたと見るべきである。

14　鉄砲集団、雑賀《さいか》孫市《まごいち》

「鉄砲集団として戦国の世を風靡した、雑賀（鈴木）孫市のゲリラ戦法」

元亀元年（１５７０）９月12日、織田信長は、石山本願寺、一向一揆攻めの一環として、中島砦の三好党を攻めるつもりで、難波の神埼川、中津川の湿地帯に布陣した。13日の朝、朝もやの中を近付くと〝三ツ星〟の旗なので側近の武将、和田惟政《これまさ》（1530？～1571）の応援と思い喜んでいると、突然〝三ツ星〟の旗は、〝八咫烏〟（ヤタカラス）の旗に変わり、すさまじい銃撃を加えられ、信長軍は手痛い目に遭う。いわゆる「捨て旗の術」である。また、蛸壺壕《たこつぼごう》の中から射撃したり、竹藪や川底に切り口を斜めに鋭く削《そ》いだ太い青竹を仕込んで信長軍の人馬を突き抜かしたり、そして銃撃を加えるなど〝孫市戦法〟は〝雑賀忍法〟であった。

雑賀衆は、紀伊（今の和歌山）を本拠地とした鉄砲集団で、特定の大名に仕えるのではなく、合戦が始まれば、対価をもらって合戦に参加する傭兵集団だった。当時は「雑賀衆を味方にすれば必ず勝ち、敵にすれば必ず負ける」とも言われるほど、実力のある団体だったようだ。この雑賀衆を率いる頭領が、雑賀孫市（1534？～1589）であった。孫市は、熱心な一向宗の宗徒であり、このとき、本願寺の援助を買って出た。そして、鉄砲隊を率いて4万にもなるという織田軍に向かって銃撃し、宣戦布告。これがこの後約10年続く、石山合戦の始まりとなる。

近代でもベトナム戦争、南ベトナム戦線では初期の闘いでは、南ベトナム解放戦線の兵士たちはこれと同じ様なゲリラ作戦を行い、アメリカ軍と南ベトナム軍を手こずらしていた。虎を狩るワナに、青竹を地中の穴に刺して、その上にカモフラージュをして落し入れる。これを利用して初期のベトナム戦線では、「ベトコン」と云われる忍者の様な人々が強力なゲリラ戦を展開し、近代兵器の米軍と対決した。そして、これはいずれ後にサイゴン戦車突入の〝完全勝利〟と発展して行った。

15 信長の旧秩序破壊と、イエズス会保護との連動

「比叡山焼き討ち」から6日後の元亀2年（1571）9月18日、法華宗一念で、フロイスの京都復帰に激しく反対していた正三位武内季治《すえはる》が、信長への非難と軽蔑の言葉を口にした為に、近江永原で成敗された。フロイスは「信長は、内裏、その他の公家らの嘆願を無視して、大いなる恥辱と汚名の元に、その僧侶をズタズタに斬り殺させた」と、記している。綸旨《りんじ》を否定したり、天皇の嘆願を無視したりする行為に加えて〝王法、仏法は車の両輪〟と言われ、朝廷と同位に位置づけられた〝延暦寺〟を焼き払う事は、天皇権威の侵害であるのだ。信長のキリシタン保護は〝旧秩序〟の破壊と同一行動となっていた。

フロイスは更に記している。「信長が、仏僧や神、仏の社寺に対して、特別な権勢と異常な憎悪を抱いていた。そして延暦寺、東大寺、石山本願寺、天王寺、書写山圓教寺、槇尾寺（施福寺《せふくじ》）や、上京の全社寺、住吉神社、堺と兵庫の諸寺院、近江の釈迦山百済寺、伊勢と河内の一向宗、根来衆」という様に、信長による寺院の攻撃を列記している。又、別の

延暦寺（滋賀県大津市）

箇所では、「デウスはキリシタンが策略を弄する必要がない様に、又、イエズス会員が異教徒達から恨まれることのない様に、信長を仏僧達に対する〝鞭〟に起用し、彼をして比叡山の大寺を含めた、多数の寺院を破壊せしめ給うた」と記述している。

今迄は、〝比叡山焼き討ち〟その他の寺社の攻撃は、イエズス会と連動した仏教弾圧と認識されていたが、今迄述べたこの角度で見てみる必要があると思われる。又、信長にとって〝琵琶湖の水上権の掌握〟という目標もあったと思われる。これより琵琶湖の水軍と言われた堅田衆と、北部の北小松城（滋賀県大津市北小松）の小松衆は、信長の傘下に入ったのである。この両水軍については別記する事にする。（参照Ｐ１８４）。

16 信長はイエズス会と連携し、仏像寺社を破壊した

永禄12年（１５６９）５月下旬の岐阜への直訴旅行をしていたルイス・フロイス（１５３２～１５９７）は、次のように書いている。

「私たちは、近江の国を２日間旅行し、大部分が平地で山地が少ない美濃の国の領内に踏み込みました。そこには、新鮮な緑の森と大河・長良川があり、それを帆船で渡りました。途次、私たちは、地上に投げられて頭が欠けている多数の石の偶像を見ましたが、これは信長がそれらが安置していた仏堂から取り出して、放棄させたものでありました」。

フロイスが美濃国内で見たという信長が討ち捨てさせた頭の取れた多数の石の偶像とは、おそらく地蔵菩薩などの石の偶像であったと思われる。信長の仏像破壊は、それだけでは無かった。永禄12年２月２日から始め

られた足利義昭に進呈する二条御所の建築について、フロイスは次のように書いている。

「信長は、公方様の為に新たな城と、はなはだ広い華麗な宮殿を造った。……中略……建築用の石が欠乏していたので、彼は多数の石像を倒し、首に縄をつけて工事場に引かし始めた。都の住民はこれらの偶像を畏敬していたので、それは彼らに驚嘆と恐怖を生じせしめた。領主の一人は部下を率いて、各寺院から毎日一定数の石を搬出させた。人々は、もっぱら信長を喜ばせる事を欲したので、少しもその意に背くことなく、石の祭壇を破壊し仏を地上に投げ倒し、粉砕した物を運んできた」。

この話は、昭和51年（1975）の京都市での地下鉄工事の際に発見された石仏より裏付けされた。同年2月の京都市高速鉄道烏丸線内遺跡調査会の報告によれば、二条御所附近の発掘現場から逆さにした石仏や、裏返しにした墓石、根固めとなるクリ石代わりに詰め込まれた、石仏の首などが発見された。石仏の多くは阿弥陀仏であり、その他、五輪塔や台座、仏像の脚部もあったという。これを見ると信長は、意図的に仏像破壊を行っていたと見なければならない。

元亀2年（1571）9月の「比叡山焼き討ち」は、信長に敵対する浅井・朝倉氏に加担したから行ったとか、当時堕落していた「比叡山の僧侶」を信長が懲らしめたという理解を今迄してきたが、ここでフロイスの視点から見れば、明瞭な〝仏教への敵対行動〟としての寺社破壊であった。実際に「焼き討ち」の行われた、9月12日、13日について、フロイスは1日ずれて、「〝聖ミカエル〟9月11日と、〝聖ヒエロニモ〟の祝日9月12日の2日間であった」と記し、9月13日には、前年に来日したバテレンのグネッキ・ソルディ・オルガンティノ（1533～1609）と共に、信長を訪問した。これは仏教破壊を行った信長への、フロイスからの祝意の表明と見られる。日本布教長としてオルガンティノと共に来日したフランシスコ・カブラル（1529～1609）は元亀2年12月に岐阜へ赴き、信長を訪問した。その時、カブラルは信長の「比叡山討伐」を賞賛し、神仏に対する日本人の信心が失墜した事への満足感を表明した。又、「上京焼き討ち」の2日前、元亀4年4月2日に小西ジョウチン立佐《りゅうさ》（小西行長の父）（?～1592）が、フロイスの意を受けて信長を訪問し、塗金の円楯《えんじゅん》を贈呈している。

フロイスは「上京焼き討ちによって同地にあった、全ての寺院、僧院、神、仏が、財産、家具もろともに焼失し、都周辺の平地2、3里は〝最期の晩餐〟の日の情景さながらであったという」と記している。

17 信長の「比叡山焼き討ち」の時、残されたお寺がある――天海・光秀の謎

聖衆来迎寺《しょうじゅらいこうじ》は、比叡山の麓、大津市比叡辻にある。このお寺は、伝教大師最澄《さいちょう》が自ら彫ったという地蔵菩薩を本尊として建てられた「地蔵教院」という名の寺であった。この寺を『往生要集』の著者で、日本に浄土教を広めた恵心僧都源信（942～1017）が長保《ちょうほう》3年（1001）住居とした。寛仁《かんにん》元年（1017）3月15日、ひたすら観法をしていると、比叡山の横川《よかわ》の辺りに「阿弥陀仏」が25人の菩薩を伴って来迎する姿を見て、その有様を描き板木に彫った。その縁で寺の名を「聖衆来迎寺」と改めた。この聖衆来迎寺は、織田信長の時以来、世俗の歴史の波に強い影響を受ける事になる。信長の「比叡山焼き討ち」の前年、元亀元年（1570）9月、この坂本付近で、朝倉・浅井連合軍と信長軍の戦い（宇佐山の戦い）があり、その時比叡山は、朝倉・浅井連合軍に味方したが、延暦寺に属するこのお寺の真雄《しんゆう》は、この戦いで死んだ信長軍の大将・森可成《よしなり》（1523～1570）の遺骸を、夜陰に潜行して寺に運び葬った。この縁で、信長の「比叡山焼き討ち」の

時、このお寺は免除され焼け残った。その後、明智光秀が坂本城主となり、光秀の管理下に入った。明智との縁を示すもの、光秀の遺言によって移された〃坂本城門〃が「山門」（表門）として残り、光秀寄進の〃陣鐘〃（西教寺蔵）も残っている。

不思議な事は、このお寺は徳川家康の頭脳のブレーン「南光坊天海」（１５３６？～１６４３）が、このお寺に注目し、荒廃していた寺を寛永年間に再興し、客殿に、狩野一族に障壁画を描かせている。天海は明智光秀（１５２８？～１５８２）であるという説もあり、この寺の住職で名庭を造ったという「宗心」の父も、作庭を命じたという光秀も、土岐氏の出身である。「天海が光秀」説も、こんなところから出たのだろうと思われる不思議である。

18 浅井長政の手紙

天正元年（１５７３）８月28日、浅井氏の居城・近江小谷城《おだにじょう》は、織田軍の猛攻によって落城（９月１日とも）、浅井氏は滅亡した。この小谷落城の十日前、浅井長政（１５４５～１５７３）は、家臣の垣見助左衛門尉に宛て、次の様な手紙を書いていた。

「今度籠城相届けられ候段、謝しがたく候、仍《よっ》て今村跡并《なら》びに八幡河毛治郎左衛門尉知行分、同孫三郎分跡、小堀左京亮跡。何れも以て之《これ》を進《まい》らせ候、聊《いささか》も相違有るべからず候、委細同名新内丞に伝達あるべく候、恐々謹言。」　元亀四年八月十八日。　長政（花押）　御宿所《おんしゅくじょ》　垣見助左衛門尉殿

文章は「こんど最後まで籠城を一緒に遂げられるとのこと、感謝の念にたえない。よって今村跡、ならびに

八幡の地において「河毛治郎左衛門尉」の知行分となっている、同孫三郎分跡、小堀左京亮跡いずれも、これを与えよう。いささかの相違もない。委細は同名の垣見新内丞が伝達するであろう。」という所領宛行状《あてがい》である。この手紙は長政が来るべき織田軍との一戦にあたって〝小谷籠城〟を申し出てくれた「垣見助左衛門尉」の忠節心を謝し、その志に報いるため、数ヶ所の跡地を与えることを約束した書状である。跡地とは戦死などで所有者の無くなった土地のことである。織田軍との決戦を目前に控えながら、長政の胸中は複雑であったに違いない。

浅井長政

長政の妻〝お市の方〟は、いうまでもなく〝織田信長〟の妹その人である。長政とお市（1547～1583）との結婚は、永禄6年（1563）（年は諸説あり）のことで、これは尾張の信長が隣国美濃の斎藤龍興（1548～1573）を倒し、上洛の大志を果たすために、斎藤の背後にある浅井と手を結ぼうという政略に基づくものであった。時に長政19歳、お市は17歳であった。そんな事情からの結婚であったが、この夫婦の仲はいたって睦まじく三女二男を設けている。これが茶々・初・小督《おごう》・万福丸・それに後に蒼玉寅首座《そうぎょくいんしゅざ》（米原の万寿丸）？と名乗った第二子である。しかし長政の幸せな家庭は間もなく悲運に包まれた。上洛に成功した信長と「御輿」である足利義昭とのトラブルは、やがて信長追討のメッセージとして諸大名へ発せられる。越前の朝倉義景が応じ、信長の同盟相手・浅井にも協力を求めた。朝倉と浅井は父祖以来の深い縁、浅井氏の信長背反と滅亡劇の始まりであった。兄と夫に挟まれたお市の苦悩は如何ばかりか。お市の「小豆の袋」の話は永く語られるところである。

二男の蒼玉寅首座とは誰か？　もう一人男子が居た？　いや、同人物か、浅井正芸《せいけん》が、大坂の陣参陣？

19 淀殿たち三姉妹の手紙

織田信長の妹、お市の方と浅井長政の間に生まれた、茶々（淀殿）（１５６７？～１６１５）、お初（京極高次夫人、常高院）（１５６８？～１６３３）、小督《おごう》（お江）（徳川秀忠夫人）（１５７３～１６２６）の三姉妹は、豊臣と徳川方に別れ数奇な運命をたどった戦国女性のトップガールである。お江の方や秀頼からお初に出された手紙６点が、岐阜市内の尼寺・栄昌院から見つかった。お初の墓所は小浜の常高寺（福井県小浜市小浜浅間）にあり、お初の方に仕えた七人の侍女がそれぞれ寺庵を結び、全体を栄昌院との号にて、お初の方の菩提を弔い続けた。その後、京極家の讃岐へのお国替えにより、栄昌院は丸亀に移る。しかし、明治初期、京極家は祭祀を仏式から神式に改めた。このことを機縁に、尼の一人により、栄昌院は丸亀から信長ゆかりの岐阜に移り復興され、現在に至った。

大阪府門真《かどま》市の市史編集のため、門真の元領主・菊亭家と親戚だったお初の菩提寺、「栄昌院」（岐阜市佐野）を訪れた人が、土蔵の中にあった木箱から巻物一巻を発見した。この巻物は全長5m、幅65㎝。その中にお江の自筆の手紙2点の他、祐筆の書の「秀頼、徳川忠長、徳川義直、菊亭宣季（のちの経季《つねすえ》）からのお初あての手紙」が表装されていた。小督（お江）からの文は「またの御ふみまいらせ候、女御のお方の小少将《こしょうしょう》のお使にまいらせられて候て、御きげんよくねんごろのよし」と散らし書きで書かれている。内容は、姉のお初が、小督の出産祝いに侍女を派遣したことや、生まれた孫（明正《めいしょう》天皇（女帝））との接見の日程など、元和《げんな》9年（1623）頃のものである。小督の手紙は、これが初めての発見である。

20 信長の忍者皆殺し作戦がはじまる

信長の忍者嫌いは、何か宿命的な反発が存在していた様である。何故だろうか？　信長が〝伊賀視察〟に出発しようとすると、急に発病して取りやめたり、落馬して怪我をするというような事がよく起きたので、信長は「伊賀・甲賀の忍びたち」を「人外の化生《けしょう》」（バケモノ妖怪みたいな奴）と呼び、「伊賀の者一人も生かすべからず」と言っている。信長は永禄9年（1566）命令に背いて帰属せぬ伊賀を討ち、三服部氏（上・中・下）を、ことごとく討ち取り敗走させた。敗走の70、80名は三河国に散り、他は大和山城、丹波へ立ち去った。しかしこの伊賀攻めは大攻略戦ではなく、信長軍の示威程度であった。そのため伊賀は間もなく元通りに立直った。

次に天正4年（1576）4月、信長の子・信雄《のぶかつ》（1558～1630）は伊賀攻略の前線基地として、伊賀国名張郡下神戸丸山（三重県伊賀市下神戸）に築城した。この「丸山城」には滝川三郎兵衛一盛（のちの雄利《かつとし》）（1543～1610）を城主として守らせた。天正7年（1579）7月、完成間近い丸山城は伊賀軍の奇襲攻撃に焼け落ち、半日で滝川城主は命からがら、伊勢松ヶ島城（三重県松阪市松ヶ島町）に逃げ帰った。信雄は激しく怒り、9月に8千余騎を率いて松ヶ島城を出発し、阿波口・鬼瘤越《おにこぶとうげ》・伊勢地口の三方から、伊賀に侵攻した。しかし小勢ではあるが、忍技に巧みな伊賀地侍たちの奇襲夜討にさんざん痛めつけられ、3日後には、信雄自身も松ヶ島城に敗走するという、あわれな始末を迎えて「前期天正伊賀の乱」は終った。

信雄の敗走から2年後の天正9年9月3日、信長の伊賀攻めが始まった。いわゆる「後期天正伊賀の乱」である。10日、織田軍は攻撃を開始。伊賀壬生野城(三重県伊賀市川東字深田)・佐那具城(三重県上野市佐野具町)を攻撃、一之宮（敢国神社・上野市）の堂坊など一帯を焼き払う。佐那具城に立て籠もる伊賀衆は城外に撃って出るも、滝川・堀両隊に返り討ちされる。織田軍、陣を引く。11日、織田軍は佐那具城を総攻撃する予定も、城兵は夜中に城を捨て退去、織田信雄の軍勢が入城・占拠する。各方面から攻め入った軍勢が合流し軍議が開かれる。この日から14日まで、阿我郡（那賀郡）には信雄軍・山田郡には織田信包《のぶかね》軍・名張郡には丹羽《にわ》や蒲生《がもう》氏郷《うじさと》らの軍・綾郡には滝川や堀らの軍が攻め入る。丹羽らの軍は吉原城主や西田原の城主らを討ち取り、滝川らの軍は、河合城主や壬生野城主らを討ち取り、さらに木興《きこ》城で抵抗していた上服部党や下服部党を壊滅させる。織田軍、ほぼ伊賀全域の城郭を攻略、伊賀を平定する。

21 信長対忍びの勝負

「勝ったつもりが高転び」……、戦国期の歴史の中には謎めいた事件が多い。天正6年（1578）から天正7年（1579）の「前期天正伊賀の乱」、天正9年（1581）「後期天正伊賀の乱」そして天正10年（1582）

明智光秀の「本能寺の変」に続いて、秀吉の大返し〝光秀の小栗栖《おぐるす》の死〟と次々と起きている。「天正伊賀の乱」、この原因は〝信長の忍者嫌い〟ではないか?と思われる。信長（1534〜1582）は合理主義者で、仏教や信仰を毛嫌いしていた。しかし「キリシタン」だけは〝外来文化〟に対する興味からか、これを利用している。仏教嫌いが昂じた信長は、比叡山の僧徒と衝突し、元亀2年（1571）9月、皆殺し作戦の「比叡山焼打ち」に発展したのである。一方〝忍びの者たち〟は、真言密教や山岳宗教に密接な関係があって、皆熱心な「仏教信者」であった。仏教を目の敵にする信長に反発するのは当然の成行きである。

信長をねらって鉄砲を放った忍びの者は「甲賀一の鉄砲名人」と云われる〝杉谷善住坊〟（?〜1573）である。天正元年（1573）9月、近江国守護佐々木（六角）承禎《しょうてい》（1521〜1598）の命によって、椋の木峠（千草越え）で甲賀張りの長銃で信長を狙撃して失敗、その後、捕えられ、肩まで土中に埋められて、竹鋸で首を挽かれて7日目に絶命したという。

信長を鉄砲で狙撃した〝忍びの者〟は他に一人いる。伊賀忍者、音羽の城戸弥左衛門は、天正7年（1579）秋のことだった。『城戸文書』によると、琵琶湖畔の膳所《ぜぜ》（滋賀県大津市）付近で信長の行列を待ち伏せ、狙撃するも失敗。その後の「後期天正伊賀の乱」直後、音羽の城戸はもう一度信長を銃撃している。今度の狙撃は、伊賀忍者二人と謀り、大鉄砲を使った。が、これもまた失敗し、その後、捕えられたが脱走し自殺したとも云われている。音羽の城戸氏は熱心な〝一向宗信者〟であって「石山本願寺」の「教如上人」の命で、〝仏敵〟の信長を狙ったという。

22 後期天正伊賀の乱―伊賀忍者衆は滅亡した

9月3日、信長軍は総勢4万6300余人、これを迎え討つ伊賀地侍は約4千人。10倍以上の敵勢が雪崩の様に攻め込んだ。僅か九里四方の小国に信長軍の精鋭4万余人。それに加えて、同じ「忍びの甲賀衆」が参戦、民家、神社、仏閣を焼き尽くし、男女問わず子供まで「皆殺し作戦」を展開、包囲を狭めていった。

「伊賀地侍」の必死の抗戦も長くは続かず、砦は次々と落とされ、最後の拠城・柏原の滝野城（柏原城）（三重県名張市赤目町柏原字宮城）が包囲されたのは10月8日、そして10月28日に落城し果てたという。『伊乱記』。『信長公記』ではこの停戦時期を9月11日としている。

伊賀全土は焦土と化し、伊賀地侍たちは逃亡、離散し全国に散った。各地に30流以上の忍者流派が伝承される中にはこの流れが多い、紀州の名取流、加賀の越前流、津軽の中川流がその代表的なものである。そして彼らは信長に対して度々〃復讐〃を繰り返した。「忍者は必勝、不敗の術」と云う。推理をすれば本能寺に信長を急襲した光秀や、超人的な中国大返しを行った秀吉の作戦も〃忍者的〃である。この裏には伊賀忍者の暗躍や計略があった。謀将安国寺恵瓊が信長のことを予言した、「高ころびに転び給うであろう」と。彼も忍者と密接な関係をもっていた。

今も宇治市の山奥の白川という寒村には服部姓が多い。この時の逃亡者を祖先に持つ人々だろう。

信長を支えた家臣

23 謎の人物、立入宗継《たてりそうけい》

信長の「天下布武」の立役者らしき人物がいる。天皇に忠節をささげる立入宗継（１５２８〜１６２２）は、一介の皇室の倉庫番であったが、織田信長の武将としての令名を聞き、自分の舅である礒貝久次（？〜１５７８）と相談し、権大納言・万里小路惟房《までのこうじこれふさ》（１５１３〜１５７３）を介して正親町《おおぎまち》天皇の綸旨を得て、熱田《あつた》神宮へのお使いと称し、尾張《おわり》国の信長のもとへ綸旨を届けた。この綸旨は、信長に戦乱を収めることを命じたものである。時に永禄５年（１５６２）10月28日のことであった。

立入宗継の奔走の結果、永禄10年11月９日、信長（１５３４〜１５８２）への綸旨《りんじ》が発給《はっきゅう》されている。信長が上洛した時の、永禄11年（１５６８）９月28日、立入宗継は、勅使に立った万里小路惟房の供として、粟田口で信長に会ったが、信長は「冥加《みょうが》につきます」と礼を申したという。ついで、宗継は信長の進上物を受けとり御倉に納めた。そして、元亀元年（１５７０）６月２日から、天正３年（１５７５）11月６日の間に宗継は出家し「隆佐《りゅうさ》」を名乗った。隆佐は、元亀２年（１５７１）９月の貸米制度に拠る信長の将軍御所への米の進納と、天正３年11月の信長からの禁裏、誠仁《さねひと》親王への新知行配分の際には、収納の実務を司っている。隆佐の事蹟の記録である『左京亮入道隆佐記』に寄れば、天正６年（１５７８）11月14日には「信長と石山本願寺」との和睦を斡旋し、勅使庭田重保《にわだしげほ》、勧修寺晴豊《かじゅうじはるとよ》に随行して、本願寺側を説得している。また隆佐は、天正９年２月には京都馬揃えの天覧につき、女官が安土城の信長に申し入れる時には女官に随行した。更に同月28日の京都馬揃え奉行の際、正親町《おおぎまち》天皇や女官の為に桟敷を奉行したばかりでなく、同年2月京都奉行の村井貞勝と5人の伝奏役公家が、隆佐宅で、信長の左大臣推任について内談し、隆佐がその件で上申している。そして隆佐は天正10年（1582）5月3日には安土への三職《さんしょく》推任《すいにん》勅使の下向に路次《ろじ》賄《まかな》い者《しゃ》として随行している。元和8年（1622）9月26日、従五位下左京亮の身分で95歳にて没した。墓は、京都市上京区の清浄《しょうじょう》華《け》院《いん》、立入家菩提寺。明治政府より朝儀復興に尽力した功績を称えられ、明治31年（1898）4月9日に従二位の位階を追贈され、「立入宗継旌忠碑」が建てられた。碑は清浄華院の正門を入った御影堂（大殿）手前にある。京都三大祭のひとつ時代祭において「織田公上洛列」の先頭で馬に乗り登場する。

24 信長のブレーン、影の〝天下布武〟印　考案者

この人の名は、清原枝賢《えだたか》。彼は大外記《だいげき》から明経博士《みょうぎょうはかせ》へ、そして少納言、宮内卿と、儒者としての道を歩み、天正4年（1576）には従三位に叙せられた。彼の祖父の清原宣賢《のぶたか》（1475～1550）も名儒学者として名高かったが、枝賢はそれに次ぐ名儒学者に成長した。戦国大名の大内義隆《よしたか》や松永久秀に招かれてその師となり、その居城で大学、中庸などの書を講義した。ちなみに枝賢の祖父の宣賢の、その又祖父である清原業《なり》忠《ただ》（1409～1467）も高学の儒学者であり、鎌倉幕府の定めた、天下の大法といわれる「御成敗式目《ごせいばいしきもく》」の注釈書を著している。

清原家は、中原家など他の明法家《みょうぼうか》が衰えていく中で、一子相伝《いっしそうでん》の伝統を守って、半ば独占的に家業である、儒学、法学、政治学の伝統を継いだのであった。とすると、源頼朝の「天下の草創《そうそう》」の概念と同一である、信

長の「天下布武《てんかふぶ》」を考案出来るのは、枝賢をおいて他に無いと思われるのである。

「天下布武印」の考案者は、禅僧・宗恩沢彦《そうおんたくげん》であるとして流布されていた伝説は、枝賢を表面に出しては都合の悪いという理由があったからだ。枝賢がキリシタンであったからと思われる。ここで枝賢と信長の間に立つ人物がいる。この人は彼の従弟にあたり、足利義昭を救出して、信長を義昭供奉に誘い込んだあの〝細川藤《ふじ》孝《たか》〟しかいないのである。

織田信長朱印「天下布武」

藤孝（幽斎）（1534～1610）は、枝賢の祖父・清原宣賢の娘を母とし、三淵晴員《みぶちはるかず》（1500～1570）を父として、信長と同年の天文3年に生れた。実は、室町幕府第12代将軍・足利義晴（1511～1550）が実父であるという説もある（どうも事実らしいのである）。藤孝は幼少の時、祖父宣賢の下で勉学に励んだ。また「覚慶《かくけい》（足利義昭）」救出に働いた米田求政《こめだもとまさ》（1526～1590）と共に、枝賢の嫡子・国賢《くにたか》（1544～1614）の門下生であった。米田は足利将軍家に仕え、相伴衆に列す。永禄12年（1569）足利義昭の勘気を蒙り東山に蟄居。のち細川藤孝のもとに寄食し家臣となる。天正10年（1582）に剃髪、「宗賢」を名乗った。

藤孝（幽斎）について面白い話がある。藤孝は13代将軍義輝（1536～1565）に従って、近江、朽木谷に居た頃、殊《こと》の他に不便であった。夜学はやりたし灯油《ともしあぶら》を求める費用無し、しかたなくある神社の灯明の油を度々盗んでいた。しかし再々の事にて怪しんだ社人が張り番をしていると、そこへ藤孝が灯油を盗りに現れた。社人は盗人が藤孝と分かり、「これは意地の悪い（タチノ悪い）事をなさる」と申した処、藤孝は「意地が悪いのではない。夜学の油もこと欠くので、神は他の盗みと違い、お許しあるだろうと思って盗ったのだ」と言った。社人は「ごもっともな事である。それほど御不自由だとは知らなかった」と言って、油を徳利一本分進上した。そのお蔭で、それから藤孝はゆっくり勉学に励んだ。さすがは天下思想を生んだ藤孝のこと、「神の賞《しょう》する勉学の為ならば」との理由で、盗みも自分の中ではきちんと正当化されていた事に感心するものである。

当代一の儒学者である清原宣賢との血縁をもって生を受けて、その弟子となり、これほどに時を惜しんで学問に励んだ藤孝（幽斎）は、儒学をはじめとして法律、易学、政治学、歌学を身に付けていた。

しかも足利義輝の異母弟であり、その側近奉公衆として勤仕して、幕府の政治力学も熟知するところであった。その藤孝が義輝憤死の後は、「覚慶」救出に謀略をめぐらし、救出後は信長の上洛の確約取り付けにも努力をし、遂に義昭（覚慶）を供奉《ぐぶ》して勤仕し、信長の上洛まで成就させたのであったとすれば、信長の上洛を正当化するブレーン作成に知恵を絞るのは当然で、その為に近親者であり師匠であった枝賢に頼った事は自然の成り行きであったと見られる。

源頼朝の政策考案者の根源であった、清原頼業《よりなり》（１１２２～１１８９）の学問は、その血を受けた清原枝賢と細川藤孝（幽斎）によって、信長を媒体として見事に花開いたのだった。

この様に「天下の草創」から「天下布武」を誕生させたのは、清原氏の血脈であったという事なのである。

二 本能寺の変の話

25 ルイス・フロイスの描く「本能寺の変」（フロイス日本史より）

明智は、信長とその嗣子《けいし》を何らかの奇襲で倒し、他の人々をも殺害し終えると、その軍勢を率い、直ちに午前八時か九時に出立し、都から四レーグアの地にある、彼の城に入るべく、坂本の方向へ立ち去った。既述の様に都から〝安土〟まで十四レーグアであるが、同日の十二時には早速この〝非報〟が、かの地に飛んだ。〝その街に生じた大いなる動揺〟をここに説明する事は出来ない。我等は真実に惹起《じゃっき》した事柄を正確に知らずにいたし、それに外国人であったので、自分達は如何にすべきか、なおさら分かりはしなかった。否《いな》その日はまだそれを正確に知らなかったのである。なぜならば、都から五レーグアの所に、信長が暫らく前に造らせたばかりの、日本随一の〝瀬田の橋〟と称する美しい橋があり、その下を、かの二十五レーグアの湖水（琵琶湖の水）が奔流しており、橋際には監視だけを使命とする指揮官と兵士がいる〝砦〟があったが、指揮官は信長の訃報に接すると、明智の軍勢があまり迅速に、〝安土〟に向って通過できぬ様に、異常な注意深さを持って、ただちに〝橋梁〟を切断せしめたからである。その為に次の土曜日まで通行出来なかったが、明智の優秀な技能と配慮により、直ちに修理復旧された。瀬の深さと、同所を流れる水足が極めて早い事から、それは不可能な事と見られていたのである。ここ三日間、〝安土〟で話された事は数え切れぬほどであった。明智が来れば、市街全体は、城も邸も何一つ残さずに焼却されるだろう（と言われていた）。

　この大きい悩みの渦中にあって、司祭達は絶えず世間に流布している情報が始終「恐怖」を募らせるものばかりなので、〝セミナリヨ〟の子供達や同所にあった主要な祭具と共に、かの興奮状態から身を救出する方法についてそこにいた少数のキリシタン達と協議したが、一同には安土の〝セミナリヨ〟の修道院にいた者は同所から、三・四レーグア（三・四里）隔たる、かの湖の真ん中にある一島に退去するのが良いと思われた。

　すると、それを実行する為に、かの島の「盗賊」が一船を持って来て（彼等を島に運ばせて欲しいと）頼みに来た。彼は我々に同情しているかのように装い、「同島へ逃げる以外は助からないし、助かる方法も無い」と言い、人々が外国人なので人道的行為として、彼らを助けたがっている様に見せかけた。（一同は）最後（の策）として、同じ金曜日に（それを）敢行する事にし、修道院には留守番として、修道士のヴィセンテと六・七人の日本人を残したまま、その安土からオルガンティーノ師は、二十八名の者と共に乗船した。

　安土の街は、この時最後の審判の日を示した様であった。なぜなら、人々のある者は、一方向に避難し、他の者は別の場所に身を寄せており、婦女の声、子供の泣き声、男達の叫びなど、民衆の混乱と狂気の沙汰は、慨嘆《がいたん》すべきものがあった。自らの生命を救うに懸命の余り、家具や家財は放置されたままであり、かような事態が生ずる度に（人々は）街を去って行ったので、我等の恐怖と不安は増大になる一方であり、昼夜の別無く、それらの日々は大混乱の中にあった。

　木曜日の朝方、かの近江国出身の「一貴人」（京極高次）は事の経過を知って明智方に走り、彼に従う証として自邸に放火したが何の為か、何故そうするのか分からなかった。そして「敵が到着し〝殺戮〟を開始しており、万物を焼き払うだろう」と、言っているのを聞き、司祭や修道士等は、他の事を構っている時でも無く、又、その方法も無かったので、とにかく各々の生命並びに〝セミナリヨ〟の「かの子供」達の、生命を救出しようと、互いに激励し合っていた。

そして同金曜日の朝、大いなる動揺と言語に絶する、あわただしさの中に、修道院を出始め、盗賊の船に向って歩いて行った。(人々は)日本人の様に装い、銀の燭台、振り香炉と香盆、聖林、それに巡察の師父(ヴァリニャーノ)が同所に残した一揃いの濃紅色の「ビロウド」の衣服を携帯した。街路を通過する時の急ぎ方は、まるで既に敵が彼等を襲撃しているかのようであり、乗船するのに時間が無かったので、互いに相手を待つような事はせず、皆駆けて行った。

ジョアン・フランシスコ師は長白衣を着たまま、後から来ていたが、たちまち「追剥」どもが、彼を襲い(当時、街中には、こうした輩が横行して、盗みと略奪の限りを尽くしていたので)銀を所持していると見て、探索し、手で体を調べ始めたが、袖が重いのに気づいたので、同司祭は、それが聖務日祷書《せいむにっとうしょ》である事を示す為にただちにかけ合うと、未だ袖から取り出さない内に彼等はそれを彼の手から奪い、他には何も発見出来なかったので、彼を置いて立ち去った。

ディオゴ・ペレイラ修道士は後方から来ていたが、同僚達の辿った道を間違え、ある街路の終端に達したところ、他の泥棒や追剥等の掌中に落ちた。彼等はただちに修道士を襲い、頭上の鍔《つば》の広い帽子と、修道服の上に着ていた着物を奪い、なおも彼等を調べ、盗みを急ぐあまり、長衣の脱がせ方が分からず、前後からそれを引き裂いた。この為、彼は逃れることが出来たが「我等の主は、彼が帯の所に所持していた少量の石を見つけることを許し給わなかった」。かくて我らが信用していた、かの大泥棒の所に到着したが、彼はその仲間と共に、出来うれば(一同を)皆殺しにして、その家財を奪う事だけを望んでいたのである。

我等は、彼の手に身を委ねてしまうと、すぐに欺瞞《ぎまん》と裏切り行為を怖《おそ》れ始めた。そして立派に死ぬ準備をする為に若干の痛悔《つうかい》の修行を開始した。泥棒が住んでいるその島に到着すると、海賊等は家財の半ばを取り上げると言い、たちまちその毒性を現わし始め、我々は道理をもって抵抗した、そして彼等とそのような約束はしていない、ただ彼らとの間で協定してあった様に、彼等には手数料を払うだけだと言った。泥棒等は我等が彼に言った事を聞き入れず、家財の半分を手交《しゅこう》するようにと再度強く迫った。

人々を同所へ連行した男が、この計画の張本人であったが、彼は奸智《かんち》に長けており、恐るべき欺瞞者《ぎまんしゃ》であったので、司祭や修道士たちの前では、別人になりすまして、いかにも彼等を守護しているかのように、親切と愛情を示し、一方、彼の仲間とは秘かに取引をして、彼等に対し、いかに処すべきかを教えていた。そして普通なら安土から三・四レーグアの同島までの船賃は一タンガか、二タンガにも過ぎぬのに、我々は彼に七十クルザード余りを支払った。我等は捕われの身になると、海賊共は、我等が多くの宝物を隠し持っているものと想像したが、(それを奪う事は)困難であり、安心してそれを入手し、後にその事件の報道者《ほうどうしゃ》を一人も残さぬ為に全員を殺す以外にないと彼等には思われた。

ところがオルガンティーノ師は、携帯していた教会の全ての「銀」を絶対的に失う危険を犯す事を覚悟し、一日間、上記の物を、彼等が他の場所から盗んで、畜舎(我等はそこに入れていた)に置いていた家財の中に隠した。そして翌日、夜になってから司祭達が同伴した非常に忠実な日本人に(それらを)取り出して山へ運ばせ、事が鎮まった後、再び人をして取りにやらせる事を委託した。

それはデウスの御摂理《ごせつり》によるものであり。泥棒達は彼等が金銀を蓄えていない事を信じ得なかったので、裸にすると言い渡した。彼等がそれらの場所をことごとく探して見つけた場合には、それを白状しなかった事を理由に、一同を殺す事は確実であった。皆が痛悔し、反省して行為を改めようとの決心は大きく、かの泥棒達の手にかかって悲惨な死を遂げることが無い様に主に祈りを捧げた。

ついに彼等は、人々が所持している家財の全てを公開する様に命じたが、それは極めて少なく、「銀」や「装飾品」の主たる物は、山に隠してあったので、奪いたがっている物を、そこに見出し得なかった。だが彼等は諦めた訳でも、我等が安全と思った訳でも無かった。司祭達が山へ「銀」を送ったのは、たとえ教会を何一つ回収できなくても、そうする事によって、実際に同所にいる多数の人々の生命の安全を保つ為には、泥棒達はそれを見付けなければ良いという事のみが、最大の願いであった。

かかる折、しかも気付かれるかも知れない大いなる危険を犯して、「銀」と「装飾品」を山へ運搬した件の〝若者〟は身をもって示したその忠実さと愛情の故に、我等の一同には〝デウスが遣わし給うた天使の如く思われた〟。人々は同所に窮屈に閉じ込められ、ごく不良の少量の米と、水だけを支給された。かの敵から脱出する為には、如何にすればよいか分からず、只、ひたすら自らの生命を犠牲にして〝デウス〟に奉献した。しかるに最大の危機で苦悩の際にこそ聖なる恩寵《おんちょう》をもって臨む大御心を常とし給う〝デウス〟は、キリシタンの祈りと、彼等全員が陥るかもしれない孤立に意を用い、彼等を同所から奇跡的に救出し、あらゆる欺瞞《ぎまん》に逆らう為に恩寵を彼等に授け給うた。

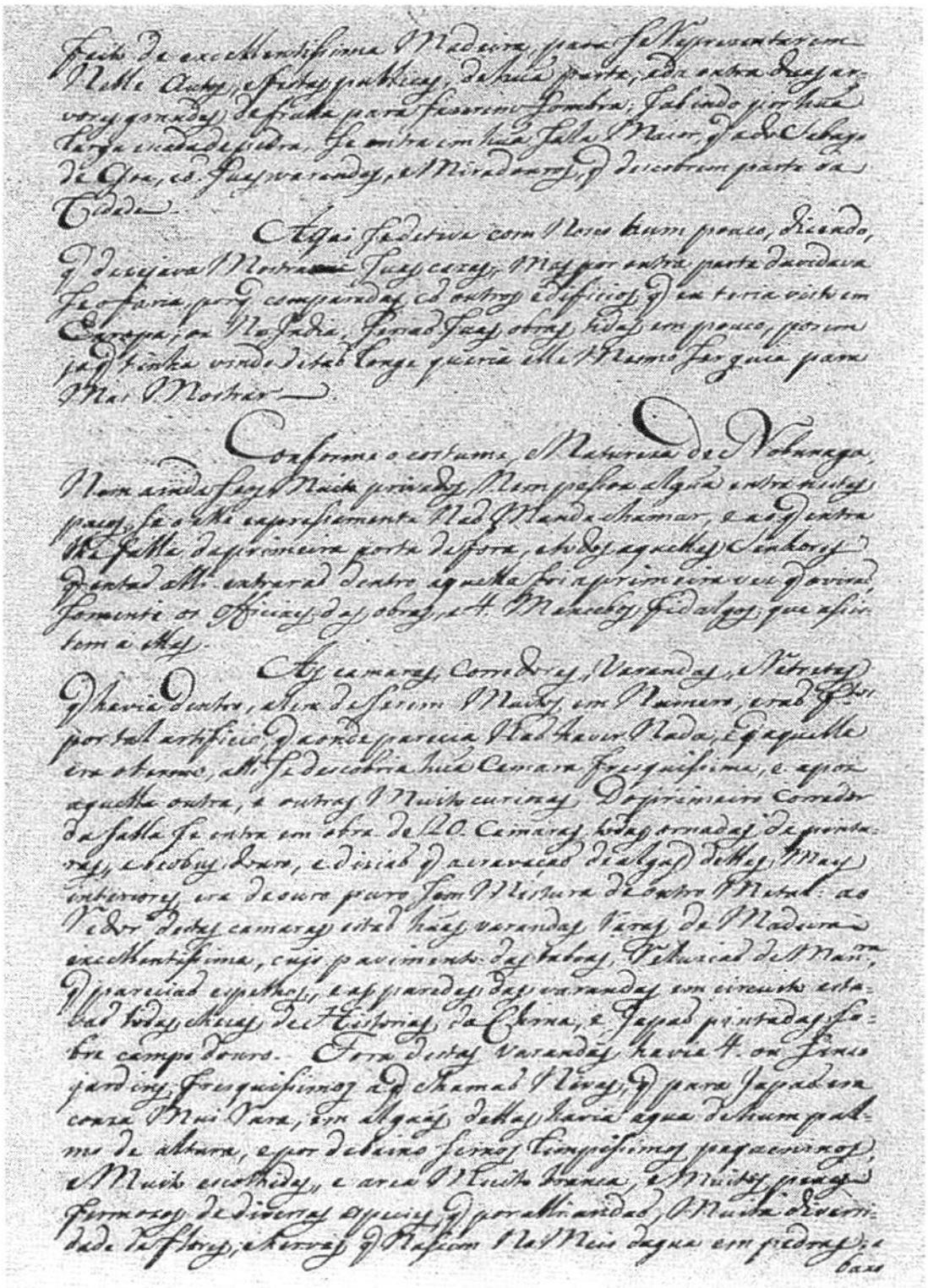

フロイスの日本史

以上の『フロイスの日本史』より、当時の〝安土〟のパニック状況がよく分かる。他の記録にはこれほど確かに描かれているものは無い。そこで泥棒達は、この人々を殺すのに都合のよい秘密の場所に移動する事に決めていたが、〃明智〃と親しい間柄のキリシタンがいた。この人のお蔭で、まだ安土にいた修道士ヴィセンテらが、七名の日本人信徒たちと共に救助の船を同島に回船した。「我等がその船を見た時の歓喜は言葉に尽くせぬものがあり」と、フロイスは描いている。泥棒も降伏し、山に隠した一切の物も回収し、オルガンティノ師は「明智の城」坂本に至った。そして明智の小姓の家に泊まり、その時、小姓は明智方に味方する様、「高山右近」に明智の伝言を伝える任務をもっており、オルガンティノ師に「高山右近」を説得する様願い出た。師はこれに協力をし、そして明智の息子を訪問し、都までの通行手形を貰っている一同は、「明智の小姓」と共に都の修道院に到着した。

明智側は、右近を説得する書簡をオルガンティノに書かせた。オルガンティノは二通用意、日本語では明智に味方しろと書いたものの、ポルトガル語では絶対に明智につくなと書いたと、されている。

この様なフロイスの記述で、当時の混乱の状況がよく理解出来たのである。『フロイスの日本史』は、本当に価値あるものと筆者は読んでいたのである！

『フロイスの日本史』のレーグアはポルトガル語の「レーグア」か、日本の「里」であろうか。ポルトガルでは「レーグア」は、6・183kmである。この場合、「レーグア」は1里と解《げ》せるのである。

26 愛宕《あたご》百韻《ひゃくいん》の脇句の謎、秀吉に追求された脇句

光秀（1528～1582）が信長（1534～1582）を討った時に、丹波亀山城を出陣する三日前、

天正10年（1582）5月28日に愛宕神社の五坊の一つ、西の坊・威徳院（現在は愛宕神社の社務所がある）で「連歌」を催した。参加したのは光秀のほか行祐《ぎょうゆう》（西坊威徳院住職）・宥源《ゆうげん》（上坊大善院住職）と連歌師里村紹巴《じょうは》、紹巴門弟の里村昌叱《しょうしつ》・里村心前《しんぜん》、兼如（猪名代家の連歌師、紹巴門下）・東六郎行澄《ゆきずみ》（光秀家臣）そして光秀の嫡男・十五郎光慶《みつよし》ら9人。世に知られる「愛宕百韻《あたごひゃくいん》」である。

「百韻連歌」の意味は、表向きは「毛利攻めの戦勝祈願」であったろうが、本能寺の成功の祈願でもあった。発句は光秀の「ときは今　天《あめ》が下《した》しる　五月哉《かな》」。従来の句は「土岐が天下を取るべき五月」であるとの理解が定着しているが、最近、異なる解釈が出てきた。「天《あめ》が下《した》しる」とは「天皇が天下を治める」意味であり、更に『平家物語』治承4年（1180）「治承《じしょう》」の乱」、以仁王《もちひとおう》決起と源頼政《よりまさ》の「宇治川合戦」が5月23日であり、承久3年（1221）後鳥羽院決起の「承久《じょうきゅう》の乱」が5月15日。又、『太平記』元弘3年（1333）「足利尊氏の決起」が、5月7日であったのに注目。光秀は、朝廷をないがしろにする「武家権力」に対する出陣が5月であるのに踏まえて、同じ5月に、源

愛宕神社（京都市右京区）

氏の血族である自分が、朝敵を討つキーポイントが5月であるという事を詠んだのだ。

里村紹巴（1525～1602）の第三句「花落つる　池の流れを　せきとめて」に、通説には光秀の野望を紹巴がチェックしたものと言われているが、この句の中で「花」とは天皇で「信長に追いつめられる天皇を護る」としている。更に、行祐法院の、次の第二句に注目すると、「水上にまさる　庭の夏山」。歴史研究者・津田勇氏は、『平家物語』の宇治橋合戦の、源頼政軍を追討する大将、藤原上総守忠清《ただきよ》が、宇治川の情景を述べた、『延慶本平家物語』巻四の「程ハ五月雨、シゲクシテ、河ノ水カサ、マサリタリ」の言葉を踏まえて、行祐が威徳院の庭の情景を詠んだとの見解を示している。ここに謎が含まれている。

次の細川藤孝《ふじたか》（幽斎）（1534～1610）の句を比べて見る、「夏山を移す、水の見なかみ（水上）」。この句は天正9年（1581）4月12日に、藤孝が、光秀と娘婿の明智秀満、光秀嫡男の十五郎光慶《みつよし》を、丹後「天の橋立」に招待して催した連歌会の脇句である。この時、連歌衆は光秀親子と、藤孝（幽斎）・細川与一郎忠興《ただおき》・頓五郎興元《おきもと》の父子の他に、津田宗及、里村紹巴、山上宗二、平野道是《ひらのどうぜ》が加わった。こうして見ると、かなりの役者の揃った連歌会である。この藤孝の句は、その日に見物した「九世戸《くせど》」（文殊智恩院）の「なべ松」について詠んだ、光秀の「うふるてふ　松は千年のさなえ哉」という発句につけた脇句である。光秀が格調高く、松のめでたい永遠の生命を寿《ことほ》いだのに対して、眼前に広がる夏山を映す、静かな水面の景色を述べて、藤孝は光秀の主旨に賛同の思いを現したものであると考えられる。ちなみに第三句は紹巴の「夕立のあと　さりけなき　月見へて」というものであるが、それも、折りしも昇る月を詠み、藤孝と同じく光秀の意に添う気持ちを現した句と考えられる。ここに天正9年の藤孝（幽斎）の脇句と、先程の天正10年の行祐の脇句を並べて見ると、両者は実によく似ていることが分かる。行祐の句が、藤孝の句を踏まえているのは明らかである。但し、藤孝の句の「水」は夏山を映すほどに、静かな海面があったのに対し、行祐の句の「水」は、連歌会当日の雨の様に水量の増えた威徳院の池の「水」であり、それを行祐は「水カサマサリタル」宇治川の荒々しい川水を例えたのである。ということは、信長を討つべき、今まさに戦いに臨もうとしている光秀の感慨を、行祐が推量したものと考えられる。これらを考えると天正９年の連歌会も連歌に事よせて「本能寺の変」の計画が語られたという事になり、藤孝（幽斎）が、この「変」の真相をかなり深く関係したという事になる。光秀の敗北の後、この発句の意味が、秀吉により追及されるが、結局うやむやにされたのは、真の意味を知られると、藤孝は勿論の事、秀吉も朝廷も困るからであったろうと考えられる。

27 本能寺の謎―〃信長はなぜ本能寺を定宿としていたのか？〃

本能寺に伝わる『両山暦譜』（京都本能寺と尼崎本興寺両山の歴世貫首の事歴と、その貫首代に起こった歴史事象を編年体で記述したもの）から、この二つに推理された。

一・本能寺の兵器廠《しょう》としての利用価値

天文12年（１５４３）種子島に到来した鉄砲は、忽《たちま》ちその利用価値を認めた商人の格好の目標となり、堺の今井宗久（１５２０～１５９３）、橘屋又三郎（異名は鉄砲又）は、直ちに種子島に渡り畿内への紹介に努めた。しかし一方で種子島は、日典《にってん》、それに続く日良《にちりょう》の布教により法華宗の島となっており、島の本源寺（鹿児島県西之表市）は、本能寺の末寺となっていた。本能寺は、京都の豪商・茶屋一族の寺で、初代茶屋四郎次郎清延《きよのぶ》（１５４５～１５９６）は、本能寺の檀家の資格を持って本源寺に貿易の拠点を設け、ここに堺ルー

本能寺跡碑（京都市中京区）

トとは別の本能寺ルートが鉄砲、火薬の輸入ルートとして確立された。

一方、信長は早くから、鉄砲の価値と、堺と種子島の関係を知っており、堺の代官職を将軍足利義昭に特に願うと共に、〝本能寺〟に対してもこれと並行した輸入ルートとしての寺ではなく、むしろ武器庫としての役割からここを定宿とした。

二・皇室との関係を重視

本能寺八世日承《にちじょう》上人は、後伏見天皇七世皇孫で、信長はこの関係を利用し、時の正親町《おおぎまち》天皇の綸旨《りんじ》により永禄10年（1567）「古今無双之名将」と賞賛され、尾張・美濃両国の皇室領の復興、皇子元服料の献上、禁裏修理を命じられ、天下一統に励むべく督励された。

また、再三の窮境《きゅうきょう》を、天皇の綸旨による停戦により切り抜けてきた。元亀元年（1570）朝倉・浅井連合軍、元亀4年（1573）足利義昭、天正6年と天正8年（1580）石山本願寺の場合などその例は多い。この和議綸旨の斡旋に本能寺の果たした役割は大きく、信長はこの二つの理由から本能寺を定宿として泊り、本能寺で倒されたのであった。

28 信長自身が首を始末していた〝信長の首の謎〟

「本能寺の変」の時、光秀の兵力は1万6千。信長の三男信孝が名将であれば、自分の持つ兵1万2千で「光秀討伐戦」に挑んでいたと思われるが、彼は凡将であった。これは秀吉の命運の始まりとなった。「光秀には敵わぬ」と信孝は弱気であり、秀吉軍の参謀黒田官兵衛の様な知将が重臣に居なかったのだ。

秀吉は織田勢力4万5千の兵力を如何に活用したのか？ 黒田官兵衛は、如何にこの織田勢を自軍に組み入れたのだろうか？ 彼はこの時、中国より離れた畿内の姫路に居たが、ここで4日間、この多忙な時に滞在をしている。

果たして黒田官兵衛は何をしていたのだろうか？「信長公は首を上げられたのかどうか」、情報入手の大作戦を展開していた。信長は逃げようとしたのか、否か。信長が〝捕り首〟を上げられたとすると、黒田作戦は〝無〟に帰する。この時「信長の首」の最重要性を把握していたのは、信長本人と恐らく黒田官兵衛二人であっただろう。これは官兵衛の持つ天才的な〝勘〟であろう。そして彼は姫路で大情報作戦を展開して行く。まず4日間の情報戦の結果、官兵衛は〝信長自身が自分の首〟を始末していた事を掴んだ。信長は最期迄天才的武将であった。〝自分の首が取られた〟以後の戦略を、とっさに頭に描いたのだろう。「是非に及ばず」、『信長公記』の信長最後の言葉である。光秀の攻略であれば、逃げ道は完全に封鎖されていたはずで、逃げれば必ず〝首を上げられる〟であっただろう。これでは光秀有利の作戦展開となったであろう。〝自分の首を完全に消す事〟これがこの天才のとっさに閃《ひらめ》いた知恵だったのだ。そして彼は本能寺の奥に消えた。

ここに光秀軍の最前線にいた本城惣《ほんじょうそう》右衛門《えもん》の回顧録がある。〝本能寺の攻め〟の時、この人物も討つべき相手が信長とは知らなかったらしい。これは他の話にも明智軍兵は攻撃の相手が誰か分からず戦闘に参加していたらしい。「のぶながさまに、はらさせ申事は、ゆめともしり不申候」。彼は誰を襲ったと考えたのか……「いえやすさまとばかり存じ候」と惣右衛門は回想しているのだ。この時南門から本能寺に突入した惣右衛門は書いている、「かやばかり、つり候て、人なく候つる」。丁度、夏なので寺の室内の寝所は「蚊帳《かや》」が一杯釣ってあった。各部屋を駆け廻ったのだろう。その途中で、ようやく一人の白装束の女房を捕えた。ところがその女房が「上様は白い着物を召している」と告げられた。この上様が〃信長〃とは、この時、惣右衛門は気が付かなかった。「うへさましろききる物めし候ハん由、申候へ共、のぶながさまとハ不存候。」そんなところで、火の手が上がり、あっという間に本能寺は火の海に包まれて行った。爆薬の為との説もあるが、信長は、自身を完全に消す処置をして身を投じたのだろう。

この情報を官兵衛は遠く姫路で「キャッチ」した。すぐさま軍師の天才的閃きで、織田系の大名達を自軍に組み込む企画を立てた。織田系の大名には光秀と親密な人々も多くいる。信長の三男信孝を大切に思う人もいる。秀吉軍に合流を訴えても、たやすい事では無い。官兵衛はここで情報戦に打って出た。「信長公は生きている。今、安土城で増兵中である。織田系の人々は速く秀吉軍に合流せよ」と情報を流した。

織内の人々は本能寺が炎上した事は知っていたし「〃信長の首〃が出て無い事も知っている」との情報を官兵衛は聞いていた。高山右近は首の出無かった事を知っている。上様は死んだと思っている。「だが万が一、信長が生きていたら、日和見に動けば信長からの罰はどんなものか」彼は悩んでいたところへ、早くも「秀吉の大軍」は疲れ切っていたが「大返し」に来ている。右近も決心した。そこへ織田系の大名を吸収し、新しく編成した4万人が秀吉の下に入った。

「山崎の合戦」の開戦は、天正10年（1582）6月13日午後4時半頃から始まるのだが、その日の昼に秀吉は信孝の所へ行った。「信孝様の兵力は、いくらお持ちですか」「1万2千だ」「私は4万持っております。

総指揮権を頂戴したい」。ここで秀吉主導の大義名分が完成した。そして中川清秀と高山右近へ戦闘開始命令が伝令され開戦。最も元気なこの2軍団と、明智の戦闘が「ハーフ・ハーフ」で行われている。「ピーク」に秀吉の大軍が戦闘に参入し、明智は総崩れになった。

〝信長の首不明〟が、この戦いの勝負を決する事になった。これは官兵衛の情報戦の成果であった。そして官兵衛は「秀吉殿、うまくおやりなさい。天下を取れますぞ」と、軍師の分を越える言葉を言った。ここで秀吉の野望は燃え上がり、その中で〝官兵衛恐るべし〟と強く心に残ったのだ。

黒田官兵衛

29 本能寺において信長の刺した槍

「敵は本能寺にあり」と亀山城出発の後、あらためて「敵は本能寺にあり」と伝令あり、明智軍は本能寺に急攻した。しかし敵は徳川家康だと思って攻めたという話も残っている。

佐賀県唐津市の唐津城、天守閣内の郷土博物館に、信長を刺したという槍が陳列されている。槍の所有者、安田作兵衛（国継《くにつぐ》）（１５５６～１５９７）の死後、唐津市西寺町の浄泰寺（浄土宗）（佐賀県唐津市弓鷹町）に寺宝として伝えられた物を、昭和41年（１９６６）現在の唐津城（舞鶴城）完成後、そこに移された。

安田作兵衛は、安田正義（後、天野源右衛門貞成）（１５６２～１６０３）ともされる。

天正10年（１５８２）６月２日、京都四条、本能寺に向け明智光秀軍は進む、光秀の家臣・安田作兵衛（正義）と称す、時に21歳。講談では、箕浦新左衛門豊茂、古川九兵衛（九平）兼友の〝明智三羽烏〟が先陣を争った。

光秀は本能寺攻めに向かう途中、沓掛《くつかけ》で食事のために休憩した。そして、安田正義を先行させ、先にいる者は誰であろうと切るように命じた。これにより、瓜作りのため真夜中から畑仕事をしていた百姓30余名が討たれたという。

作兵衛が、一番乗りをして信長に迫る。信長は怒って「下郎！推参なり」と呼び捨てて寝所に入った。障子に映る信長の影を目当てに、作兵衛の突き出した槍先は、信長公の眉間を刺した。信長が自刃、時に49。天下統一の業、中途で消え去った。

その後、作兵衛は天野源右衛門と名を改め、浪々の身となり、方々を武者修行して羽柴秀長（大和大納言）に仕えた事もあった。天正15年、肥後一揆鎮圧に参加。天正19年（１５９１）１月、豊臣秀長没後、九州に下り、筑後柳川立花家の食客となった。文禄に至り、立花宗茂に属して朝鮮に渡海し、文禄２年（１５９３）正月26日、碧蹄館《へきていかん》合戦（京幾道高陽郡碧蹄面）にて功を立てた。

やがて「文禄の役」も終り、「慶長の役」となったが、慶長3年（１５９８）8月18日、秀吉の死と共に撤退開始、12月下旬博多に集合、帰国して「朝鮮の役」はその幕を閉じた。

慶長４年、島津家中が不和になると、徳川家康から調停役の一人に選ばれる。次に起こったのが、慶長５年（１６００）9月15日、天下分け目の「関ヶ原の戦い」である。立花宗茂は西軍に属した為、所領を没収され、多くの家臣は禄を離れる事になった。源右衛門も又、柳川を辞した。兼ねてより源右衛門の勇武の士たるを関知していた備前唐津城主・寺沢志摩守広高《しまのかみひろたか》（１５６３～１６３３）は、その逸材の埋もれるのを惜しみ、〝客将〟として8千石の破格で仕官させた。やがて、「朝鮮の役」における立花宗茂が常々小勢をもって大軍にあたり大功を成したこと、その立花軍敢闘の顛末を書き記す様、所望された。

こうして源右衛門が城主寺沢志摩守の為に著したのが『朝鮮南大門合戦之記』として残る事になった。

そして、この〝槍〟も……。

安田作兵衛（国継）

30 家康の影武者となり、南山城で土民に討たれた「穴山梅雪《ばいせつ》」

京都南山城、木津川畔西側、飯岡共同墓地内に梅雪（1541～1582）の墓がある。家康は、天正10年（1582）6月2日、堺から信長に上方遊覧の御礼に京都に向かっていた。現在の大阪府交野市で京の「茶屋四郎次郎」からの急の知らせ「信長自刃」を聞いた。緊急協議の末、家康一行は、伊賀ルートで三河に帰ることを決定した。翌6月3日、現在の京田辺市付近に到着、土地の新八と穂谷《ほたに》の百姓忍兵衛の案内で「草内《くさじ》の渡し」に到着。木津川は当時梅雨期にて増水していたが、地元民、漁師の協力で、先発隊の家康一行は無事に渡った。後続隊の穴山梅雪一行は、木津川畔を京都へ進んでいた。しかし、「落武者狩り」の土民の襲撃を受け、増水の木津川を渡河出来ず、木津川「飯岡の渡し」で自害した。一揆によって殺害されたとする資料も見受けられる。土地の人々は憐れんで飯岡の渡し西岸に葬り、塔を建て供養を行っていたが、洪水で度々崩れるので、飯岡真言宗蓮華寺に改葬し塔を移した。正室見性院（勝頼の異母姉、信玄の次女）（?～1622）が度々訪れていることから、これは見性院が建立したと思われる。明治8年（1875）2月、蓮華寺は廃寺となり、現在の飯岡共同墓地に塔は移された。

この「穴山梅雪」のルーツを見る。

甲斐武田氏の祖・源義光《よしみつ》より十世武田信武《のぶたけ》の第四子・四郎義武が甲斐の逸見の穴山にいて、穴山氏と称した。義武には実子がなく、武田信春の第二子・修理太夫満春を嗣とした。満春にも子がなく、武田信重の第二子・信介が穴山氏の名称を継いだ。さらに信懸《のぶとお》、信綱と続きその四世が伊豆守信友（1506～1561）で、その子が信君《のぶただ》、穴山梅雪である。母は武田信虎の娘「南松院」といい、信玄の姉にあたる。

梅雪は、幼名を勝千代といい、又、彦元とも改めた。永禄の末より左衛門大夫と称し、天正の初年に玄蕃頭《げんばのかみ》、のちに陸奥守とも称したが、天正8年（１５８０）剃髪して、梅雪斉と号した。父について武田家に仕え、信玄の息女・見性院を正室にした。甲斐南巨摩郡下山を領し、居館もここにあった。『甲陽軍鑑』には、穴山殿は「異相人にて「夷子《えびす》大黒《だいこく》」に、髪結《かみゆい》を造り被って歩かる」とあるように「奇」好みの人だったらしい。武田の一門衆として威望があった。天正3年（１５７５）武田氏の占領した駿河江尻城主となり、江尻附近（静岡市清水区江尻町）の地を兼領した。天正9年（１５８１）武田氏の頽勢《たいせい》を憂い、勝頼に進言して、韮崎に新府城（山梨県韮崎市中田町）を建造させたが、翌天正10年（１５８２）3月、武田氏滅亡の際は、徳川家康の斡旋で織田信長に降伏して、本領を安堵させた。梅雪が叛心《はんしん》の心を抱いた頃、木曽義昌（１５４０～１５９５）も武田に背いたため、人質として差し出していた義昌の母と娘と嫡子を、2月2日、勝頼に処刑された。梅雪は江尻城を開城するに先立ち、2月25日、人質としてあった妻子を新府城から密かに脱走させている。後に家康の紹介で、信長に請い、その後家康と和泉堺に居た時に「本能寺の変」が起こり、彼は家康の身代わりとなり、京の南山城で命を落とした。一子である穴山勝千代（武田信治《のぶはる》）も、天正15年（１５８７）早世して血統は断絶した。

武田の武将の、敢え無い最期であった。

穴山梅雪

31 家康の「伊賀越え」は無かった

〝本能寺の変〟の時、家康は命からがらに伊賀越えをし、伊勢白子《しろこ》（三重県鈴鹿市）付近から乗船、三河大浜（愛知県碧南市）に上陸、岡崎城へ帰ったとするのが定説であるが、家康の2通の書状（天正10年記）から定説を否定する。

1・「伊賀越え」定説と矛盾する二通の家康の書状

天正10年（1582）6月10日付、家康からの和田織部宛の感謝状。この史料は京都北野の大串貞一氏所蔵のもので、学界未発表であったのが、故安井久善氏が昭和40年（1965）9月、論文で初めて紹介したとされている。

「今度大和路案内殊於高見峠相働之段祝着候。忠賞之儀ハ可行望ニ候、猶筒井へ申入候、恐々謹言」

六月十日　家康（花押）　和田織部殿

家康「伊賀越え」の定説では、家康は和泉国堺から、河内↓山城↓近江↓伊賀↓伊勢に出て白子、長太《なご》付近から船に乗り、三河大浜に渡り、岡崎城に帰着となっているが、この一次史料によれば、家康は大和路を通り、高見峠（大和の中部柏原から伊勢、松坂に抜ける伊勢街道上の国境の峠）付近へ出て帰国したと解釈されるのである。

2・天正10年11月12日付、家康から〝吉川平助〟宛て〝感謝状〟（写し）

この史料は、川崎文隆氏が紹介されている。『譜牒《ふちょう》餘録《よろく》』中の巻36「稲葉丹後守、之二」より引用する。

「洛中洛外町方井寺社門前出候書付」 京都三条通菱屋町 松屋庄太夫
庄太夫、曽祖父、吉川平助と申者、信長御大、伊勢大湊西紀州浦迄之船奉行致候、太閤御時代知行七千石被下紀州湊に罷《まかり》在候、處《ところ》其後、浪人候、明智反逆之時分、権現様、堺与伊賀越勢州江御成之時曽祖父平助伊勢浦之者共ニ御船之儀申付候、故従《ゆいてしたがう》、
権現様御書頂戴、仕候 写し
「就今度船之儀被馳走大湊迄葉著岸喜悦之至候、然者當国迄無異儀渡着候、可心安候、恐々謹言」
十一月十二日 権現様 御諱 御印 吉河平助殿
権現様於、御前平助 御盃拝領仕候由申伝
忝《かたじけなく》 今所持仕候 御盃 名墨塗御紋葵丸
国三国梨子地蒔絵
内朱 御紋 葵蒔絵
「右之通従 先祖申出候、故書上申候、小送成義は覚不申候、私親庄兵衛と申者より町人に罷成候 以上」
川崎氏らはこの史料の大湊を、「大浜か」と伝記されているが、家康が感謝状で、重要な地名を誤って書く可能性はまず無く、字も間違いの可能性も無いと思われる。
意を訳すると「あなた 大湊船奉行の（吉河平助）は、この度〝本能寺の変〟での帰国の際に要る、船を馳走され、大湊（二見浦）まで着岸させ用意してくれた。喜悦の至りである。だからそのお蔭で、私（家康）は当国迄無事に渡着することができた。安心する様に」と後に十一月十二日と書いている。この十一月は原本の日付六月を十一月と書いていると思われる。これから考えると、家康本隊は大和路高見峠、伊勢、大湊乗船の可能性大となる。

ここで、大きく浮かび上るのは、服部半蔵の存在であろう。〝伊賀忍者〟の頭領として早くから、徳川氏に従属していた事は周知の事実で、家康が〝伊賀〟に入るのは当然と云われてきた。さらに、高見峠越えのルート上には、信長の次男信雄《のぶかつ》の居城「松ヶ島城」（三重県松阪市松ケ崎町）があったことが大きな障害となる。またこんな記述がある。

「かく御覚の他に異なる子細は、去る天正10年徳川氏、明智乱をさけて、和泉の堺より遠州へ帥らせ給は人として伊勢路にかからせ給うに、関、田丸、甲斐甲斐しく守護し奉りしを感じ思い召されるといで聞こえし」

「関」とは関盛信（?～1593）を指し、〝本能寺の変〟の際には亀山城主であった。亀山城（三重県亀山市本丸町）は、家康家臣の分隊の採った伊賀越えルートにある。また「田丸」は田丸直昌（1543～1609）を指し、当時は伊勢国岩出城主、岩出城（三重県度会郡玉城町岩出大森）は〝高見越え〟ルートにある。この時、織田信雄は軍勢と共に亀山城に近い鈴鹿坂下へ出陣していた。当然、信雄居城の松ヶ島城は留守である。おそらく

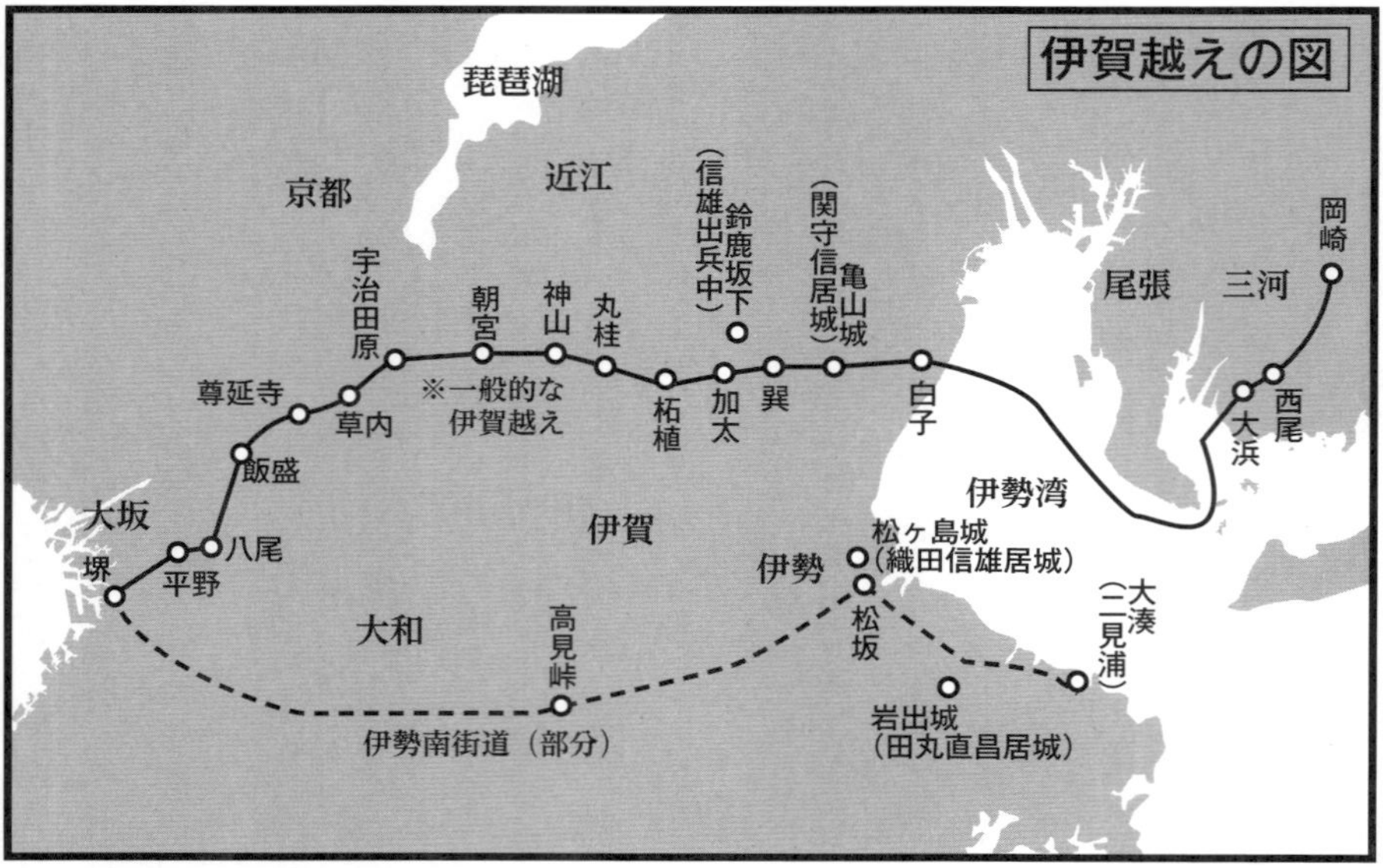

図は「本能寺の変四二七年目の真実」より

家康は田丸直昌から情報を得ており、脱出ルートを上手く選択し、大湊に出たと思われる。ここでこれをまとめて見ると、〝家康伊賀越え〟は『家忠日記』に「家康・伊賀・伊勢地を御退き候」と書かれ、これは「家康以下、伊勢地を御退き候」とも読めるが、家康本隊は伊賀越えをしたのではなく、大和路高見峠を越えて、大湊にて乗船が確実となってくる。

32 神君家康公・伊賀越えは誰が作っていたのか？

家康が危機を脱した「神君　伊賀越え」の話は有名であるが、近年見付かった資料や研究によると、家康本隊は大和路を通り、高見峠から伊勢大湊に出て乗船して三河大浜へ渡着した岡崎城ルートを採ったようである。伊賀越えルートは、家康の分隊（側近の酒井忠次、大久保忠隣《ただちか》ら）であったというのだ。

「神君　伊賀越え」の初期資料というと、享保11年（1726）に成立した『伊賀者由緒書』などの由緒書である。

「一、天正十壬午年五月廿一日、信長公仰ェ依て、権現様甲州穴山梅雪御同道被為　遊、江州安土・京都被為入、夫・大坂江被為入、同廿九日泉州堺為　御見物、彼地江御越被為遊候刻、同六月二日明智日向守光秀企逆心、京都於本能寺信長公御父子御生害被遊候由、茶屋四郎次郎奉告により、小勢ニて本道ハ如何と被為　思召、伊賀越を被為遊候積り御相談被為遊候処、梅雪何とか被存御跡に残り被申上処、大和之内ニ二撲共ニ被取籠、穴山殿ハ被討被申候、拐権現様伊賀越を被為　遊候ニ付、罷出御味方可申上旨、服部半蔵方・告知らせ候ニ付、伊賀之者共罷出、鹿伏免山路御案内申上、勢州白子迫御供申上、夫・御船に被為召、参州江御帰城被為遊候事、」

ここには伊賀越えに尽力した「200人の伊賀者」の名前が挙げられ、服部半蔵を通じて褒賞を与えられたこと、さらにはそのまま伊賀同心として編成されたことが記されている。しかし実際は、家康が天下統一して平和な時代に入ると、伊賀忍者衆の仕事が激減、多くは失業してしまった。「創作」伊賀者由緒書との矛盾は、「伊賀越え」で救われたのが所詮、分隊であったからではなかろうか。

本能寺の変の黒幕

33 〝本能寺の変〟、朝廷のバックアップがあった

「信長の天下布武の終幕が訪れた」。この事件（本能寺の変）は謎に包まれている、日本史上稀《まれ》なる劇的事件である。勧修寺《かじゅうじ》晴豊《はるとよ》（1544～1603）の日記『晴豊公記』（天正十年夏記）より、事件を辿って見よう。

この記によると、天正10年（1582）6月2日未明、寝ていた勧修寺晴豊は、家来の袖岡越中により「光秀が本能寺を攻め、焼き討ちにしている」と告げられ、すぐに誠仁《さねひと》親王《しんのう》（正親町天皇第5皇子）の居る「二條御所」へと駆けつけると、早くも多数が（二条新御所を）取り囲んでいたので、入ることができなかった。しかしそこに、光秀家臣・井上という知合いがいたため、運良く御所の中に入ることができた。そこでは、妙覚寺にいた織田信忠（信長の嫡男）と京都所司代村井貞勝父子がなだれ込み御所に籠もっていること、親王の座所にいた貞勝に対して晴豊は、親王と晴豊の妹「阿茶の局晴子」はじめ、親王一家の脱出を掛けあった有様が生々しく記されている。信忠は不承知であったらしいが、貞勝はさすがに観念したものか、「お逃げなさい」と侠《きょう》気《き》を示した。これにより、親王一家と女房衆、飛鳥井《あすかい》雅教《まさのり》、庭田《にわた》重保《しげやす》から、10人の公家衆が次々と御所から脱出

した。

その後で晴豊は、探し出してくれた河勝左近という者のお蔭で兵火の下をかいくぐり外へ出たが、「天道の助け」を皆で言い合う程、危ないところだった。晴豊が夕方、新御所、本能寺を見に行ったところ、首や死人が数限りなくあったという。

こうして信長の「天下布武」は、あっけなく崩壊した。

更にこの日記をよく読むと、信長への気がかり、驚きや、光秀に対する感情は全く無い。それどころか、この大混乱期に近衛邸で酒宴が開かれている。「本能寺の変」から5日後の6月7日に近衛前久《さきひさ》は、子息の信輔（信尹《のぶただ》）の所に行き酒樽を進上し、そこに晴豊も加わり盃を貰っている。11日にも晴豊は、祖父で前権大納言の勧修寺尹豊《ただとよ》と共に、東坊城家に出掛け、医師の半井通仙院（瑞策《ずいさく》）と中納言烏丸光宣《みつのぶ》が集まり、酒宴が開かれ一同は大酒に酔っていた。このように公家たちは、信長の悲劇には「何の感情」も無く、酒宴を開いていたのである。

天正9年（1581）から信長の圧力は強くなっており、朝廷が制定する暦にまで口を出している。「本能寺の変」により朝廷は、伝統的秩序の根本的改変という危機的状況から解放されたのだった。また同時期、信長の官職をどのようにするかという問題（三職推任問題）が起きている。征夷大将軍・太政大臣・関白、いずれの就任にも納得しなかった信長は、権能からも官職からも、正親町天皇・誠仁親王と同権であったともいえるだろう。又、誠仁親王と光秀の関係もおかしい。6月6日には親王、兼見、勧修寺、晴豊ら何人かの公家が集まり談合している。同6日に、誠仁親王が吉田兼見に、安土城に入った明智の所へ勅使として下向を命じている。勅使が光秀に告げたのは「安土城入城の祝賀」であったと思われる。兼見は7日に光秀と対面した。その時点で「信長は朝敵」となった。8日には親王に、光秀からの「祝いの言葉」を奏上されている。それは、光秀よりの勅使派遣「かたしけなく存候由」の御礼、誠仁親王の二条御所脱出は祝着であったこと、明日の上洛及び朝廷への「御礼申入」の意向であった。９日は兼見宅まで光秀が訪れ、天皇へ銀子５００枚を進上した。それを兼見が禁裏（宮中）に持参し、長橋局《ながはしのつぼね》（勾当内侍《こうとうのないし》）と晴豊が天皇に披露した。この頃、羽柴秀吉が、急速に上洛の途に就いたとの情報が入り、光秀は急ぎ出陣した。禁裏は銀進上の礼状を、下鳥羽の「なんてん寺」の陣所へ、兼見に持参させた。光秀は京都の治安を自軍に堅く申し付けると述べて、朝廷の守護を請け負った。『兼見卿記』によれば、6月9日の出陣前に光秀は、兼見宅で連歌師の里村紹巴《じょうは》、門弟の昌叱《しょうしつ》、心前《しんぜん》等と共に、夕食の招待に預っている。こうして見ると親王、勧修寺、兼見は、光秀と完全に結ばれていることがよく解る構図である。

〝本能寺の変〟で危機を脱出し、変の直後に光秀を祝い、更に、その抵抗者との戦いに一体となる意思を表明した朝廷は、この変に関与していたと推測されるのである。斉藤利三《としみつ》が堅田で捕えられ、6月17日に、京中を引き回された時、その光景を見た晴豊が日記に書いた言葉は「彼などは〝信長討ち〟の談合の衆である」というものであった。この言葉は不自然である。「あの悪事を働いた者が捕まった」と書くべきところ、「信長討ち談合の衆」とは、晴豊が利三と共に「信長討ち」を話し合った事実が現れている。「親王と公家、光秀」からなる〝信長討ち〟の談合があったという事である。信長上洛以来、信長に振り回され続け、天正10年（１５８２）には、より強く「伝統的秩序の改変」を迫られ、朝廷は存続自体も危機的状況であった。誠仁親王は御白河、後醍醐、後鳥羽と同じ様に、横暴な武家権力の討伐に立ち上り、成功したものと考えられる。朝廷が黒幕では無く、関与していたと思われる。黒幕は一体誰であっただろうか？

この事件は単純な「光秀の謀反」では無かったのである！

34 「本能寺の変」を仕組んだのは誰だ

この事件に関する論議は歴女・歴男の大関心事である。最大の理由は〝本能寺〟で信長を葬った光秀の動機が、もうひとつはっきりしない為であろう。これに加えて、光秀の前半生も不明で、明智光秀の人物像が謎に包まれている。〝本能寺の変〟には、黒幕がいたのではないか？光秀を背後から操り〝信長殺し〟に走らせたのではないか？その黒幕はどんな人物で、どんな勢力であろうか？〝朝廷〟なのか〝足利義昭〟なのか、また〝秀吉〟なのか、〝家康〟か？

様々な推理や憶測が生れては消える中で、最近、最も注目されるのは正親町《おおぎまち》天皇（１５１７～１５９３）と織田信長（１５３４～１５８２）の緊張関係から生じる〝天皇黒幕説〟であろう。天皇の権威を否定する信長の台頭に危機感を抱いた天皇は、〝朝廷公家衆〟を巧みに利用して光秀の謀反を起こさせたのではないか。正親町天皇の老練な政治操作によって〝本能寺の変〟は起こったとの見方である。

しかし、筆者はこう考えた。

これ迄は「光秀野望説」と「怨恨説」の2説があった。〝野望説〟は天下把握を望んだ武将によるスケールの大きい説、〝怨恨説〟は国替えの命令への恨み、さらに信長の三男信孝（１５５８～１５８３）による四国征伐への参加命令とその〝回避説〟がある。近年有力視されだした説で、謎解きに迫る資料も発見されている。岡山県の林原《はやしばら》美術館（岡山市北区丸の内）から「石谷家文書《いしがいけもんじょ》」として四国の雄、長宗我部元親《もとちか》（１５３９～１５９９）が、明智光秀の腹心の斎藤利三《としみつ》（１５３４～１５８２）宛に記した書状が発見された。書状の日付は天正10年（１５８２）5月21日〝本能寺の変〟の10日前と云う生々しさだ。「四国攻め」を何とか阻止して欲しいと元親は必死にお願いした書状であり、これに光秀が謀反の方へ志を動かしたのではないか。この書

正親町天皇

状の中で元親が阿波《あわ》で築いた城郭のことや、徳島市など中心部分の城から撤退するが、南部の海部城（徳島県海部郡海陽町鞆浦）と西部の大西城（徳島県三好市池田町ウエノ）は、所領の土佐の為、残して欲しいと切々に訴えている。

「元親が譲歩しても信長は阿波を取り上げる決定をしており、とても信長に言えない」。こうなれば信長に従って四国攻めを認めるか、斉藤利三を重んじて関係深い長宗我部の為に謀反に踏み切るか。四国攻めは、神戸（織田）信孝（信長三男）を総大将に、6月2日大坂住吉から出陣する予定であった。天皇、公家からのアプローチもあり、その上、長宗我部との同盟親密関係を崩し見殺しに出来ない立場の光秀は、野望・怨恨・黒幕・四国攻めの4つの条件の上に、歴史に残る大謀反に踏み切ったのではないか。

35 秀吉は〝本能寺の変〟を、事前に周知していた

朝廷の〝本能寺の変〟への関与は確かなものであったにも関わらず、従来、論議されなかったのは、秀吉によってその事実が抹殺されたからに他ならない。

〝変〟4ヶ月後、秀吉が大村由己《おおむらゆうこ》（1536?～1596）に執筆させた、一連の秀吉伝記の一つである『惟任退治記《これとうたいじき》』には、安土城に勅使《ちょくし》を派遣して光秀の行為を祝賀した朝廷の姿はどこにも無く、〝変〟の朝廷関与が全く記されていないので、光秀のみが「主殺し」の大悪人として描かれている。

この秀吉の作為は、〝変〟直後の『兼見卿記』に於いても、明確に読み取れる。天正10年（1582）6月13日の山崎合戦で、敗戦の色濃くなった光秀は、勝竜寺城（京都府長岡京市勝竜寺）に逃げ込むが、そこも危ないと判断したのか、深夜、僅かの家臣と共に抜け出して近江坂本を目指した。逃亡する光秀を追って織田家臣連合軍は東へと移動し、その一部は洛中へなだれ込んだ。すぐさま光秀軍の残党狩りが行われ、光秀の元に勅使となった吉田兼見（1535～1610）が「やり玉」に挙げられた。早くも14日には、織田信孝（信長の三男）（1558～1583）の使者・津田越前入道が来宅して、その行為と光秀からの銀献上について厳しく追求された。その時、兼見の取った行動は、まず誠仁《さねひと》親王（正親町《おおぎまち》天皇の皇子）（1552～1586）に事の次第を報告し、親王から弁明書を遣わされる様申し入れ、その足ですぐ、秀吉側の施薬院全宗《やくいんぜんそう》（1526～1600）に、秀吉へのとりなしを頼んだと言われ、全宗への頼みは功を奏し、間もなく信孝から津田越前の追求は自分の知らぬ事との一書が届けられ、兼見は礼品を持参させて子息の兼治《かねはる》（1565～1616）を信孝の陣所に遣わして「一件落着」した。

秀吉が信孝（信長の三男）の追求の手を抑えたのは確かである。しかし際どい危急の時、秀吉の働き掛けが

何よりも有効である事を兼見が承知しており、それが見事に当たったというのは不審である。

実に不審なのは、あれ程〝変後〟に光秀と一体化していた事が明らかであった、誠仁親王が何の追求も受け無かった事である。光秀一人が「主殺し」の汚名のもとに消されたが、朝廷は何事も無く無傷に存続できた。只一人、近衛前久《このえさきひさ》（1536～1612）だけが、出家、山城国嵯峨に逼塞《ひっそく》ののち、1年間弱、浜松の家康の元に身を寄せていた。余程危険な状況だったのである。秀吉により「朝廷の信長打倒計画」が不問に付された事は、実は大きな〝代償〟を払う原因にもなってしまった。

坂本を目指す光秀を追って、6月14日、秀吉と信孝は京都南方の「塔ノ森」迄来たところ、伝奏《でんそう》の、正親町天皇勅使・勧修寺晴豊と誠仁親王勅使・広橋兼勝が雨と戦災の惨過の中待っていた。彼等は秀吉と信孝に太刀を手渡した。二人は「一段はやばやと、かたじけない」と、馬から降りて拝領した。『晴豊公記』（天正十年夏記）に書かれている。

勅使が秀吉と信孝に、太刀を授与するという事は、極めて異常な事であった。

信長を朝敵として討った明智光秀はこの時点で、朝敵に転落していた。この時、父の敵として謀反光秀を討つ正当性が充分にあった織田信孝には、光秀が朝敵と指定される必要は無かったのだ。

通常は、秀吉が他の信長家臣を抜き出していたのは、6月27日の「清州会議《きよすかいぎ》」とされているが、それより13日も前に、まだ光秀の安否が定かでない時点でそれは既に決定されていた。それを可能にしたのは「朝廷と光秀との一体化」を隠蔽《いんぺい》した秀吉に対して支払った〝代償〟の成果であった事は明らかである。それ以外には、天皇と親王が、秀吉にこれほどの恩恵を与える理由は、あり得ないのである。

秀吉はこの後、天正10年（1582）10月15日に大徳寺で勅命により、信長の葬儀を行った。翌天正11年4月、やはり太刀を下賜されて、柴田勝家を朝敵に認定させ勝家を討ち果した。更に天正12年11月22日の「従三位・

権大納言」への任官を始めとして、天正13年7月11日に「関白」、天正14年（1586）12月25日に「太政大臣」と任官を達成した。これを見ると「朝廷の権威」を最大限利用して権力を確立した。これは全て、朝廷からの〃代償〃であると見なければならない。この事実は要するに「山崎合戦の歴史的意義」は、秀吉の光秀への勝利だけで無く、朝廷の秀吉への実質的敗北であったのだ。

36 細川幽斉だけが知る〃本能寺の変〃の真相「幽斉が語る！」

謀反の理由が今も世間で取り沙汰されて、色々な説がある。例えば信長公と不和になった事、助命を条件に八上《やかみ》城（兵庫県篠山市八上上）の波多野兄弟を誘降《ゆうこう》したが、信長公は約束を破って兄弟を磔《はりつけ》に懸けてしまった事、家康公の饗応役を辞めさせられた事など多くあるが、はっきりした理由の解らない説がひっきりなしに出てくるという訳だ。明智夫人に、信長公が懸想《けそう》したのが原因と言って、面白がっている者もいる。わし（幽斉）言わせると、そのことごとく理由であり、それらの堆積が明智殿を謀反に踏み切らせたと思っている。しかし堆積の中に、わしが最大の理由だと思えるものがある。それは信長公が、明智殿の領地、丹波と近江の滋賀郡他を取り上げて、新たに伯耆《ほうき》、出雲を上げた事だ。伯耆、出雲はまだ敵国で、これから攻略しなければならない小国なのだ。うまく攻略出来なかったら、率いて来た軍勢やその補給はどうするかということが問題となる。兵は旧領地の者たちだが、もう帰る事は出来ないから、新占領国が一切を賄わなければならない。もし攻略出来なかったら、信長公に助けを求める他は無い、だが、もう主従がしっくりいかなくなっているので不可能だ。なら、どうしたらよいか？　明智殿は迷いに迷ったに違いなかった。この様にわしが考えるのは、わしにも苦い同じ様な経験があったからだ。あれは天正6年（1578）秋の頃だった。わしは信長公から、丹後を与えられていた。明智殿が丹波を与えられてから、3年後の事だ。ところが、国主である「一色《いっしき》の大族」がここに頑張っていて、わしが丹後の領主と言っても、名のみの事。隣国丹波の明智殿にもお世話になり、やっと平定して事実上の国主になったのは天正も10年（1582）になってからの事だ。こんな訳もある故、新しく2ヶ国貰ったとしても、これは空名目に過ぎない。備中戦線の秀吉公とは競争相手であり、互いに隙があったら叩き落としているので、援助を頼むわけにはいかないのだ。こうした理由が最大のものだと、わしは思っている。

何、明智殿の娘の「玉」の事をどう思っているか？　あれは可哀そうな女性よ、山崎合戦の後、わしたち親子は秀吉公に付き、丹後を安堵された。しかし「玉」(細川ガラシャ)にしてみれば、生家の肉親をことごとく失ってしまったのだ。「玉」がキリシタンを信仰する様になったのも、こうした理由があっての事は皆の知る通りだ。わしは、忠興に、「玉」を自由にさすがよいと言ってやった。キリシタンは大名家では、禁教になっているが、親兄弟は元より一切の血をひいた者がいない「玉」には信仰だけが唯一の救いだと思ったためだ。確かに「玉」は、天地の間にたった一人になってしまった。しかし忠興の子を二人も生んでいる。これは明智の血をひく自分の子だ。「玉」はこの子らによって慰められているというものだ。

言うならばこれらの子は、細川家の子孫と同時に、明智の子孫でもある、半々だ。明智家は、わしの子孫によって再興された事になる。「玉」もそう考えたに違いない。お主らもそう思わぬかな！

三 秀吉の話

37 木下藤吉郎以前の秀吉の名は

秀吉（1537〜1598）が木下藤吉郎を名乗る以前に〝中村藤吉〟と称していたことが話題となっている。秀吉が藤吉郎と名乗るのは、永禄4年（1561）8月、浅野又右衛門長勝（?〜1575）の養女おね（1547?〜1624）と結婚した頃からとされているが、それ以前の名乗りは不明とされてきた。『尾陽雑記《びようざっき》』により、中村と称していたと推定されてきた。『武功夜話』（前野家文書）にも中村とあ

豊臣秀吉

る。これによると、秀吉の曽祖父は国吉と云い近江浅井の生まれで、山門の「下坊昌盛法師」と号したが、後に還俗《げんぞく》して尾張国中村に住した。祖父は中村弥助吉高と称し、父は中村弥助昌吉と名乗り、その子が秀吉である。『尾張群書系図部集』もそう記述している。そして木下姓は、妻おねの父とされる杉原助左衛門定利（?～1593）の出身が、木下氏であるところから付けられたという。

中村出身で中村を苗字とした武将に、中村対馬守元勝（1544?～1610）がいる。この中村元勝は文明年間（1469～86）に尾州愛智郡中村郷に来住し、父は中村弥右衛門元利と称して今川左馬之助（氏豊）に仕え、天文元年（1532）今川氏豊の居城、那古屋城（愛知県名古屋市中区）が織田信秀に攻撃された時、討死。その子が中村元勝である。

秀吉の出生地は地元の古老の言い伝えでも尾張国愛知郡中村郷中中村（名古屋市中村区）で、その屋敷跡には、今、民家が立ち並んでいる。

＊『尾陽雑記』は、著者・山村敏行、愛知県教育会、昭和7年（1932）刊行。愛知県郷土資料刊行会により、昭和52年（1977）2月再刊。
＊『武功夜話』は、戦国時代頃の尾張国の土豪前野家の動向を記した覚書などを集成した家譜の一種。
＊『尾張群書系図部集（上下）』は、編集・加藤国光で、続群書類従完成会により昭和52年（1977）12月刊行された。

38 矢作橋《やはぎばし》で、秀吉と小六の出会いは〝嘘〟だった！そして二人は透破《すっぱ》仲間だった！

夏イベントの代表格に、四国徳島「阿波踊り」がある。小六の蜂須賀家は、阿波藩主として明治期まで続き、幕末も乗り切り最後の藩主蜂須賀茂韶《もちあき》（1846〜1918）は侯爵となられた。

筆者も幼年期に絵本で見た〝小六と秀吉の矢作橋の出会い〟のシーンが強く印象に残っている。こんな話がある。明治時代宮中の宴会に招かれた人々は、その時、菊の紋章入りの食器（銀の小食器）を記念の為秘かに持ち帰る事が黙許されていた。蜂須賀茂韶侯爵も慣例に寄りそっと小食器を懐中にしたところ、明治帝が目を止められて「蜂須賀。やはり血筋は争えぬな」と、からかわれたというのである。

同じ様な話が土佐山内家に伝わっている。幕末期、山内容堂《やまのうちようどう》は、蜂須賀家世子の訪問を受け酒宴を共にした。世子は座にあった銀の瓶子《へいし》（酒などを入れる、細長く口の狭い焼き物）が気に入り、下賜《かし》を乞うたが容堂は許さない。そこで機を見てそれを持ち去ろうとした時、容堂は笑った「汝乃祖の遺風を倣《なら》うや」と、言ったといわれる。これらの話は、上下を問わず広く〝小六盗賊説〟が知れ渡っている事がよく分かる話である。

蜂須賀家では〝盗賊小六〟を創作であるとPRして努力された。蜂須賀侯爵家の依頼によって著述されたという、昭和初期刊行の渡辺世祐《よすけ》（1874〜1957）博士の『蜂須賀小六正勝』（雄山閣1929）という伝記等がそれで、矢作橋は当時存在せず、当時〝渡し〟で通っていたのが本当で、〝橋〟は慶長年間の初めに架橋され75間の土橋だった。

秀吉（1537〜1598）と小六（正勝）（1526〜1586）が〝透破《すっぱ》仲間〟だった事は、ほとんど知られていない。小六は秀吉の幕僚として「四国攻め」に出陣していた。そこへ「本能寺の変」の報がもたらされる。その時、黒田官兵衛が「君《きみ》の御運《ごうん》開かせ給うべき始めぞ」と、言ったという有名な話がある。

この時、小六の言った言葉が面白い。「ここは、正しく評定にては、中々覚えつかなくして、手指しならざる処に候、一手一手打ちたる一六《いちろく》の了簡《りょうけん》を以て、決められ候え」。この内容は〃まず毛利方にあからさまに無事を知らして和睦するかどうかを見定め、もし異変を幸いとして、攻めかかって来る様なら、味方は2万5千、敵は5万、倍は違うけれども、ここは一つ〃一六勝負の心構え〃で〃戦をやるべきだ〃……。

そしてこう言った「先年、筑前守（秀吉）殿も、9年前、お手前にも折々裸になってもご覧なされたる、覚

蜂須賀正勝（小六）

えあるべし」。この意味は〝お前さんにも昔、透破仲間の博打でスッテンテンになっても打ち興じていたのではないか〟……と言う事だ。すると秀吉はニッコリと笑い「さては、各々にもバクチらの望みにて候や」と述懐したという。

「思えば真裸になって追い出されたり、人の物を無断で使って打擲《ちょうちゃく》されたりしたものだ。欠落も算えた3年間に18ぺんもある。また、美濃、近江、伊勢、尾張の透破仲間の〝大寄り合い〟では、5貫、10貫と取ったり取られたりしたものだった。ある時、桑名の不思議甚六、尾張の神主武太夫の二人が、大負けに負け腹立ちの余り、残った百文足らずの〝はした銭〟を〝餅でも買って食え〟とばかり俺に投げつけ帰った。俺は餅など食わず、その〝はした銭〟を使い、人の座を借り、袖の下からチョクリ、袂《たもと》の蔭からコッソリと張り、半夜で8貫目に仕上げ、更に35貫にも増やした事がある。いかにもバクチは銭の多少ではない〝心と目利きの勝負〟である〝ここは一番〟勝負を打ってみようわい」……。これは『爛柯堂棋話《らんかどうきわ》』に伝えられる話である。この話は、素姓不詳の小六と秀吉の隠れた部分を〝生き々〟と伝えてくれている。この中でさり気なく〝透破〟ないし〝突破〟という言葉は暗示的である。小六は〝透破〟の一党だったのである。

そもそも、蜂須賀家の発祥地はどこか。尾張西辺りの海東郡の東北部に蜂須賀という地名がある。昔、高須賀という池があり黄蜂が群生して人を悩ましたが、「弘法大師」が蜂共を捕えて塚に埋めた。その蜂塚が訛って蜂須賀と称する様になったと、近所の名刹・池鈴山蓮華寺（愛知県あま市蜂須賀）の縁起に見られる。「大師」ゆかりの地らしく、「唐」へ渡っていた「大師」が鈴を投げたら、はるばる海を越えてこの池に落ちたという伝説も残っている。蜂須賀郷は那古屋《なこや》へ3里半、室町幕府管領斯波《しば》氏の家臣・織田大和守（達勝《みちかつ》）の清須や、伊勢への要津《ようしん》である津島に近い物産の集散地。蜂須賀家はここを本拠とする美濃系統の土豪だったのだろうと思われる。

こんな話も残る。正勝祖父・蜂須賀正成の頃、一人の「油売り」が門前で倒れていた。正成は、助け入れて食を与え介抱した。何年か経って「西村」という武士が訪ねて来た。あの「油売り」だった。何時ぞやの礼をと言って米3石を届け「生きている限り送らせて貰う」と約束した。以来、年1度米3石が送られて来た。この人が「斎藤道三」なのだった。この斎藤道三は、その父の長井新左衛門尉（松波庄五郎）と思われる。

天文年間に入り、信長が勢力を拡大してきた。〝反信長〟美濃系統の土豪である〝小六一党〟は当然ながら、不遇、不運に沈潜しなければならなかった。彼（正勝）は、どうやら斎藤道三（1494?～1556）その人に付き従っていた様である。弘治2年（1556）4月20日、道三が息子の義龍（1527～1561）に討たれた後、斎藤家を離れ、岩倉織田、犬山織田と次々と信長に滅ぼされる家に付いていた。

さて、小六（正勝）の出番がやって来た。信長の下で足軽組頭に出世していた秀吉が蜂須賀村に来た。鵜沼《うぬま》、猿塚に斎藤方の強兵が居る。この攻略に小六の協力を頼んだ。時に小六36歳、秀吉28歳。小六一党は、年が明けてから秀吉陣営に参加した。一党は少人数だったが、秀吉の初めての〝直属の部下〟となった。

秀吉の困惑している所に、小六はこう言った「やらねばならぬ事は、単身そなたが乗り込んで理非利害を説く事である。但し、命の保証は無い」…。小六は、「大沢」という男の性格をちゃんと知っていた。性剛強で勇猛だが義侠《ぎきょう》に感じやすい。なかなかの事で動かないが〝命を捨てる覚悟〟で懸かれば諒解《りようかい》しない訳でも無い。秀吉は、鵜沼城（岐阜県各務原市鵜沼南町）に乗り込み大沢次郎左衛門基泰《もとやす》に会い、ここで秀吉は〝一席〟弁じたが、大沢はその場で秀吉を捕えてしまった。人質となったのである。

「俺を殺せば、信長公が大軍をもって攻め寄せ一族郎党皆殺しにするだろう。」秀吉は力んだものの、おいそれとは、信長は現れないだろう。大沢もその事は考えていただろう。

そんな中に事態が変わった。織田の大軍が攻め寄りじりじり城を包囲しているという。なるほど大軍である。

が、信長の軍勢では無い、野武士の集団だった。小六は濃尾の土豪達に檄《げき》を飛ばし、多くの軍勢を集めた。「見ろ、俺を殺してもよいが、やがて城内の者は皆殺しになるぞ」と、秀吉は叫んだ。次郎左衛門基泰《もとやす》は念の為、包囲勢に対し鉄砲を数発撃ち込み「近寄れば秀吉を殺す」と言ったが、応答は無かった。只、ひたひたと押し寄せてくる。基泰に逡巡《しゅんじゅん》の色が見えた。秀吉はすかさず言った「俺と共に信長公の下に来られよ、悪い様にはせぬ」。基泰はようやく帰服《きふく》の肚《はら》を決め、秀吉の縛《ばく》を解いた。こうして誘降作戦は成功した。

その功が、確かな資料に秀吉の名が見える最初である。また案内役だった坪内利定（1539〜1610）に宛てた秀吉の「知行宛行状《あてがいじょう》」も残っている。永禄8年（1565）11月付の物で、木下藤吉郎秀吉の署名がある。これも彼の「発給文書」のうち、初見の物である。記録に残る秀吉初の大仕事であった。

それから、蜂須賀一党の活躍がはじまる。永禄11年（1568）9月12日、信長は近江の六角義賢（承禎）を攻めたが、秀吉は、佐久間信盛、丹羽長秀等と、堅城・箕作城《みつくりじょう》（滋賀県東近江市五個荘）に迫った隊の先鋒となった。小六は〝シャニムニ〟押し進んだので、城方はたまらず降伏の意味の笠を掲げ、その攻めぶりに驚いて「寄せ手は誰ぞ」と、訊ねかけた。「信盛の手には佐久間久六（盛重）、原田与介（信盛の与力）。秀吉の手に蜂須賀彦右衛尉（小六）、竹中半兵衛云々」と返答があった。織田家の戦録の内、これが、小六の名の初見である。

元亀元年（1570）4月、越前の「朝倉氏攻め」の際、浅井氏の反抗で信長は命からがら退却したが、殿軍を受け持ったのが秀吉らである。殿軍のまた〝シンガリ〟を勤めたのが小六一党で、追いすがる朝倉勢相手に、稲田大炊助、青山新七等と何度も取って返して〝戦い防ぎ〟無事、殿軍を果したという。

その後、同年6月「姉川の合戦」、翌年5月「伊勢長島一揆」等々に小六は参戦した。そろそろ高齢だったが、勇猛さを持ち、驚くべき働きで秀吉を助け、秀吉の帷幄《いあく》（本営）に参画し、より尽力した人物だった。

39 矢文《やぶみ》で和解交渉をしていた──高松城の闘い

天正10年（1582）5月、秀吉の「高松城水攻め」は有名である。先年、この「水攻め」に関する新しい資料が岡山市高松稲荷、秋山敬貴さん方の蔵から発見された。

藤井駿《すすむ》元岡山大名誉教授の解説によると、「土木工事により「水攻め体制」が確立し城内に水が入り込む様になった時、羽柴秀吉方へ和解の手紙を出す手段として〝矢文〟が使用されていた。毛利方の武将（吉川元春家臣）宍戸豊前（備前とも）が、積善寺《しゃくぜんじ》を焼き払い陣屋にした。〝本能寺の変〟で明智光秀が信長を討ったのを聞き、秀吉が京都へ急ぎ戻る時、宇喜多直家の実子八郎（後の秀家）（1572～1655）を人質として播磨境迄連行した」などである。

従来説と違う点は、光秀が毛利方にさし向けた使者は、通説では庭瀬街道を通り鼓山《たいこやま》にあった秀吉の陣地で捕まったとあるが、この古文書では、それより北の大窪越を通って「石井山の秀吉の本陣」で捕まったとあるし、その他に、備中高松城主・清水宗治（1537～1582）の自刃には堀尾茂助（吉晴）（1544～1611）が検使に来たとあるが、秀吉の重臣の一人で後に木下姓を受け継いだ杉原七郎左衛門家次（1530～1584）が来たと書かれている。この状況を見ると、高松城の水攻めの効果が出て先方は和解交渉を始めていたのだとみえる。その結果「中国大返し」を始めるのに交渉は早く成立、秀吉軍は西に向かって走り出せたのだろう。

高松城跡玉藻公園（香川県高松市）

杉原家次は、杉原家利の長男。秀吉の正室・おね（高台院）の母・朝日殿の兄で、伯父に当たる。『祖父物語』によれば前歴は連雀商人（行商人）であったというが、その縁から一門衆として仕え、秀吉が長浜城主に立身出世するとその家老となった。この頃の『竹生島奉加帳』を見ると、寄進した10石というのは家臣内で家次が一番多く、すでに筆頭格であった。天正5年（1577）10月からはじまった中国攻めに従軍し、播磨国三木城や備中高松城の攻略後に、その城を受け取る正使となり城代を任されていて、天正10年（1582）6月の「中国大返し」の際には高松城の留守居として殿軍を務めた。

40 「長久手合戦」の池田勝入は何故討死したのか

天正12年（1584）4月9日の長久手の合戦は、今より430年前ほどの合戦で「小牧・長久手の合戦」と呼ばれる。秀吉唯一の敗戦である。秀吉の武将・池田勝入《しょうにゅう》（恒興《つねおき》）（大垣城主）（1536〜1584）と家康（1543〜1616）の合戦である。

小牧の対陣は有名で、秀吉は6万とも8万ともいう大軍で犬山城に参陣していた。それに対して家康は、織田信雄と共に3万5千人の軍勢で小牧山上に在陣していた。

3月17日、秀吉方の森長可《ながよし》（1558〜1584）らが3千人の軍勢で羽黒八幡林に出撃して来たので、徳川方の酒井忠次《ただつぐ》らが5千人の兵を率いて合戦となり、森勢の重臣・野呂助左衛門宗長父子が討死して、その上、森長可は敗走した。小牧の対戦はこの一戦だけで、以降は対陣ばかりが続いた。一番に困難したのは食糧の補給であった。秀吉方は近江美濃より運搬したが、家康方は三河、尾張より搬送したという。

一日も早い決戦を望んでの「中入」作戦である、岡崎城攻撃作戦を進言したのが池田勝入(恒興）であった。これに対して再三の進言に許可しなかった秀吉も、ついに許可を下した。

天正12年4月6日夜、春日井郡篠木、柏井（春日井市）の地に集結した、三好信吉（のちの豊臣秀次）、池田勝入（恒興《つねおき》）、森長可、堀秀政（久太郎）等の2万余人の軍勢が岡崎城攻撃に出発した。途中、玉野川を大日の渡し、松河戸の渡しで渡河して、4月9日早朝に第一軍池田軍は、日進市の岩崎城に到着していた。それに続いて森軍、堀軍は長湫《ながしの》の景行天皇社附近に到着していたが、秀次軍は遠く離れて、現在の尾張旭市の白山

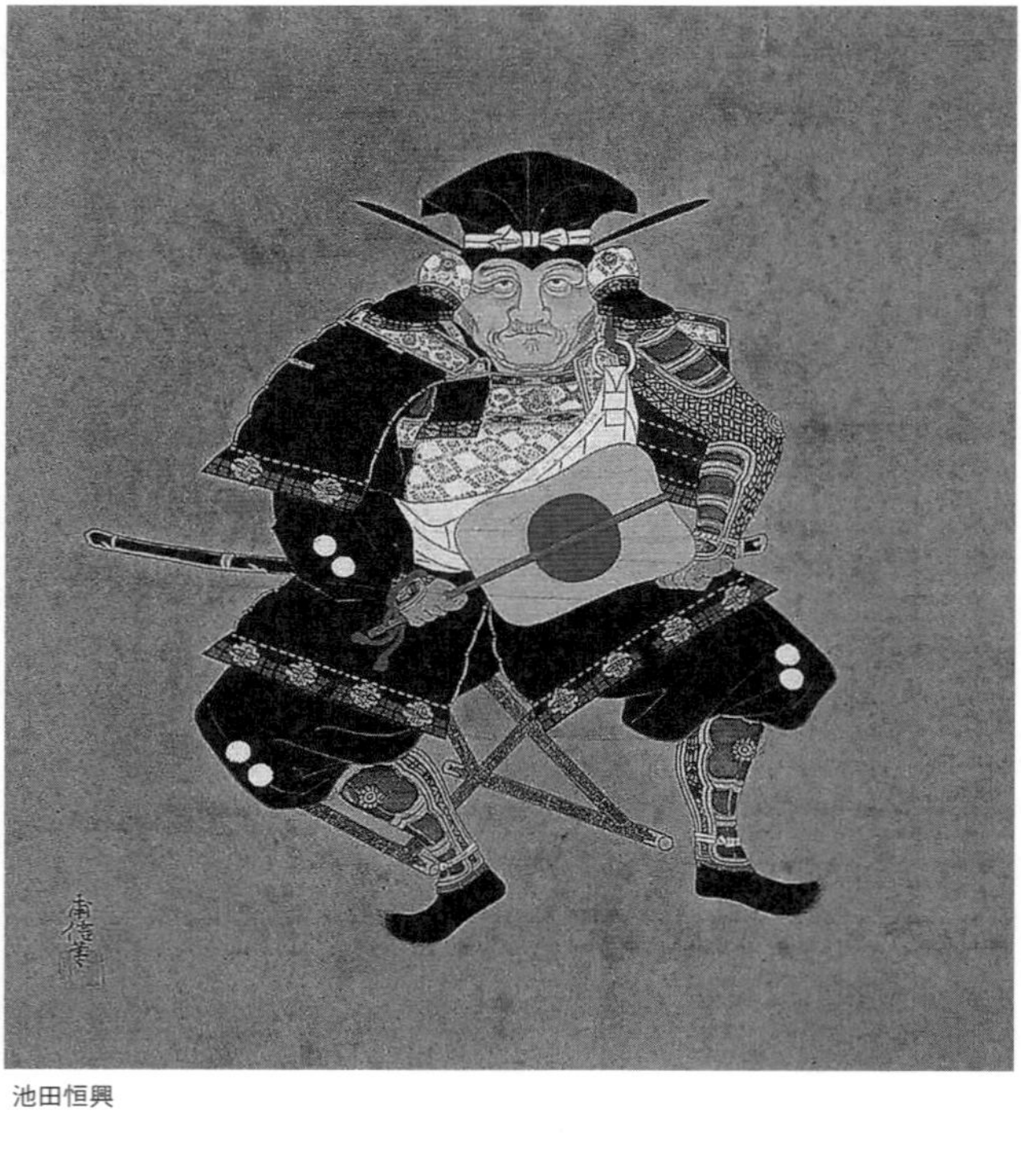
池田恒興

林に駐在していた。それは半数以上が食糧の輸送部隊であったので時間を要したと思われる。

秀吉軍の岡崎城攻撃を知った小牧山の家康は、織田信雄と1万5千人の軍勢で秀吉軍を急追する。途中、小幡城（名古屋市守山区西城）に入城し、4月9日早朝に長久手町岩作、色金山の山上へ到着した。その時、家康軍の到着を知った秀吉軍は、長湫《ながくて》の山の田に池田恒興軍、横道《おうどう》に池田元助軍、喜婦嶽《きふだけ》に森長可軍が一帯に布陣。家康軍も色金山より本陣を長湫の御旗山に移して前進し、先陣の大将に井伊直政、奥平信昌、そして家康自身が前山に進出して布陣した。「仏ヶ根《ほとけがね》の決戦」である。又、その頃迄に「岩崎城の戦い」、「白山林の戦い」、「檜ヶ根《ひのきがね》の戦い」も全部終了して、4月9日午前10時頃より「仏ヶ根の決戦」と移行し決戦となった。

家康、信雄軍9千人に対し池田恒興・元助父子、森長可軍9千500人という。両軍の合戦は仏ヶ根山の山野で池田元助軍の鉄砲討ちかけにより開戦したと言われている。池田対井伊の合戦は当初、一進一退の五分で進められたが池田恒興軍の加勢により、井伊軍が仏ヶ根より後退。その頃、森長可軍は家康本陣を攻撃していたが、不幸にも森長可が鉄砲で討死。森軍は総崩れとなり、池田軍も敗戦。乱戦の中、池田恒興は、徳川軍の永井直勝の槍に討たれた。長男元助（1559?～1584）も討死。二男輝政（1565～1613）は只一人小牧に帰った。秀吉の敗戦だった！

41 秀吉の禁教令―しかし商売は別であった

豊臣秀吉は、はじめキリスト教に極めて好意的であった。天正14年3月大坂城で〝宣教師フロイス〟らと会った時など、「九州を征服した後には長崎港をイエズス会に寄進する」とまで云ったといわれている。ところが秀吉は九州征伐の後、天正15年（1587）6月、突然に〝5ヶ条〟からなる「キリシタン禁制定書（バテレン追放令）」を出した。秀吉が考えを変更した理由の一つに、すでに大村氏がイエズス会に寄進していた長崎の統治の様子を見て、自分の支配にマイナスだと思ったらしい。宣教師（バテレン）の国外退去を求めるものであったが、禁止令には「仏法のさまたげをしない」、「商人などはキリシタン国に行き来してもよい」と書かれている。秀吉は、当時密着して行われていた布教と商売を分け、布教の方だけ厳しく禁止をして行った。この「バテレン追放令」は、日本で最初の国策としてのキリスト教への制限ではあるが、キリスト教やその信者への弾圧が目的ではなく、また形式的なものであった。

*その5ヶ条の大意は、

1、日本は自らの神々によって護られている国なのだから、キリスト教の国から邪法を授けることは、まったくもってけしからんことである。

2、（大名が）その土地の人間を教え門徒にし、寺社仏閣を壊させるなど前代未聞である。諸国の大名が従っているのは一時的なことだ。天下からの法律に従ってその様々なことにその意味を実現すべきなのに、いいかげんな態度でそれをしないのはけしからん。

3、キリスト教の国の人がその教えにより、信者をどんどん増やそうと考えるのは、前に書いたとおりの日本中の仏法を破ることになるということは忘れてはならないから、日本にキリスト教徒を置いておくことはできないので、今日から20日間で支度して帰国しなさい。キリスト教徒であるのに自分は違うと言い張るのはけしからん。

4、黒船は商売をしにきているのだから、これとは別のことなので、今後も商売を続けること。

5、今後は、仏法を妨げるのでなければ、商人でなくとも、いつでもキリスト教徒の国から往還するのは問題ないので、それは許可する。

42 秀吉の刀狩

日本刀の歴史にとって重要な出来事の一つに〝秀吉の刀狩〟がある。

検地には、武士と農民間の身分的分離・固定化や、農業の経営基盤の確立、度量衡の統一など多岐にわたる目的があった事はよく知られる。

「刀狩」も、単に武装解除という目的だけで無く、武士と農民間の身分的分離、固定化といった同様の目的があったらしい。古代から権力者が、反対勢力から武器を取り上げる事は度々行われていた。兵農未分離の戦国期においては、土豪が自身で刀を持って合戦に参加する一方、自立した百姓、戦国大名や国人土豪の下人も合戦において重要な戦力であった。

戦国大名は各種の一揆による農民の蜂起を警戒しつつも、軍勢を組織する必要上、むしろ農民を兵士として徴用する事には積極的であった。また土豪等に対して、知行十貫当り1人といった具合（貫高制）に、軍役を課している。この主な担い手は、実は自立した百姓や下人であった。

ところが統一政権によって武士を主力とする常備軍が組織され始めると、統一政権は、農民の武装を嫌い積極的に武器を押収し始める。これは、最後の戦国大名と言われる北条氏が、秀吉による攻撃を前にして、領内の領民を兵士として徴用したのとは対照的であると言えよう。

秀吉による刀狩としては、天正16年（1588）7月6日、秀吉の当時の支配地全域に出された〝刀狩令〟が有名だが、地域によってはそれ以前から行われていたと見られる。全国規模でいうと、刀狩が完成したのは天正の末から文禄の始め頃と見られ、おそらくは刀狩の結果、統一政権が入手したおびただしい数の刀剣、鉄砲類は、朝鮮出兵に転用されたのではないかと見られる。

こういった刀狩の方針は、江戸幕府に継承された感があり、江戸幕府は農民の再武装化を禁止する一方、有力な農民、町人には帯刀を許していた。いわゆる名字帯刀がこれで、武士と農民の身分的分離、固定化も又、江戸幕府より貫徹された感がある。これにより民衆は、常時、武士による「切り捨て御免」の危険にさらされる事になる。

天正の末年に備前の吉井川が氾濫し、備前長船の刀鍛冶が多大の被害を蒙った。又、刀狩などにより刀剣の需要は激減したが、一方では森忠政（1570～1634）（美濃金山城主、蘭丸長定の弟）等の大名が、美濃から新領知（美作金山）に移封する際に、美濃関の刀鍛冶を伴うなどした為、刀鍛冶は全国各地に移住して行った。これにより関や長船といった、かつての刀鍛冶の里は、暫時規模を縮小して行く事になる。

さてこのような状況の下、全国に散らばった匠は、居住地の大名領（藩）内の需要を中心に鍛刀《たんとう》する事となる。以後、慶長の初年（1596）から廃刀令（明治9年（1876）3月）迄の間の鍛刀を「新刀」、その内、寛政年間から廃刀令迄の間の80数年間の鍛刀を「新々刀」と呼ぶのである。この期の刀の中には南北朝期から室町期の刀の再現を目指してこれに迫る刀を生み出した〝名匠〟があった反面、武士が日常運ぶのに適した実用的な刀も鍛刀されたのであった。

ちなみに、江戸時代になる直前、慶長より前に作られた刀は、「古刀」という。

四 徳川家康の話

43 家康の外祖父、水野忠政《ただまさ》―「亀の様な武将が三河に居た」

家康の生母・於大の方（伝通院）の父、水野忠政（1493～1543）は、17歳で家督を継いで、自城・尾張国緒川城《おかわじょう》（愛知県知多郡東浦町緒川）を守りながら、やっと41歳で三河国の西端に刈谷城（愛知県刈谷市）を築いた。ここを三河への足掛りに、一気に安城・知立《ちりゅう》方面に進出を果たした。まさに、忠政の時勢を見る目と辛抱には感嘆される。この間、反安祥松平勢力と手を結び、岡崎の西郷（松平）や吉良《きら》一門と結ぶことにより、安祥松平を牽制し、更に桜井松平家松平信定（?～1538）と親密となって松平主流と対抗した。天文初期、今川は、対武田対策に懸命であり、織田家は信秀が実力を出し始めた頃である。地元、知多での脅威も無く、水野忠政は対松平対策にのみ専念していればよく、天文2年（1533）念願の刈谷築城を果し三河進出を夢見たのであろう。天文4年（1535）12月5日の松平清康（家康祖父）の横死は、忠政にとって躍進の好機だったが、何故か忠政の動きが迅速でなく、好機を逃してしまっている。

清康の死後、長兄の広忠（家康の父）の追放に成功した信定だが、家臣団の統制がとれず失脚してしまった。天文7年（1538）信定が死亡し、忠政の三河進出も一時挫折するが、今川の三河進出の兆しを見て、天文9年（1540）6月、新興の織田信秀（1510?～1551）と結び、安祥攻めに加担して松平氏を攻めた。

水野忠政

翌年、松平広忠（1526～1549）より同盟を求められ、今川の進出阻止と織田の急成長を防ぐため同盟に応じ、娘（於大の方）（1528～1602）を広忠の嫁にした。忠政49歳、この結果、天文11年（1542）8月の〝小豆坂合戦《あずきざか》〟に参加しなかったが、もし忠政が織田軍に加わっていれば、今川の敗戦の様相も大分変っていたのではなかろうか。天文12年（1543）7月12日、忠政、死去。享年51。

忠政の一生は若い頃より、血気にはやることなく、時機をうかがって好機を見て、41歳の時に初めて新城を築くと共に、一歩一歩確実な前進を行って地歩を固め、誰の臣下にもならず戦国を生き抜いた珍しい武将である。また、忠政時代には城下に敵兵を一歩も入れたことがなく、戦火も浴びていない、珍しいことである。この様な一生であった、この忠政の遺伝子が外孫の家康に伝わり、「鳴くまで待とう、ホトトギス」と云われる亀の武将として最後に天下を取ったのだろう。

44 家康、妻子殺しの負債

永禄3年（1560）5月19日の「桶狭間の戦い」の後、今川勢力から自由になった家康（1543～1616）は、信長（1534～1582）と接近し相結んでいるように、彼の置かれていた地政学的条件から、ここでもこの選択以外の道は無かった。信長から見ると、東方の雄の「武田方」の防衛線としても家康が必要である。この両者は双方共、結び就くべく必然性があった。そして信長・家康の連合軍は、天正3年（1575）5月「長篠《ながしの》の戦い」で武田軍に勝利する。ところが彼（家康）にとって誠に心を砕かざるを得ない難題が、信長から舞い降りてきた。〝妻の築山殿（家康の正室）と、嫡子信康（松平）を自殺させよ〟との、信長の命令である。築山殿（?～1579）は、今川家家臣の娘で、血筋は今川義元の姪にあたり、家康よりはかなり年上で、家康が今川に人質時代の結婚であり、二人は仲が悪かったと言われている。今川義元が敗死した後、築山殿にとって「敵」である信長に、家康がどんどん接近して行くのが不満であった。もう一つ問題は、嫡男「信康」の妻に、信長の娘「徳姫」を迎えている。織田と今川とは宿敵の歴史があるし、家康の妻は今川の人である。この利害の相反する二重の政略結婚が、「家康と信康」父子に絡みついてきた。

信長から言ってきたのは「〝築山殿〟と〝信康〟が、武田勝頼と誼《よしみ》を通じ、織田への反抗を企てているとの事、加えて〝信康〟には粗暴の振る舞いが多く、徳姫の夫である資格は無い」。この信長の命令を受け、三河以来の忠臣の酒井忠次《ただつぐ》と大久保忠世《ただよ》が、使者として急ぎ信長の所へ行った。史実からすると、果たして「十二条の徳姫の訴状」が実在するか不明であるが、この使者に対して信長は、十二条の徳姫の手紙を読み上げ「申し開きできるか」と。使者達は反対意見を言えず、築山殿と信康を処刑する命を家康に伝えた。

こんな話もある。信長が自分の息子と比べると、信康の方が遥かに優れていて、「将来天下を握る器であると怖れて」こういった策略を立てたとも言われている。「信康は優れた武将であったのだ!」。と言っても、信長が家康に、築山殿と信康の処分を命じたという事は、単なる「言いがかり」かもしれないが、家康には難題中の難題である。何とか信長に応えなければいけない、家康は信長が自分を試しているのだと受け止めた。家康がこの命令をどう取り扱うか、そこには信長に対する信義の程が表われる、そこに家康の人物の器量が表われる、いかにも信長がやりそうなテストであった。ここで信長に反旗を上げる選択もあったが、事実、明智光秀は〝本能寺〟で信長を討った。しかし家康は、沈着、冷静で、天下を後日握った人物だ。

浜松市の町外れ、舘山寺街道に「小藪」という所がある。家康はここで家来に妻（築山殿）を殺させた。天正7年（1579）8月29日である。遺体は、市内浜松城近くの普済寺に埋葬したという。現在は、西来院《せいらいいん》

酒井忠次

（浜松市中区広沢）に廟堂・月窟廟《げっくつびょう》がある。嫡子の信康にも、涙を飲んで切腹を命じた。もし家康が信長の命に服さなかったら、織田軍に攻められ彼の政治生活は終っていたと思われる。嫡男信康（1559〜1579）を殺した事が、どんなに辛かった事を物語る話が幾つも残っている。「関ヶ原の戦い」に臨む時も「歳を取ってからの戦いは骨身に応える。信康が生きていてくれたら」と、家康は嘆いている。

天正7年（1579）9月15日の信康切腹から十年ほど経って、信長の元に使者に行った酒井忠次（1527〜1596）が、天正16年（1588）家督を長男家次（家康の従弟）（1564〜1618）に譲った。そして天正18年（1590）「小田原戦」後、三十九諸将に論功行賞を行った際、酒井忠次が家康の所へ来て「酒井家の賞が少なすぎる」と訴えた、すると家康は「お前も子が可愛いか」と言った。その一言で、酒井忠次は面を上げられなかった。信康を切腹させた家康の心情が分かったからである。信長の前で、信康延命の為に何も出来なかった忠次であった。

信長の命に服して信康に切腹を命じた家康であったが、それが如何に痛切なものであったかを物語るものである。

45 徳川家永続の人柱とされた、徳川信康とその妻徳姫

天正7年（1579）9月15日、家康の長男・松平信康（1559～1579）は、父家康の命により自刃している。しかし、それを防げなかったと、その責任は酒井忠次（1527～1596）に押し付けられた。また、これ以前の天正3年（1575）12月27日、信長が佐久間信盛の讒言《ざんげん》（武田勝頼との内通）を容れて水野信元（?～1576）の殺害を命じた時、家康は石川数正（1533～1593）と平岩親吉《ちかよし》（1542～1612）に討たせ、「水野家断絶」の非難を押し付けている。水野信元は、於大（家康の母）の異母兄で口うるさく、石川数正は西三河の、酒井忠次は東三河の旗頭として、家康の親衛隊に迫る実力を蓄えていた。家康にとって恩義のある者たちだが、無骨で頑固で全く扱いがたい存在であった。このために狡猾な家康は、彼らに泥をかぶせたのではなかろうか。

「徳川信康の悲劇」の際、家康37歳、跡継ぎや老いを感じる年齢ではない。その年の4月に三男秀忠が生れていた。信康の母・築山殿は今川義元の姪、「今川の血を引く信康を徳川から除くべし」。それは大方の三河譜代衆らの強い願いでもあったし、家康の「かんがえ」でもあった。家康は厄介な有力家臣の力を削ぎ、家中を

統一し、家康を頂点とする最強の徳川家臣団を再編成して行ったのだ。

残された信康の妻・徳姫（1559～1636）は信長の娘である。天正10年（1582）6月2日、信長は「本能寺」で光秀に夜襲され自害し、徳姫は強力な後楯を失った。徳姫はのちに「尾張岩倉二千石」を与えられ、京の烏丸中御門の南に住んだ。徳姫と信康との間に生まれた、長女の登久姫（1576～1607）は、天正17年（1589）8月、豊臣秀吉の仲介で下総古河藩2万石の小笠原秀政（1569～1615）に嫁ぎ、次女国姫（妙高院）（1577～1626）は翌18年もしくは19年、家康の命令で徳川四天王の一人、上総大

徳川信康

多喜藩10万石の藩主本多忠勝の長男忠政（1575～1631）に嫁いだ。於大（家康の母）は家康の天下統一を見て、慶長7年（1602）8月に伏見城で死去、享年75。徳姫は娘が二人亡くなったあとも生き、寛永13年（1636）1月10日に78歳で亡くなった。豊臣秀吉が信長の菩提を弔うために建立した、船岡山の北、紫野大徳寺の總見院に葬られた。ここには信長だけでなく、兄の信忠や信雄《のぶかつ》の墓もある。

46 家康は剣法より砲術の方が得意だった？

家康は人を斬った事が無い。当たり前の事だと言われればそれまでの事だが、家康らしく〝一言〟ある。「大将は自ら手を下して人を斬るには及ばない。危難にあった時それを避ける方法を知っておくのが大将の道である」。こういう意味の事を、家康は言っている。しかし、家康が兵法を好み、色々な剣士を招いては、これに入門の誓紙《せいし》を与えているのは、周知の事実であろう。

元亀元年（1570）6月28日、「姉川の戦い」で、奥平九八郎信昌（1555～1615）という者が敵の首を落した時、家康は「お前は若いのに、よくも討ったものよ」と嘆賞《たんしょう》した。すると奥平は「およそ戦闘の道は剣法の巧拙《こうせつ》にあるのであって、筋力の強弱は関係ありません」こう答えたという。「お前は誰に剣法を学んだのか」「はい〝奥山流〟を学びました」「ふむ、ならばお前の家臣の奥山休賀斎に師事したのであろう。俺は若い時分は休賀斉に学んだが、近頃は戦があって忙しくて、久しく修行を怠っている。今度、帰陣したら早速、休賀斎に会ってみたいものだ」家康はこう言って懐かしそうに目を細めたという。

ここに出てくる〝奥山休賀斎〟（公重《きみしげ》）（1526～1602）は、上泉伊勢守信綱（1508？～

1577)の門人である。流儀は〝新陰流〟であるが、印可《いんか》を得た後、諸国を歴遊し三河の奥山明神に参籠して夢想の太刀を悟得し、新陰流を改め〝新影流〟とした。(余人はもっぱら奥山流と言ったらしい)。家康は、やがて休賀斎を岡崎へ召し、新影流の印可を受けた上、天正2年(1574)11月28日、彼に御台所御守役を命じた。

家康の修行の期間は、はっきりしないが、前後7年間といわれている。家康が師事した兵法者はこの他に、新当流の松岡兵庫助則方、有馬大膳時貞らがいる。文禄3年(1594)5月、京都郊外の紫竹村鷹ヶ峰において、家康(1543~1616)が自ら、木太刀をとって柳生石舟斎宗厳《むねとし》(1527~1606)と立ち合い〝無刀取り〟に敗れた話は比較的知られている。家康はその場で、石舟斎に入門の誓紙を入れたという。しかし、こうした事から推測出来るのは、家康が兵法に並々ならぬ関心を示し、かつ造詣深い事だろうという事で、実力の程は、皆目見当がつかない。

〝砲術〟については、その妙技について逸話が多くある。「トビ」を三羽立て続けに撃ち、その中二羽を撃ち落とし、残る一羽も足を撃ち斬られたとか。浅間山で狩りをした時に、家康はことごとく的の中心を撃ち当てたのに、近臣たちは誰も当てる事が出来なかったとか。浜松に居た時「櫓《やぐら》」の上にいる「鶴」を、稲富式の長筒で撃ったところが見事に鶴の胴中を撃ち抜いたといわれている。その後、近臣たちが同じ長筒で撃ち誰もが的を外したという。

家康は〝砲術〟はよく知っていたので、「大坂冬の陣」攻撃にポルトガル軍艦の大砲を使用して砲撃し成功。「夏の陣」で、裸にした大坂城を落城させた。

47 家康の陰の閣僚、茶屋四郎次郎

京都の祇園祭、平成26年（２０１４）から49年ぶりに昔に返って、前祭と後祭に分けられた。前祭は7月17日、後祭は7月24日。前祭巡行23基の山鉾と後祭巡行10基の山鉾は、四条通の上と下で大体分かれている。その後祭の中心、四条新町を上ったところに百足《むかで》屋《や》町《ちょう》があり、その北に、茶屋四郎次郎邸跡の石碑と駒札が立っている。この茶屋《ちゃや》四郎《しろう》次郎《じろう》清延《きよのぶ》（１５４５～１５９６）が、家康（１５４３～１６１６）にどういうきっかけで接近したかは分からない。天正10年（１５８２）の「本能寺の変」、家康ピンチの「伊賀越え」の時、彼が金をバラ撒いて家康の安全を確保した事から両者の関係が急速に表面に現れて来た。この一件で更に家康の信頼が深まった様であるが、これよりはるか以前から家康と茶屋の交渉はあった。

茶屋は家康の御用達商人であったが、呉服や軍需品、武器などを上方で仕入れて三河の家康の許に納める事だけで無く、上方のあらゆる情報を集めて家康の耳に入れる仕事が含まれていた。腰が低くご機嫌取りの上手な金儲けだけの商人では、彼は無かったのである。清延は、武具を身に付け、どこから見ても武士然とした姿で、家康が戦場に出るときは何時も従っていた。「三方ヶ原合戦」、「長條合戦」、「小牧・長久手の戦い」、「小田原攻め」と常に家康の側から離れず、清延の出陣回数は53度に及んだという。もっとも清延だけが、その様に勤めたのでは無く、室町時代からの政商のほとんどは、守護大名のいる戦場に武士と変わらぬ装いで赴き、注文を取っていたのである。清延は早くから家康に接近していたので、結果的には先見の明があった様な形となった。

元亀3年（１５７２）12月、家康最大のピンチの「浜松、三方ヶ原の戦い」の折に、清延は家康の近くにいて、ひたすら護衛役を勤めて家康を何とか浜松城に帰城させた。家康も清延の働きを賞し、橘のひと枝を与え「橘は瑞祥《ずいしょう》（めでたいことが起こる予兆）」である。これを、そちの家紋にせよ」と言った。清延はそれ迄、小笠原氏の流れということで三つ葉梶の葉を家紋としていたが、それから橘に改めた。

天正10年（1582）5月15日、家康は武田の旧領を与えられた事のお礼を言上する為、安土城に伺候した。信長は饗応《きょうおう》に勤め、幸若舞《こうわかまい》や申楽《さるがく》などを催し、その後、京都や堺をゆっくりと見物する様に薦め、近臣の長谷川秀一らに案内役を勤める様に命じた。京都では清延の邸を宿泊所にするよう信長が沙汰したと『徳川実記』に記されている。四条新町上ルの茶屋邸に泊まったのであろう、本能寺とは目と鼻の先の近さである。『徳川実記』ではここで茶屋という家について説明している「茶屋四郎次郎、本氏は中島という世豪富也」。茶屋家は家康の御用商人として成功したのでは無く、大永年間（1521～1527）京に上り豪商になったという事なのである。

家康が堺にいた時、6月2日の未明に「本能寺の変」は起きた。当日、家康は京に上って信長に対面してから三河に帰ろうと考え、清延に「先に京に上って、この旨信長公に伝えよ」と先に帰らせた。又、本多平八郎（忠勝）を使者として信長に伝える為先発させた。そうしてから家康は堺を出発した。本多が馬を走らせて河内の枚方《ひらかた》に至った時、都の方から荷鞍《にぐら》を付けた馬に乗ってしきりに鞭を入れながら駆けてくる者がいた。見ると清延である。ここで本多は本能寺の情報を聞き、清延と共に飯盛山（大阪府大東市）の麓迄引き返し、ここで家康一行と会った。事の訳を聞くと、家康は「これまでの信長の恩義に報いる為、急ぎ京に上がり知恩院で自害する」と言った。本多や石川数正、酒井忠次らが「上洛して自害するのは功の無い事である。それより本国に戻って、軍勢を整え、明智を討ちその首を手向けにするのが、信長への報恩である」と言った。家康も気を持ち直し急ぎ帰国する事を決めた。

しかし野武士や土民達の地帯を通行しなければならない。この時、物を言ったのが清延の財力であった。清延は親しい京の豪商、亀屋栄任《かめやえいにん》（?～1616）に飛脚を飛ばせ、急ぎ資金を調達させて信楽《しがらき》迄持って来させた。清延はこの銀子を皮袋に入れ一行より４、５町程先行し、要所と思える所に入っては「これは家康様より下された物である」と言って、銀子を5枚、10枚と配り、通行の安全を保つ様に協力を乞うた。道案内に甲賀衆１００余人、柘植《つげ》村の者２００余人を頼み、彼等にも銀子を多く与えた。途中、長屋村の八幡山や江野口を過ぎた呉服明神に泊まったりしたが、一揆が起きて道が遮《さえぎ》られている。宿々にも銀子をバラ撒き一揆勢に話をつける為に、清延が財力を惜しみなく使った。酒井忠次《ただつぐ》や服部半蔵《はっとりはんぞう》の息のかかった者も安全確保に協力したが、この時、清延の才覚は際立っていた。直接、邪魔立てしようと思う者にまで銀子を配ったから、皆んな喜ぶことしきりであった。尚、この時、途中で別れた穴山梅雪《あなやまばいせつ》は土民に襲われ死んだ。こうして一行は、６月4日に伊勢白子浦に着き、ここから伊勢の豪商角屋《すみや》の船で三河大浜に着き、この日には岡崎城に帰着する事が出来た。この「伊賀越え」に協力した者は、後に手厚く報われている。

その後、家康と秀吉との間が嫌悪となり「小牧・長久手の戦」へともつれ込むが、この時、家康は隠密の役を清延に命じて、秀吉側の情報入手活動をさせたが、その動きは秀吉方にも握られて、清延は堺に身を隠す事になった。

天正12年（１５８４）4月「長久手の戦い」の折、清延は家康の馬に替わって乗り前線に出て、敵の一騎を討ち倒す手柄を上げた。引き揚げてから、虎皮の鞍覆《くらおおい》を落してしまった事に気がついて、夜に入ってから戦場へ行き拾って帰って来た。落した物を探しに行くという行為は危険であるのに普通なら二の足を踏むが、清延は家康の馬の物であったから敢えてそれを行ったのか、この事が武士でも出来ない沈勇《ちんゆう》振りと評価され、単に口先だけの商人では無い一面を強く見せたのである。

家康と秀吉の和睦が成立し、彼は京に帰って商業に専念した。この頃の住まいは新町百足屋町（現在、碑の建っている所）にあり、天正14年（１５８６）10月24日以来、家康が上洛した時はここに立ち寄るのを常とし

茶屋四郎次郎邸跡の石碑

た。彼は家康の使者として伏見城へ行ったりして、家康の仕事も続いて行った。

天正16年（１５８８）清延は、江州の代官となった。家康は更に褒美を与えようと訪ね「何を望むか」と、清延は「何も要りません」と固く辞した。

公卿の勧《かん》修《しゅう》寺《じ》晴豊《はるとよ》は記す。「清延は家康から命ぜられて様々な任務を帯びて働いていて、禁裏（御所）に対しても白鳥二羽、金十枚等を、内々に進上して、家康と禁裏との関係保全に努めた」と。清延は家康の極秘行動の代行者で、禁裏対策は彼の役目だった。

天正18年（１５９０）「小田原の陣」の折、秀吉は兵糧として米20万石を必要とした。清延は家康輩下として、軍事物資の供給に大いに活躍した。小田原戦後、家康は関東に領地替えとなった。家康は清延に対して、改めて江州守山の代官に任じ５千石を与えようとすると、彼はこれを断った。この折に清延は〝武士の側面〟を捨てる覚悟をした。商人として５千石以上の実益を狙ったのである。家康は「それならば」と、江州守山の馬飼料の内から切米２００石を給する事にし、これは大津の御蔵から受け取らせた。京では小川通出水に邸を与え、江戸でも本町二丁目に邸を与えた。清延は巨大な富を蓄え、角倉、後藤家と共に、京の長者三人衆に名を連ねながら、慶長元年（１５９６）閏7月27日に没した。

長男清忠（?～１６０３）が後を継ぎ、「茶屋四郎次郎」と名乗る。

48 家康により「妖刀」と見なされた、村正の名刀

日本刀一千年の歴史の中で、その名を今に留める名刀は決して少なくない。「古刀」から「新々刀」迄にわたってよく知られる刀工の数だけでも一千名は超える。その中でも世間一般に定まっている考え方や評価は、名刀を代表するのが「正宗」であり、一方、妖刀を代表するのが「村正」となっている。この際、「岡崎五郎正宗」については、余りにも有名なので省く事にする。

「藤原朝臣村正」は、戦闘方法が徒歩へと移り刀が流行した頃の室町末期、伊勢国桑名郡千子《せんご》（三重県桑名市）で作刀していた。その為、この刀を「千子村正」と呼ぶ。刀は利刃《りじん》（斬れ味抜群）として名高く、作風は板目肌鍛えに湾《のた》れ調《ちょう》（ゆったりとした大波の感じ）が、互《ぐ》の目《め》を交えた表裏揃った刃文《はもん》を特色とした。やや華やかさに欠けるが、一種の鋭さと切れで、見る人をして魅了する神秘性があると言われている。現存するものでは文亀《ぶんき》（１５０１～１５０４）の年期銘の物が最も古い。

さて、昔の人と生死を共にした「日本刀」は武士の魂とも称され、それにまつわる秘話は多い。

江戸初期に徳川家康によって、妖刀視され抹殺されようとしたのが「村正」であった。家康の祖父清康、父の広忠、家康妻の築山殿、そして悲劇の愛息信康の介錯刀、家康自身の怪我、その全てが「村正」によるもの

だったのである。慶長20年（1615）5月7日、真田信繁（幸村）が、大坂夏の陣で家康の本陣を急襲した時、家康に投げつけたと云われる刀も村正という伝承がある。

その為、家康は、自家の武器蔵の村正は当然ながら、各大名家に対してもことごとく捨てる様に命じた。又、これに応じて古来より名門の刀剣鑑定匠の本阿弥家でさえ村正に折紙添書鞘書《さやがき》を付けなかった。

家康は何の狙いで突然、「村正妖刀説」を打ち出したのだろうか。家康はこの頃、徳川永久政権の基盤確立へ執念を燃やしていた時期で、大名統御を最大の目的とする傍ら、天下の覇者としては、到底想像できない程の諸施策を次から次へと精力的に推進していた。平和時に物騒な武器は不要と唱え、以前に徳川家で不吉とされていた「村正」を持ち出して人心掌握の一手段としたのである。引き合いに出された「正宗」は、刀と美を調和させた工芸品で真の平和刀とし、一方、村正は、青白い閃光を発し、やがて闘争心を煽《あお》り、人を惑わす魔力を持つ妖刀と決めつけ迫害したのであった。ともあれ、〝村正〟こそが日本刀の特徴とする、折れず、曲がらず、よく切れるの、三大用件を具備した素晴らしい名刀なのである。「村正妖刀伝説」は、徳川家康の政権維持の為の、一つの謀略だった。

それから長期間徹底的に忌《い》み嫌われた村正だったが、明治維新の時には、東征軍大総督の有栖川熾仁《ありすがわたるひと》親王や、あの西郷吉之助（隆盛）も、村正を腰に江戸に現れたと言われている。また、倒幕派の志士の多くが競って村正を求めたという。

尾張徳川家は家康の形見として村正を伝承し、現在では徳川美術館に所蔵されている。このことから、徳川美術館は家康が村正を嫌ったのは「後世の創作」であると言っている。

五　井伊直虎の話

49 井伊直虎のふるさと姫街道を歩く

姫街道、何とやさしい道の名だ。筆者は新幹線が走る少し前に静岡県の浜松へ転勤した。浜松はウナギと音楽の町で売り出していた。そして私は「戦国史」豊かな町を見出し、大いに学び、歩いた。そこで、姫街道や井伊の発祥地や家康の唯一の大敗である三方ヶ原の戦い、正妻の築山《つきやま》御前や長男の信康を自殺に追い込まねばならなかった家康を思った。ここには戦国の女性悲史の数々が忘れ去られていた。

さて、姫街道についてお話しよう。東海道には関所が二ヶ所あった。箱根と新居《あらい》である。元禄時代に二度にわたって長崎から江戸へ往復し、その旅の話を書いているオランダ商館付の医師〝ケンペル〟は東海道の〝ニギワイ〟ぶりを「ヨーロッパの大都市より賑わっている」と書いている。この新居宿越えの東海道には浜名湖北部を迂回する間道があった。本坂（峠）越えと呼ばれていたが、それが何時しか「姫街道」と呼ばれるようになった。

江戸時代、幕府は五街道をはじめ、方々の街道に関所を設けた。その主なる役目は江戸の防備であろう。「入り鉄砲に出女」と言われたが、特にこの点に注意したようである。江戸への兵器類の入り込むのに目を光らせた。大名に参勤交代を義務付け、大名の家族は江戸で人質のように生活を強いられた。大名の国帰りの期間中もその正室は江戸屋敷に残させた。そして婦人の江戸からの脱出をチェックしていた。

「姫街道」はそういう女性の新居関《あらいぜき》を避けての抜け道として受け取られているが、しかしこの間道にも気賀《きが》関所がおかれていたので〃抜け道〃ではない。ここは戦国期、凄惨な戦場の跡地だった。

地図を開くと天竜川橋西方の浜松市東区安新町から同北区細江町気賀に向け東名高速道路などの車道が通る浜松市の西北部をいくらかカーブを描いて走る道路・県道磐田細江線がある。これがそのまま姫街道で、この道を行くと気賀に着く。今は車が多く、歩くのはちょっとシンドイ道だが左側には街道の頃の松並木が残っている。この松並木も終り、大谷川を渡ってしばらく行くと姫街道は県道と別れて左手に入る。車も通れる道だが、とたんに静けさが戻り、街道が顔を覗かす。しかしすぐまた車の道に入る。陣座ヶ谷古墳（北区細江町中川）の横を行き車道に入る。そして都田川を渡ると気賀宿だ。すぐ右手に「関所跡」の碑がある。その裏手に入ったところに当時の姿をとどめる中村家が残っている。そして鉄道線路を越えて、南方の北区役所の近くに関所の復元物がある。

気賀は元々は今川領だった。永禄3年（１５６０）5月の桶狭間の戦いで義元が討死したが、今川家は崩壊はしていない。そして、三河岡崎に帰った家康により、遠州侵攻が始まった。この時気賀は、人々が団結し堀川城を作り、今川氏のために最後まで戦った土地だった。永禄12年（１５６９）3月27日、その堀川城に2千人の男女の村人が立て籠もり、3千人の家康軍との間に凄惨な戦いが繰り広げられた。のちに大久保彦左衛門（１５６０〜１６３９）が「男女共なで斬りにした」と書いている。捕虜の７００人もことごとく討ち首にしたと、悲惨な戦いであった。この堀川城主山村修理の討死地はこの街道沿いであった。姫街道と言う可愛らしい名にはふさわしくない戦国の遺跡が街道のあちこちに残っている。この気賀からおよそ4㎞向こう山すその岩根集落で、この歩いてきた姫街道は車道から別れて登りの山道となり、そこに道標がある。このあともところどころに道標があり、石畳が敷かれ歩きやすい。その中に左手に「姫岩」がある。往時には「立場《たてば》休息所」だったところである。姫街道を往来する大名や姫様に近藤家の家臣が出迎え、ここで湯茶の接待をしたらしい。

登りつめた引佐峠は、次に辿《たど》る本坂峠の前衛の如きものだ。標高２００ｍの峠だが展望は非常に良い。峠から上り下りの道の眺めも良い。また樹々の間に浜名湖が美しい。引佐峠を後に西方に下がると「象鳴き坂」に出る。説明版には「享保14年（１８４３）」安南国より献上の象が将軍に御目得のため、京都から江戸へ下る途中、船で渡る今切を避けて姫街道を通った。象は引佐峠の急な坂道で悲鳴を上げたので、村人はここを「象鳴き坂」と名付けた。象にとっては大変な峠越えにも村人には楽な道である。ほどなく一里塚を過ぎ駒場へと下る。この旧道も三ヶ日《みっかび》宿場まで東名道路にズタズタに切り裂かれてしまった。三ヶ日町教育委員会（現在は浜松市）により迂回路案内板があり、猪鼻湖《いのはなこ》が垣間に見える。三ヶ日西方４㎞の本坂集落は本坂峠の登り口にあたる。江戸時代の寛永元年（１６２４）気賀に関所が移るまでここに関所があった。一里塚や高札場跡など街道遺跡が、道端に五輪塔が残る。旧街道は往時を伝えている。ところどころに石畳を備えた佳い山道である。峠の手前で椿の原生林を潜る。開花は2月、素晴らしい花の下を歩ける。本坂峠を過ぎると県境を越して豊橋市に入る。浜松から細江、三ヶ日は、三ヶ日ミカンの産地である。

大河ドラマ「おんな城主　直虎」で、この姫街道も江戸時代に戻ったかの様に賑やかになるのだろう。こんなところに女物語が息付いていたのである。

50 井伊直虎は美人であった、名門の土豪の花

２０１７年大河ドラマに井伊直虎が決まった。２０１３年の大河ドラマヒロインに会津若松の新島八重、山本八重が決まり、戊辰戦争に興味を持ち彼女を早くから注目していた筆者は、八重の生涯を描いて出版した。

同志社大学の学生でも認知されていなかった、〃八重〃が大ブームになり、京都御所の東側にある彼女と夫の新島襄の旧邸は観光の一大拠点となった。

さて、この〃直虎〃（?～１５８２）は「八重」と対照的に非常に短い期間の物語である。彼女に比べて有名なのはその養子である井伊直政（１５６１～１６０２）である。彼は一代で家康の評価と信頼を獲得したのである。２０１７年にはこの一昔前は静かな湖辺の村が大河ブームで湧き返るであろう。井伊とは地名辞典で調べて見ると「良い田のあるところ」という意味らしい。

井伊直政に関して、司馬遼太郎氏の「覇王の家」（新潮社刊　１９７３）にこんな話が書かれている。「小牧・長久手の戦い」の時の話である。これも後年の余談だが、家康（１５４３～１６１６）が関ヶ原のあと自分が永年使っていた主だった者に皆、1万石を与えた中で、安藤直次（１５５５～１６３５）に対してだけは横須賀5千石であった。数年経って家康は直次が5千石にすぎないことに気付き、直次を呼び、自分はあのとき横須賀の地は1万石であるとばかり思っていたからそうしたのだが、あの土地は5千石だったのか。それにつけてもお前はそれについて色にも言葉にもあらわさずよく誠実に奉公してくれた。これは小牧・長久手の池田勝入（恒興）討取の手柄時の話である。

直次はそういうところがあり、この時、永井伝八郎（直勝）（１５６３～１６２６）と功をきたなく争う気がしなかったのかも知れず、年令が29歳という若さであることを思うとよくできた男というほかはない。一説によると安藤直次は永井伝八郎にかねて好意を持っていた。永井はこの時21歳、かつて家康子・信康が想うて寵童《ちょうどう》にしていたほどの男だけに、まだの容貌のすずやかさは衰えていなかったであろう。好意とはツマリ「懸想」していたと言うことになるが、ありうべからざることではない。ただ男色の関係まで進んだと思えないのは、直次の篤実な性格から推して想像できる。非業に死んだ若殿が寵愛した男を直次があとを引き継いでしまうことはまずあり得ないと思うが、しかし事が事だけによく分からない。直次が功を永井に譲ったということは、直次の性格からなんとか理解できるにせよ、永井伝八郎がそれを譲り受けて、いわば〝ゲロリ〟としている点は、両者が、そのような関係があったからだとも取れぬこともない。

いまひとつ話がある。安藤直次が池田勝入斉という〝トホウ〟もない大物に槍をつけたとき「万千代、々」と呼んだというのである。永井伝八郎直勝は、まだ前髪をつけていたころは「万千代」と呼ばれていた。で、永井がとび出してきたというのだが、これには、もう一つの話が重なっている。

井伊直政も、のちに兵部少輔の官称を持ち、彦根城主になり徳川家の諸軍団での最強の軍団長になるのだが、この男も童名は万千代であった。直政はこの合戦の時すでに23歳であったがその美貌は婦人にもまれなほどであり、実はこの遠州の名族の出身の子を、家康は児小姓として侍らせていたころから寝所で添臥《そいぶし》させていた。家康は男色を好まなかったが、その一代のうち、男色を寵したのはこの井伊万千代だけであり、そのことはこの時期の徳川家にあって、岡崎でも浜松でも町人まで知っている事実であった。家康はこの井伊万千代が可愛くてたまらず（この風情はその側室に対しても露骨に第三者に示したことはないが）この合戦が始まる時、安藤直次をよび「井伊万千代を何とぞ〝とりかい〟申すように。（手柄をたてさせるよう、援助してやってほしい）」と言ったのである。とすれば、安藤直次が「万千代、々」と呼ばわったのは井伊万千代のことであり、どうやらこれが事の真相らしい。なぜなら、さきに安藤グループに後続しているグループの一人として井伊直政の名をあげたように、直次は井伊万千代が後続していることを知っていたはずであった。「永井は西南より来た」と先に述べたように、永井が現場へ飛んできたのは、西南の方角からであった。要するに安藤にとっては別方角から突如出現したわけだったが永井にすれば「万千代、々」と呼ばれて直次が自分に「敵将の首」をくれるものと思い、勇んで勝入斉の死体へとびかかって行ったのであろう。他人に想われ馴れたもののあつかましさというものかもしれない。「永井万千代、透間《すきま》なく駆け来る」というのが古い記録の表現である。

井伊は徳川家臣団の中では遠州系として岡部井伊氏があり、とくに井伊氏は西遠州の井伊谷《いいのや》で古くから権威を誇った土豪であり、はじめ今川氏に属したがのち没落し、万千代の代になって少年の身で家康に属した。家康は名門好きである上に万千代の才覚のよさを好み12人の小姓に加え、溺愛した。武田没落後、家康が武田牢人を大量に召し抱えた時、このすべてを井伊万千代に与え、はじめて一隊の司令官にした。

この万千代の話から考えると、直虎はきっと相当な美人であったと思われる。２０１７年、この井伊谷に花が咲くのが待ち遠しい昨今である。静岡県の地域創生事業になると思うのである。

51 戦国期、女性で城主となり領地経営をした井伊直虎

藤原冬嗣《ふゆつぐ》の六世の孫・共資《ともすけ》が正暦《しょうれき》年間（９９０～９９５）に遠江守《とおとうみのかみ》として京都から遠江敷知郡村櫛（浜松市西区村櫛）に移住した。共資の子・共保《ともやす》も長和年間（１０１３～１０１７）に遠江守となり、遠江井伊谷《いいのや》（浜松市北区引佐町井伊谷）に住んで「井伊」を称したといわれている。源平の争乱期の当主道直《みちなお》は後白河上皇に、南北朝期の当主・道政《みちまさ》は後醍醐天皇にそれぞれ味方して戦功をあげたが、中でも道政は宗良《むねよし》親王を井伊谷に迎えて活躍したといわれている。

戦国時代には代々の当主が、駿河の今川氏に仕えた。しかし天文11年（１５４２）直宗《なおむね》が戦いで討死。天文13年（１５４４）直義《なおよし》・直親《なおちか》は、朋輩の「讒言《ざんげん》」によって上意討ちとなった。この男たちの横死の続いた井伊家では、永禄8年（１５６５）直盛の一人娘で未婚の次郎法師を「直虎」と名乗らせて家を嗣がせた。この直

虎が女ながら、実際に領地経営にあたった珍しい女性であった。しかし、後「領内仕置不行届き」の理由で彼女は領主の座を追われ、井伊谷は今川直轄領となった。これは井伊家の仇敵といえる小野道好の策略だったのだ。今川の目付けのような形で井伊家を監視していた。この小野が、井伊直義・直親の誅殺の裏の人物だった。そして永禄12年（1569）井伊直虎は三河の徳川家康と誼《よしみ》を結び、その力で道好から井伊谷城を取り返した。これで一安心と領地経営に専念していた直虎に、武田信玄の最後の西上作戦が始まり、家康は浜松の三方ヶ原で敗戦。

武田か徳川か、彼女は迷った。

ここで戦国の荒波に翻弄される一族の命運を背負った女性を描く長編ロマン梓澤要《あずさわかなめ》氏の「女《おなご》にこそあれ次郎法師」（新人物往来社　2006年）を読んで見ることにしよう。

元亀4年（天正元年）（1573）正月、朝まだ暗いうちに彼女は始祖の井戸に行き若水を汲んだ。永禄8年（1565）の元旦、当主の座に就く時、ここで若水を汲んで自分なりにけじめとした。以来8年、井伊家が名のみの存在となってしまった今も彼女は、この儀式だけは自分の役目と思い定め欠かさず続けている。

……東南の空が明るみ始めている。井伊谷を囲むなだらかな山並みの稜線が、その辺りだけ朱赤に縁取られている。その方角には信玄の陣がある刑部《おさかべ》の前原だ。それを見つめて、迷ったことにやっとふんぎりがついた。

……信玄に会いに行く彼女は……刑部の原は壮観だった。3万の大軍勢もそれが一ヶ所に陣を張っているところも自分の目で見たのは始めてである。幾重にも張り廻された陣幕は、まるで打ち寄せる波の連なりのようで北から吹き降ろす三岳颪《みたけおろし》にはためている。三岳山はここからだとほぼ真北に望める。あちこちから煮炊きの煙が上がっており舞い上がる土ぼこりでまるで霞がかかったように見える。胸がつまった。この一帯は刈り入れの後、水を抜いてあった田んぼと種をまいてある麦畑、旧井伊領内で一番豊かな耕地なのにこんなに踏み荒らされてしまっては、農民たちは死の宣告を受けたのと同じである。道には兵糧を運び込む荷車がぞくぞくと陣に向かっている。人や馬の姿も少なくない。浜松から物売りや女郎たちが集まって来ている。家康という新しい主を歓迎したかと思えば、今度はそれを大負けさせた敵に群がる。どちらが勝とうが知ったことではないのだ。信玄がいる本陣は、都田川《みやこだがわ》に近い小寺に置かれていた。……ここで彼女は信玄に面会した。彼女と信玄の距離は約三間、「井伊谷の龍潭寺《りゅうたんじ》の祐圓《ゆうえん》と申します。」「何用で参った。」信玄は50を少し超えていると聞いていたが、それより老けている。灰色の小袖に褐色の法衣、その上に鹿皮の袖なしを重ね着て足袋は鹿皮、首に胡桃《くるみ》ほどある大粒の虎目石の長数珠を架けているが、それが大袈裟に見えないのは、胸幅がたっぷりと広いからだ。これが甲斐の猛虎といわれる信玄か。気圧《けお》されるものを感じながらマジマジと見つめ、彼女は、ふと、井伊城の北方の小高い岡の上に立つ椎の巨木を思い出した。樹齢百年という老木で村人たちは畏敬の念を込めて「サイライさま」とか「御所の木」と呼ぶ。そこはその昔、南朝の後醍醐天皇の皇子宗良親王がこの地におられた頃、一時期、御所を構えたところと伝えられているが、「サイライ様」とは、いったい何のことか。土地の古老たちも知らないらしい。「高さ八丈余（24m余）、幹は縦に細く亀裂が走り醜くねじれている。」……彼女はこの巨木サイライさまと人間、信玄を重ね合わせていた。……「女だてらに井伊直虎と名乗り地頭を勤めておりました。」「次郎法師直虎か、聞きたいことがある。」信玄は眉を上げ値踏みするように彼女を見た。「しかし井伊は今川氏真につぶされたあげく徳川に城を奪われた。」「おっしゃる通りです。でも井伊家が無くなったわけではありません。」「徳川を裏切ってわしに寝返ろうというのか、それを頼みに来たか。」「いえ信玄公がどんなお方かを見定めにやって参りました。」

……彼女の不安は現実となった。武田の軍勢は気賀《きが》から井伊谷を焼き払って行った。神社仏閣・民家と、めぼしい建物は全て焼き払う、徹底した焦土作戦である。龍潭寺は全焼、家臣も皆討死を遂げた。刑部を出発した軍勢はそのまま北進し井伊平を通って陣座峠《じんざとうげ》へ。信玄がどの道筋を通ったか、井伊谷を通っていったのか知るすべもなかった。目指した先は東三河野田城。長篠城から南西に約二里半、豊川右岸の高台にある小城だが、二つの淵を天然の堀とする要害堅固な城で城主の菅沼定盈《さだみつ》が徳川の援軍と共に兵３００余で守っていた。その時、信玄の命は最期を迎えようとしていた!!

彼女は虎松と共に落ち延びた。天正3年（１５７５）虎松は徳川家康の小姓として召し出され、「万千代」と名を改め、井伊谷の領有を許された。彼女は井伊家の存続を見届けて出家。祐圓尼として余生を過ごし、7年後、天正10年（１５８２）に死去した。遠江の城主としての女性が、この時代燃え尽きたのであった。

52 戦国最強の三河衆、井伊の赤備えは有名、井伊家の女城主「直虎」

筆者は、昭和28年（１９５３）から昭和32年迄浜松に転勤した。浜松湖岸にある「三ヶ日ミカン」は当時、美味で有名であったので時々当地を訪れた。姫街道が、ここ引佐郡《いなさぐん》（現在は浜松市）を通っていた事も知った。そして彦根城の主、井伊家のルーツもここにあった。

徳川家臣団といえば「三河譜代」、幼い家康が織田、今川の人質になっている間、過酷な状況に耐え乍ら、主《あるじ》不在の岡崎城を守り抜いた。戦場に出れば精強そのもの、国が豊かな尾張兵など、三人がかりでなければ三河兵一人に敵わない、この三河衆こそ、家康の大きな財産であった。

そんな家臣団の中で、異彩を放っていたのが〝井伊直政〟（１５６１～１６０２）であった。彼は父祖の代から徳川に仕えたのではない。自身一代で家康の信頼と評価を得たのだ。大活躍の関ヶ原の戦い後は、外交官として活躍、毛利、島津、長宗我部との折衝に当たっている。

遠江国井伊谷（浜松市浜北区引佐町）の領主「井伊氏」は、南北朝期、後醍醐帝の皇子・宗良《むねよし》親王（１３１１〜１３８５?）を保護し、宗良親王の子・尹良《ゆきよし》親王（１３６４?〜１４２４）は、井伊谷城で生れたと言われている。戦国期は今川氏の傘下にあったが、一族に次々と災いが及んだ。まず「直宗」が天文11年（１５４２）1月29日、今川義元の戦いに従って討死し、その子「直盛」（井伊直虎の父）（１５０６〜１５６０）は永禄3年（１５６０）5月19日、桶狭間で義元と運命を共にし、弟の「直満」・「直義」も天文13年（１５４５）12月23日、義元の命により殺害され、その子「直親」（１５３５〜１５６３）も、永禄5年（１５６２）12月14日、義元の子・今川氏真に殺されている。「直宗」の父「直平」も軍事活動に参加し、曳馬《ひくま》城（浜松城）の当時の領主飯尾連竜《つらたつ》の妻・田鶴《たづ》の方《かた》に永禄6年（１５６３）9月18日、毒殺された。この〝田鶴の方〟も、永禄11年（１５６８）12月18日、家康と戦い「女城主」として城と運命を共にしている。

浜松市中区元浜町に「椿観音」という祠《ほこら》があり、筆者も「女性隊が出撃して全滅、これを祀った」と書かれた「駒札」を読んだ事を思い出す。城を最後まで死守した女丈夫に感動した家康は、お田鶴の方と侍女18人の遺骸を厚く葬り塚を築いた。家康の正室、築山御前も、手ずから塚の周囲に百余株の椿を植え供養を営んだという。

祐姫（のちの井伊直虎）は、もとは「直盛」の従兄弟「直親」の妻になるはずだったが、「直親」の父「直満」が天文13年（１５４５）自害を命じられた時、この「直親」は国外に逃亡して、結婚は成立しなかった。弘治元年（１５５５）「直親」は井伊谷に戻り、22代当主直盛（直親とは従兄弟）の養子となり、一族の女性を妻とし永禄4年（１５６１）、一子〝虎松〟（後の井伊直政）が生まれた。婚約者であった祐姫（井伊直盛の娘）（?〜１５８２）は、出家して次郎法師（のちの井伊直虎）と名乗り、出家したため生涯独身を通す。永禄5年

（1562）、直親が今川氏真に殺される。

男たちの横死が続いた井伊家は、永禄8年（1565）「直盛」の一人娘で未婚の「次郎法師」に家を嗣がせた。のちに「井伊次郎法師直虎」と名乗る。

そして〝直虎〟が主人となった井伊家には、又も、苦難がやって来る。永禄11年（1568）「井伊谷城」はついに、今川氏与力の小野道好（?〜1569）に奪われた。同年12月14日、井伊谷三人衆、横領した井伊谷城小野但馬守道好を攻める。小野道好は、逃げる。永禄12年（1569）4月7日、家康は「井伊直親が徳川と内通した事実はないとし、小野道好は獄門となる。やっと一安心の所へ、元亀3年（1572）10月、武田信玄の「西上作戦」が始まり、強敵武田には抗しきれず、〝井伊直虎〟は城を明け渡し、養子〝虎松〟（後の井伊直政）と共に家康の下に落ち延びる。

直虎養子〝虎松〟は、天正3年（1575）2月、家康の小姓として「万千代」となり井伊谷への領有を許可された。〝直虎〟は、この井伊家の存続を見届けて出家し、「祐圓尼」として余生を過ごし7年後、天正10年（1582）8月26日に死亡し、「万千代」22歳はこの機会に元服し、井伊氏24代当主〝井伊直政〟（1561〜1602）になり家督を継ぐ。

この浜松地方に〝直虎〟と〝田鶴〟二人の「女城主」が居た事は、誰にも余り知られていない。

53 京都の数ヶ所の寺に、血天井が残る。伏見城で玉砕した鳥居元忠。

百万遍知恩寺（京都市左京区）

京都の東北、京都大学の北東に浄土宗本山の「百万遍知恩寺《ちおんじ》」がある。この寺の塔頭・龍見院《りゅうけんいん》の鳥居がある墓が、この元忠《もとただ》（１５３９～１６００）の墓である。何故ここに？　と、筆者も思った。調べてみると伏見城落城の際、雑賀孫市《さいがまごいち》（鈴木重朝）（１５６１～１６２３）に自ら切腹し首を差し出した後に、この元忠の首を、石田三成は大坂京橋口に晒したが、常々元忠に恩を受けていた京の鳥居家御用商人・佐野四郎右衛門《さのしろううえもん》が、夜半に密かにその首を持ち去った。四郎右衛門の弟は僧であり、知恩寺（京極寺町）に居たため当寺に葬られた。さらに慶長10年（１６０５）元忠の子・忠政は、正蓮社文誉等賢の開基で、父菩提のためにその院号「龍見院殿賀岳宗慶大禅門」より塔頭・龍見院を建て、そこで元忠の霊をあつく弔った。寛文元年（１６６１）の大火により知恩寺は焼失し、翌年、寺も墓地も現在地に移転した。元禄14

年（1701）元忠4世の孫・鳥居忠英《ただてる》が改修している。今も元忠公の子孫の方や、家臣の子孫の方のお参りは絶えないという。

さて、慶長5年（1600）7月、天下分け目の〝関ヶ原の戦い〟の前哨戦として「伏見城の攻防戦」が起こった。この時、伏見城を枕にして討死したのが忠臣〝鳥居元忠〟である。三河武士の典型の精忠無二《せいちゅうむに》の武将であった。元忠の戦歴は、湖北の「姉川の戦い」「長篠の戦い」「高天神城攻め」「小田原の陣」「奥羽九戸の一揆」などなど。

慶長5年6月16日、上杉征伐の家康は大坂城を出発し17日に伏見城に入った。家康はここで元忠を主将に、松平近正ら3人を副将とした。この時彼は家康に、「伏見には臣一人にて事足り候。変無く候はば、後、御目見えも仕《つかまつ》りなん。もし事あらば、今夜で永き御別れに候」と覚悟を語ったと伝えられる。彼は家康が人質時代から近侍していた股曠《ここう》の臣だけに、家康はその心情を思って涙をぬぐったという。

そして18日早朝、家康は出立《しゅったつ》。家康は大津城へと立ち寄り、午餐の饗応をうける。家康は、京極高次（初の夫）（1563～1609）に上杉征伐を頼む。高次は、老臣・山田大炊良利を人質として家康に伴わせる。信濃飯田で10万石を領していた京極高知（高次弟）（1572～1622）は、最初から家康に与して会津討伐軍に参加していた。

そのほぼ一ヶ月後7月15日、西軍の石田三成は、増田長盛《ましたながもり》の家臣・山川半平を使いとして、伏見城の明け渡しを命じたが「豊臣家の仰せなりと言えども、関東の沙汰無くして渡し難し、100万の兵を率い、これを攻められるとも、敢えてさらす我輩の戦勇を試みらるべし」と言い放った。

その時の守兵は1千800人だった。この時、本丸は元忠、西の丸は内藤家長（1546～1600）・元長（16歳）親子と佐野綱正（1554～1600）、三の丸は松平家忠（1555～1600）・松平近正（1547～1600）、治部丸には駒井直方、名護屋丸には岩間光春（近江の代官）・多賀（甲賀とも）作左衛門、松の丸には深尾清十郎（甲賀衆）・木下勝俊（長嘯子《ちょうしょうし》）（後に退城）（１５６９～１６４９）、太鼓丸に上林竹庵（政重、宇治の茶商）（１５５０～１６００）をそれぞれ配し、徹底抗戦の構えを取った。大坂方では攻城軍を小早川秀秋、宇喜多秀家、島津義弘、毛利輝元らとし、7月中旬に4万もの兵で伏見城を囲み西側より攻めた。7月19日から24日迄「鉄砲」を主に攻めたが守りは堅く、一歩も城内に入ることが出来なかった。攻城戦は攻め手側に被害が広がる。早く決着を着けたいと「力攻め」をして損害を受ける事が多いのだ。25日から29日迄、島津・毛利は西から、宇喜多は東から、小早川は北から攻めたが、攻め手に相当の損害が出たにも関らず、どの一角も落す事が出来なかった。

鳥居元忠

そうする内、三成自身が佐和山城から督戦《とくせん》にやって来たので、29日夜半総攻撃を決定し、一時は島津軍が城内突入寸前迄いったが、守城松平軍が撃退した。一方で小早川軍は「火矢」を続けて放ち一進一退の激戦が続いた。

この均衡を破ったのは守り手側甲賀衆の一部の動きだった。甲賀衆を抱えていた近江水口城主・長束正家は一計を案じ、その甲賀衆の一人鵜飼藤助が城内の深尾清十郎に「申し合わせて、返り忠（裏切り）を致せ、さもなくば甲賀の妻子をこ

源光庵（京都市北区）の血天井

とごとく磔《はりつけ》に致す」という矢文を送り付けた。その為、幹部二人が動転して内応《ないおう》を決意、手勢40人が松の丸を放火、その火は名護屋丸にも及んだ。小早川軍がこの混乱に乗じて城内に突入した。元忠軍も相次いで討死が出て、8月1日未明には、副将の近正も戦死、同家忠も自害し、大勢は決した。

8月1日、火は天守にもかかったが、元忠は「今はなほ自害する事、主将たるの本意にあらず。刀の目釘の折るるまで、一人なりとも敵兵を滅ぼして討死すべきなり」と言って「大手門」を押し開いて、約２００人の城兵を率いて斬って出て、再び城内に戻った。こうして大手門を開いて敵を討ち負かす事3度。元忠の率いる兵はことごとく討死し残る兵も傷だらけにとなった。そして、それから更に本丸から討って出る事2度、遂には従う者10騎となった。元忠が石段に腰掛けていた処に、敵の「雑賀孫市重朝」が来た。元忠は「首捕りて名誉にせよ」と言って、広縁《ひろえん》で見事に切腹した。62歳だった。

その日の午後3時には守り手側の将兵1千８００人は全て戦死した。その一方の攻城側の戦死者は約3千人に上ったともいう。この攻防戦は実に13日間にわたった。一部裏切りもあったが、伏見城の戦死者の中には甲賀衆も多数いた。家康はそれを知り、合戦後の論功行賞を犠牲になった甲賀衆の親や子、兄弟に知行《ちぎょう》を与え、100人を取り立てた。そして甲賀百人衆を作り、後の「大坂の陣」では鉄砲隊として活躍させた。三代家光の時はここから数千石の旗本を出したり、大方は与力となって江戸城大手門の警備を担当した。今に残る皇居の「百人番所」は、その甲賀衆の詰め所である。

筆者の住む地元宇治でも、その時上林《かんばやし》家の長男郎党は伏見城に入り全員戦死した。父は西軍に就いたが、家康はこの死を悼み「上林家」は残り、宇治の西方「広野」に供養として浄土宗圓蔵院《えんぞういん》を伏見城の残材で建立し、寺領を与えその遺族に新田開発させた。

鳥居元忠が善戦した伏見城の「大手門」は、今、大手筋の御香宮《ごこうのみや》の門として、重要文化財指定で残っている。この時の血潮に染まった床板が、後に京都市内の養源院・宝泉院・正伝寺・源光庵、宇治市の興聖寺などの寺に、供養にため移築され、今もなお「血天井」として現存している。

54 関ヶ原の勝敗を左右した、大津城の攻防

慶長5年（1600）9月7日、大津城の戦いがはじまった。

「本能寺の変」の数年後、天下を取った秀吉は、天正14年（1586）坂本城を廃して大津城（滋賀県大津市浜大津）を築城。初代は浅野長政《あさのながまさ》（1547〜1611）、その後数名の城主を経て、文禄4年（1595）京極高次《きょうごくたかつぐ》（1563〜1609）が、近江八幡山城から6万石で城主となる。慶長元年（1596）高次

京極高次

は、従三位参議に任官し、以後「大津宰相」と呼ばれるまでになるが、周囲からは彼の功績などではなく、妹の西の丸殿（京極龍子）（?〜1634）の「尻の光」で出世したという意味から、蔭で「蛍大名」と囁かれた。その4年後「関ヶ原の戦い」となる。

高次の妻・お初（1570?〜1633）は、浅《あさ》井《い》長政《ながまさ》の次女であり、姉は秀吉の側室・淀殿（茶々）（1569?〜1615）、妹は徳川秀忠の妻・お江（1573〜1626）である。高次とお初は、どちらに付いても難しい立場に立つことになった。

9月1日、関ヶ原への出陣に備えつつ、西軍の動向を東軍に伝えていた京極高次は、大谷吉継（敦賀城主）（1559?〜1600）らから出陣を求められ、大津城の守りが弱い事から、一旦は、石田三成側の軍へ属する事を決め、大津城を発つ。同日、高次家臣・斉藤勝左衛門、若宮兵助らは、籠城戦に備えて、大津城下を焼き払う。2日、大谷吉継に一日遅れで行軍していた京極高次は、越前の東野へと至るが、大津城の留守を預かる赤尾伊豆・黒田伊予らから急使が到着、西軍方から城の明け渡しを求められていることを告げた。ここに高次は西軍と訣別、近江塩津から垂見峠を越えて海津浦へと抜け、びわ湖水軍・小松堅田衆の船を調達して大津城へと向かう。大津城に帰り、慶長5年（1600）9月3日、3千人の兵と共に籠城し、家康の重臣である井伊直政（1561～1602）に伝える。4日早朝、城に兵を集め兵糧を運び込み、藍原助右衛門に命じて、関寺の門を固めて往来の通行をふさがせる。6日、高次の裏切りは、西軍の立花宗茂（1567～1643）により大坂へと伝えられ、末次（毛利）元康（西軍総大将毛利輝元の叔父、元就の八男）（1560～1601）は、大津城攻略の為、大坂を出陣する。

大津城は関ヶ原への通り道、合戦へと急ぐ西軍・毛利元康はここで足止めをくらう。淀殿（茶々）は、孝蔵《こうぞう》主《す》（?～1626）らを高次夫人（初）のもとに派遣、高次の東軍加担を思いとどまらせようとする。彼女初は、どうしようもないと答えたため高次に面会を求める。しかし彼はこれを追い払って大坂へ返してしまう。毛利輝元や増田《ました》長盛からも説得の使者が派遣されるが、高次の意志は固く、ついに物別れとなる。

そして戦いがはじまる。関ヶ原の前哨戦として、毛利軍1万5千人が、7日より大津城を攻めるが、守りは堅く落城まで8日間もかかってしまった。丁度落城の日、徳川方の東軍が西軍を打ち破った。毛利の大軍は関ヶ原本戦に間に合わず、これが勝敗を左右したとも言われている。

その後、高次が若狭へ移ってまもなくして、大津城は長等山《ながらやま》からの砲の射程に入り壊されたので廃城となった。その替りに新たに膳所崎に膳所城《ぜぜじょう》（大津市本丸町）が築かれた。天守は落城しなかった。大津城の天守が、縁起が佳いので彦根城に移されたと伝承され、現在も残っている。

近世の城で天守が残っているのは、弘前、松本、犬山、丸岡（福井県坂井市）、彦根、姫路、備中松山、松江、丸亀、松山、宇和島、高知の12城。このうち、松本、犬山、彦根、姫路の4城の天守は国宝である。

関ヶ原での勝利の後、慶長5年（1600）9月20日、家康は本丸だけかろうじて残っている大津城に入城。22日、そこへ捕縛された石田三成（1560～1600）が連行され、城門の前の畳一畳の上で晒し者にされた。登城して来た東軍諸将に罵倒、嘲笑されたが、三成は小早川秀秋（1582～1602）に「この卑怯者め！」と大喝したとか……。

55 関ヶ原で深追いし命を落した井伊直政

慶長5年（1600）「関ヶ原決戦」の時、下野《しもつけ》小山《おやま》から江戸に戻っての軍議で、箱根での決戦を主張する声が強まっていた。これに対して井伊直政（1561～1602）は、「家康公の天下掌握する事、正にこの挙にあり」と、「徳川発祥の地、三河や駿河、遠江を敵に蹂躙されてよいのか」と強調、〃関西での対決〃を主張した。結局、直政らの意見が容れられ、家康は上方へ向けて出発した。

9月11日以降は、清洲（愛知県清洲市）等で軍議を開いたが、又、意見が真っ向から対立した。本多忠勝《ただかつ》（1548～1610）は「東山道にある秀忠軍（結局、真田父子に振り廻されて関ヶ原合戦に間に合わなかった）を待つべし」と主張。これに対して直政は「即刻戦うべし」と強調した。直政が決戦を急ごうとしたのは、家康出陣の遅れることで、徳川方についた豊臣恩顧の諸将の間で不協和音が出ている事などを心配したものだった。家康は苦慮したが、直政の主張通り早期に戦う事を決定した。直政が如何に重要な軍議で主導権を握っていたかを浮き彫りにするものである。

15日に戦闘態勢に入った直政は、3千600の兵を率いて監軍として関ヶ原に乗り込んでいた。直政の甲冑は数10kgにもなり、刀傷や矢跡、引きずった跡が無数にあったという。井伊家の家臣等は、戦いに際して赤地に白抜きの八幡大菩薩と染め抜かれた旗字を好み、騎馬武者の母衣《ほろ》は、朱のほおずき形の物を用いた。

徳川軍の先陣は、豊臣恩顧の福島正則《まさのり》（1561～1624）だったが、その後方に位置していた井伊直政が騎馬隊30人程で福島軍の前に出た。決戦当日の事だ。この時、直政を後見として、家康の四男松平忠吉（武蔵国忍城主）（1580～1607）が初陣として従軍していた。福島軍先鋒隊長の可児《かに》才蔵（吉長）（1554

井伊直政

～1613）がこれを咎《とが》めたが「戦いの始まるを見物して、後学になし給わんと望むものなり」と言い訳をして突破し、西軍の宇喜多秀家軍に向けて鉄砲を撃ちかけた。午前8時頃であった。

当時、先陣での駆け抜けは絶対に禁止であり、味方同士の斬り合いも稀では無かった。それを敢えて行った直政の心中には「関ヶ原の主戦力が、豊臣恩顧の武将である事から、何とか家康側主導の形を作ろう」との作戦計画があったものと思われる。直政の突入により〝決戦の火ぶた〟は切られた。

そして午後2時頃には、ほぼ東軍の勝利が決まった。その時直政は、「チェスト！」と家康の本陣を突破して脱出走に入った薩摩勢を見て、直ちに追撃に入った。この時、直政は島津兵の強烈銃弾を浴びたものの、ひるむことなく追撃を続けたが、島津軍の必死の反撃で右腕と馬を撃たれて落馬した。直政らしい戦闘行動だった。出血が甚だしく心気朦朧となってようやく追撃の手を止めたといわれている。この大将でありながら勇猛果敢、猪突猛進の行動が裏目に出た場面であった。これより島津軍を深追いせず、本陣に戻った時、家康は自ら薬をつけて、「本日第一の功なり」と功績を讃えたと言われている。そして、大怪我を負ったにも関わらず、翌16日には、佐和山城攻撃の軍監に指名されている。関ヶ原の勝利の後も、毛利輝元との講和などに務め、東軍諸将の勲功を調査するなどしている。

直政は慶長6年（1601）2月1日、三成の旧領6万石を得て都合18万石の近江佐和山城主となり、これが「彦根藩の始まり」となる。この時の彼の和歌がある。「祈るぞよ 子の子のすへの 末までも まもれあふみ（近江）の 国津神々」。

だが関ヶ原の戦傷が段々と悪化していった。有馬温泉に湯治に出掛けたが、その時既に手は使えない状態になっていた。慶長7年2月1日、彼は42歳。男盛りでこの世を去った。

直政の死後、最終的に相続したのは嫡男井伊直継（1590～1662）では無く、庶子で次男の直孝《なおたか》

（1590～1659）だった。その後「大坂の陣」で直孝は、勇猛だった父・直政を彷彿させる戦いぶりを見せ、その勇猛さは「井伊の赤牛」と恐れられた。その後、井伊家は幕府を支える人材を出し、幕末期に、直《なお》弼《すけ》（1815～1860）が出た。

彦根城の天守、附櫓及び多聞櫓は、国宝として毎日多くの観光客を呼んでおり、「ひこにゃん」の彦根市のキャラクター人形が頑張っている。

56 「チェスト！関ヶ原」の真実のはなし

慶長5年（1600）9月15日「天下分け目の関ヶ原」は、激闘8時間ののち、徳川方の東軍が勝利を収め、石田三成の西軍は壊滅あるいは敗走した。この時、島津義弘《よしひろ》（1535～1619）は西軍に与《くみ》し、〝天満山の北〟北陸街道に沿って布陣した。島津軍は主として前面の井伊直政、松平忠吉の軍と対峙《たいじ》していた。しかし、戦闘が開始されると、松尾山に布陣していた小早川秀秋の裏切りにより、左右にいた大谷吉継、宇喜多秀家の両友軍が崩れ、更に北方の石田三成軍も敗退した。結果的に、島津軍は三方から攻撃目標とされることになった。秀吉の〝泗川《しせん》の闘い〟朝鮮侵略戦争で勇名を轟かせた義弘も、ここでは苦闘のあげく撤退を決意する他はなかった。しかし撤退と云っても、生《なま》やさしことではなく、東軍の中央〝家康本陣〟近くを突破すると云う作戦で、敵前退却に他ならない。

これが「島津の背進」であり〝義弘の勇猛〟が再確認された、退却戦「島津の退き口」である。こうして義弘は〝関ヶ原〟から手勢、40から50人を引き連れて、大垣城に向かわんとしたが、途中〝大垣城〟の炎上を望

島津義弘

見したので、ついに断念して伊勢路に脱出した。義弘は近江に潜行したが一身の危難を避けて、また、伊勢に出て和泉に至り摂津住吉に達した。義弘はここで一旦〝自刃〟を決意したが、当主義久（義弘の兄）（1533～1611）らの前途を考えて中止し、堺の知己に匿《かくま》われた。石田三成によって伏見に人質とされていた義弘の夫人（宰相殿）は、「義弘、関ヶ原において戦死」のデマを流し、その間に義弘らは豊後《ぶんご》森江に至り、ついで日向《ひゅうが》に上陸した。義弘の敗退を知った在地の豪族たちは、たびたび襲撃をかけたため、そのつど随従の家臣の中から戦死者を出した。こうして九死に一生を得て、義弘が島津領内に帰りついたのは10月3日のことであった。義弘は時に66歳の高齢であった。義弘とその従者の苦心と無念さは、その後永く薩摩の家中に精神的影響を与え、子弟の教育に際しても戦記は常に〝関ヶ原〟が主なテーマとされてきた。そして「チェスト！関ヶ原」と叫んで士気を鼓舞した。9月15日の記念日には、義弘の菩提寺、伊集院妙円寺に参詣して往時を偲ぶ。そしてその前夜に鹿児島を出発した武者チームが日置市伊集院まで歩く大イベントが今も盛大に行われている。日置市ＪＲ伊集院駅前には、義弘の馬上の銅像が「チェスト！」と云っている様な勇姿を見せている。筆者も先年、鹿児島ネンリンピックに参加し妙円寺に参り、この記念日にウォークラリーを行った。義弘と共に日置に帰ってきた家来は、わずか、80名程と今でも伝えられている。義弘は当地では神様の様な存在である。

「チェスト」とは、猿叫《えんきょう》と呼ばれる気合いの叫び、自分を鼓舞する時に使う叫び声、薩摩の方言の一つ。

57 「石曼子《シーマンズ》」と薩摩影之流剣術中興の祖〝川上忠兄《ただえ》〟

薩摩と云えば古くから「尚武の地」(武道・武勇を重んじる地)として知られてきたお国柄である。鎌倉期に初代島津忠久(?～1227)が、三州薩摩・大隅・日向の守護としてこの地に下り勢威を確立して以来、この地域は700年もの間、ある種の〝独立国〟であり続けた。それも〝一〟にかかって薩摩隼人の強靭さにあると云える。

薩摩には貫穿《かんせん》つまり、貫き通すと云う独特の兵法精神であった。大将の馬印を先頭に密集した隊形で敵陣へ真一文字に突進するとき、千騎が只一騎になろうとも、決心して怖れひるむことなく敵に襲いかかるのだ。豊臣秀吉の〝朝鮮出兵〟のときも、この薩摩隼人の勇猛果敢な合戦ぶりは〝明軍〟をして、「島津」のことを発音から「石曼子《シーマンズ》」と、恐れさせたと伝えられている。その〝峨々《がが》〟で有名なのが慶長5年(1600)9月の関ヶ原合戦における、島津勢の剽悍《ひょうかん》さ(動作がすばやく、性質が荒々しく強さ)であろう。西軍の敗色の濃い中、最後迄戦場に留まっていたのは島津勢だけだった。当初1千500名の兵力が500名に減じていたのにもかかわらず島津義弘（1535～1619）を先頭に退却し、敵中を果敢に突破した。そして大将義弘を守って大坂に着いた時は、従う者わずか80余名に過ぎなかったという。この壮絶な戦いぶりが「島津恐るべし」の印象を後々までも、そして家康の脳裡に刻み込むことになった。西軍に加担した大名の中で、島津だけがそのまま家禄を保つことになったことはよく知られている。あの時〝家康が島津を責めて〟、戦を仕掛けていたならば、薩摩武士たちは三州の天嶮《てんけん》をことごとく要塞化し長期戦に持ち込んで徹底的に抗戦したであろう。これにより徳川政権の安定性は無かったと思われるのである。「なん、やれば勝ちよったど……」、薩摩隼人のこう云う気概が、幕藩体制の中でも頑固に国境を閉ざし、「薩摩飛脚」と云われた「幕府スパイ」を容赦なく斬り捨てる強気の対応と〝二重鎖国〟とも云うべき施策となって現れた。

さてこの時、この薩摩を具体化した様な武人がいた。先の朝鮮出兵、関ヶ原合戦で「捨《す》て奸《がまり》」として数々の武功を挙げ、弟・久智と共に「小返しの五本鑓」の一人となり、島津家17代太宗・義弘からも「四郎兵衛」の名を賜った薩摩影之流の川上忠兄（1561～1622）である。

川上家の始祖は島津第5代の島津貞久の子・川上頼久からである。忠兄は幼少時、吉松の小野寺、相模坊（山伏）の養子となるが、天正元年（1573）島津義弘の命で還俗する。天正4年（1576）島津義久が数万の兵を率いて三山小林城に入ると普請の命を受ける。忠兄は民家の板戸を集めて城の塀を修復、応急の処置を施した。その普請は義久の目算より20日ほど早かったため、感状を賜る。同年義久が鹿児島に凱旋すると、三山の地頭職に任命される。文禄・慶長の役では泗川の戦いにおいて弟の久智と共に戦功を挙げた。

関ヶ原合戦の敵中突破して退却する際、忠兄の被官である柏木源藤は、井伊直政を銃撃し落馬させている。その後は義弘の命で、薩摩国へ帰還する島津勢と別れて徳川家康の元へ使者として赴き、島津が西軍に味方した経緯を堂々と話した。その際、自分の甲冑を残して退去したため、徳川氏の家臣は「慌てる余りに甲冑を忘れていった」と罵り笑ったが、家康はこれを制して「戦陣騒忙危難の間情偽弁じ難く、果たして使命を全うしたか否か疑われぬよう、証拠として甲冑を残したのだ。天晴れ軍事に練達の者である」と述べたという。

任務を果たした後は、島津勢の一行には遅れたため、近衛家を頼って薩摩国に帰還する。後には家老に昇進、ついには首席家老となった。薩摩影之流《かげのりゅう》（直心影流剣術）は、源義経以来、島津家初代から主君が自ら修練を積み重ね、それを家臣に授け、代々継承してきたものである。

58 田兵《たひょう》と呼ばれた男の生き様「石田三成を捕える」

「秀次事件」を巧く通り抜け、その〝保身の術〟は更に巧くなる。それから5年後の慶長5年（1600）9月、「関ヶ原の戦い」が始まった。〝田兵〟の久兵衛（田中吉政）（1548～1609）は、かねてから秀吉に取り入る為に、石田三成（1560～1600）にも取り入り随分親しくしていたのであるが、久兵衛の勘は鋭かった。関ヶ原では東軍に味方して戦った。彼のこの時の戦いは、相当に目覚ましいものであった。

彼はまず緒戦の〝合渡川《ごうとがわ》の渡河《とか》作戦〟で先陣の功を立てた。『石田軍記』に依るところである。この時、合渡川には、敵の「石田」「宇喜多」「島津」「織田秀信」の諸軍勢数万がひしめいていた。東軍の吉政はじめ「黒田長政」「藤堂高虎」「戸川達安」等は、川の東岸に押しかけてみたものの、朝霧深く立ち込めて、敵勢の程も分からず、川の浅深も分からないので渡河をためらって〝火戦《かせん》〟ばかりで時を移した。久兵衛（田中吉政）はこの様子を見て、家臣の野村を召して囁いた。「どんな大河でも浅瀬は必ずあるものだ。この辺りの郷民共に金子《きんす》を取らせて味方にさせ、浅瀬の案内をさせよ！」。早速に野村は加賀島という村に行ったが、村人は全て逃げて村は空になっていた。あちこちと走り廻っていると「梅ケ寺」という寺があったので入ると、坊さんが一人いた。説得して金子を与えると承知した。この坊に案内させ浅瀬を知った後、郎党を久兵衛の許に走らせた。久兵衛は手勢を率いて加賀島村へ向かい、野村と会って、浅瀬を渡ったという。

これが『関ヶ原軍記大成』にはもっと勇ましく書かれている。東軍の先鋒部隊が合渡川の堤に到着した時、西軍は濃霧の為に知らなかった。先鋒部隊は本隊の到着を待つ為に堤に腰を降ろして兵糧を使っていた。久兵衛は諸軍に先立って〝馬廻りの者〟18騎を率いて、先鋒に続いて川に到着。「戦いは、敵の不意を討つと良しとする。敵の知らざるこそ、幸いなれ。いざ渡らん！」と勇み立った。この時、家老の宮川土佐は堅くこれを諫《いさ》めた。「向こうにいる敵は数万に及ぶと、物見の報告であり、この小勢で給わんこと危《あぶ》のうござる。同勢の到着を待ってのことに遊ばしますように」。老臣の言う事で暫く待っていると2、3騎が来て、21騎となった。久兵衛は自分の馬の口を獲っている、下人三郎右衛門に聞いた。「汝は、水連は巧者か」、「随分、巧者で御座います」、「さらば汝、瀬踏みせい」。三郎右衛門は首を振った。「尋常の川なら、何でもなく歩行渡りも致しますが、このような大きい川は、案内知らぬ者には、〝瀬踏み〟など出来るものではありませぬ」。久兵衛は怒って、刀の柄に手を掛けて怒鳴った「川の〝瀬踏み〟などと言う事は、その方共、下人には最も相応した事じゃ、是非渡れ、四の五申すにおいては、斬捨ててくれるぞ！」。すると、三郎右衛門は驚いた色も無く「渡り損じては見苦しくもあり、味方の弱みにもなる事と案じて、一応断わり申したまでの事。さほどまで仰せられる上は、心易うござる」と言い、飛び込んで〝瀬〟を、探り始めた。その後について久兵衛共「22騎」は、鼻を並べて駆け渡ったというのだ。恐ろしく勇ましい話となっているが、本当の話は、久兵衛は、この以前にこの辺りの郷民18人に金子を与えて「川の浅瀬」に〝印〟の竹を立てさせておいたので、三郎右衛門は、その竹をたどって先導したのであった。戦場となるという所には、果たして郷民が居たか？『石田軍記』の方が自然の様である。何れにしても、先陣したのは、久兵衛の部隊であった。

この後、久兵衛は〝岐阜城攻め〟にも参加し、大合戦の日には、黒田長政勢と共に、西軍の中心部隊の石田三成勢と熱戦した。そして「戦い果てて」は、三成の本城〝佐和山城攻め〟にも参加した。そしてそれぞれに〝功〟を上げた。そして最後の石田三成を、その手勢で捕えるという〝大手柄〟をたてた。三成は大合戦に敗れた後、山中に逃げ込んで、逃げ回っている間に「病」となり、歩けずに農家に潜伏していたが、久兵衛が当国生まれ

田中吉政

で土地の事情に詳しいというので、特に家康の命を受けて探索に努めていると聞くと、とても逃げることは出来ぬと、三成は宿主に命じて訴入《そにゅう》させた。久兵衛の探索は随分行き届いたものだ。「治部少は身だしなみのよい男じゃ故、特に路に散らばっている、鼻紙に気をつけい、香を染めた鼻紙があったら〝治部少〟の物に違いないぞ」と士卒《しそつ》に下知《げち》したという。宿主の訴えを受けて、久兵衛は大いに喜び、心きいた家臣等を遣わして、陣所に迎え、手厚く治療を加えて、大津の家康の本陣へ送った。この間の三成の久兵衛への態度が、昔の威勢のよかった時と少しも変わらず「田兵、田兵」と久兵衛を呼ぶ捨てにしたので、人々は三成の豪邁《ごうまい》さに、感心したという。又、これに対する久兵衛の態度が昔通りに「うやうやしく」丁重懇切《ていちょうこんせつ》を極めたので、これまた誠実さに、時の人々は感じ入ったという。

こんな話もある。三成は、自分より15歳年上の吉政をつかまえて「田兵《たひょう》」（田中兵部大輔）となつかしく呼びかけた。吉政は、三成を丁重に扱い、ニラ雑炊を出してもてなしたという。（『常山紀談《じょうざんきだん》』）。

この〝功〟により、慶長6年（１６０１）三河岡崎城十万石から筑後一国の大守、32万5千石「柳川久留米城主」となった！

59 石田三成の柿問答と余話

武士と食べものの話で胸を打たれるのは、何と云っても三成の死に臨んでの〝柿問答〟であろう。

〝関ヶ原の戦い〟に敗れた三成は、近江伊吹山の麓で捕えられ、京都へ送られ六条河原で首を斬られることになった。その途中、喉が渇いたので警固の侍に白湯《しらゆ》を所望した。するとその侍は、湯は無いが、幸いに柿を持ち合わせているから進ぜようといった。熟れているので喉の渇きを止め、その上「甘くてこたえられぬ」程美味しいと、親切ごがしに言った。三成はこれを聞いて首を横に振った。「せっかくながらお断りしよう。柿は痰《たん》の毒だというから……」。その答えに相手が笑い、間もなく処断される身で〝病気の心配もあるまい〟と放言した。すると三成は昻然《こうぜん》と「そなた如きに、わしの心境が分かってたまるか！ 大義を思うものは首を刎《は》ねられる瞬間迄、命を大切にして本意を遂げるものだ」と言い切ったと云う。

この話に胸を打たれるのは、何か、悲しい武士道の極限描写だからであろう。柿に関して『続明良洪範《ぞくめいりょうこうはん》』（江戸中期成立の逸話・見聞集）、『茗話記』（天保11年（1840）刊行）の佳話である。

石田三成

柿に関して、今一つ、こんな話もある。江戸時代後期の天文学者・高橋作左衛門至時《よしとき》（1764～1804）は、大坂城詰めの同心の家に生まれたが、勤務のかたわら懸命に暦法の勉強をしていた。寝食を忘れての打ち込み様である。ところが屋敷の庭に〝柿の木〟があり、秋になると実をつけるので売れば幾らかの金になった。「高価なオランダ書」を買うのに、わずかながら助けになるので大切に育てた。しかし、昼は近所の子供たちが集まってくる。夜は柿泥棒に狙われる。そのため作左衛門は落ち着かず、徹夜で見張りをする始末であった。夜廻りでずっと寝不足の日が続いた。

そんなある日、作左衛門が役所から帰ってくると、きれいサッパリと〝柿の木〟が切り取られて跡形も無い。「これは一体どうしたのだ。誰か大切な木を切ったぞ！」、作左が妻を怒鳴りつけると、日頃柔順な妻がキッパリと答えた。「私が切ったのでございます。あの木がある限り、貴方のお気持ちは落ち着けず、それだけ勉学の妨げとなりましょう。オランダ書の代金は諸事節約して何とか遣り繰るとして、ともかく〝柿の雑念〟を、断ち切って頂きとうございます。」

思えばその通りである。作左はそれまでの己を恥じ、発奮猛勉強し学問の業績をあげた。その甲斐あって、寛政7年（1795）江戸に召し出されて幕府の天文方に取り立てられた。あの伊能忠敬《いのうただたか》（1745～1818）も弟子入りしている。後に立派な暦法家となり、〝洋書〟に負けない『西暦管見雑録』をものにしている。

『浪華《なにわ》人物誌』全4巻（岡本撫山著）（文政7年（1824）新刻版）にある「喰べもの武士道賢女伝」である。

60 関ヶ原の戦いもう一人の主役はこの人だった。秀吉正室「高台院」

高台院（1547?～1624）は、「おねさん」の北政所《きたのまんどころ》さんである。

〝関ヶ原の戦い〟の勝敗の鍵は、小早川秀秋（1582～1602）の寝返り。秀秋が出陣に先立って、京の〝おね〟の許に立ち寄り、秘策を授けられたという。これは余り知られていない事実である。また彼女は関白夫人

仙洞御所

として「従一位」を受けており、当時の女性のNo.1であった。只、不幸にも彼女は子供に恵まれなかった。秀吉は、天正13年（1585年）に後々の事を考えて兄木下家定の子の「秀秋」を養子に入れた。そして幼少より高台院に育てられた。秀吉も始めはこの子に目をかけ、自分の後継者と考えていた。秀秋は、天正17年（1589）には、豊臣秀勝の領地であった丹波亀山城10万石を与えられた。天正19年（1591）、豊臣姓が確認され、文禄元年（1592）には従三位・権中納言兼左衛門督に叙任し、「丹波中納言」と呼ばれた。諸大名からは関白・豊臣秀次に次ぐ豊臣家の継承権保持者とも見られていた。が、その後文禄2年、淀殿が「秀頼」を生んだ事で運命は一変した。「秀秋」はうまく外され、天下No.2の様な地位から地方大名に落とされ、中国筋の小早川家に追い出された。秀秋の無念は大きく、〃おね〃も慰める言葉も無かったと思われる。

そして秀吉死後、〃おね〃は、転落人生となる。

大坂城には、淀殿と秀頼が入り、その前に北政所（おね）は京都新屋敷（京都新城）へ移る。京都新屋敷とは、秀吉が聚楽第破却後、豊臣関白家の正式な邸宅・秀頼の城として京都御所東南の「わがぜが池」に構えた城郭である。現在の仙洞御所（京都御苑内）の場所にあった。さらに、京都三本木の新居へ移り住む。

考えて見ると淀殿が秀頼と大坂城に入ったのも、当時のルールから不自然な行為である。側室は正室に我が子を後見人として委《ゆだ》ねるのが正当であったはずだ。淀殿は、自分よりはるかに身分の低い出身の〝おね〟が従一位でNo.2の存在であることに、不満を持っていたのだろう。ここで二人の対立が始まった。

そして〝おね〟は、京都で隠忍《いんにん》の暮らしが始まっていく。これを、賢い家康がサポートする。そして〝おね〟に決意の時が来る。天下分け目の〝関ヶ原の合戦〟だ！　彼女は大坂城の淀殿に対して、家康方へのサポートを鮮明にした。〝おね〟の子飼いの加藤清正や福島正則は彼女に従い、ビックポイントの小早川秀秋は大坂方に付くと見せて家康に寝返り、これが〝勝敗の決定打〟となった。〝おね〟はこの戦いのもう一人の主役であった。しかし人間として大きい彼女は、「大坂の陣」では仲介として、慶長19年（1614）10月1日、大坂城へ出立したが、鳥羽で足止めされ不成功に終り、大坂落城を高台寺山の上から、煙の上る大坂方面を見守ったと言われている。

寛永元年（1624）9月6日、豊臣秀吉の正室・高台院おね（北政所）（1549?～1624）、没。享年76。法名・高台院湖月心公。幕府、その知行を収公し、地を高台寺に寄せる。

七 その他、戦国の話

鉄砲の伝播

61 日本最初の砲術祖、津田監物

天文12年（１５４８）8月、種子島に鉄砲が伝来したとされるが、早くもその翌年、紀州に鉄砲を持ち込んだといわれる人物がいる。それが〝津田監物《けんもつ》〟である。彼は、根来寺内の一子院である杉之坊の命令で種子島に渡り、鉄砲を譲り受けたといわれている。

『津田家系譜』に拠ると、鉄砲を紀州に持ち帰ったのは、津田家6代目監物算長《かずなが》（１４９９？〜１５６８）である。彼は紀州小倉荘の有力土豪で、根来寺《ねごろじ》と親密な関係にあった。同家では、自家の子弟を杉之坊の院主として送り込み、根来寺との関係を保っていた。当時は算長の弟の明算（妙算《たえかず》）（？〜？）が、杉之坊の院主であった。同坊は行人方《ぎょうにんかた》の寺院の、根来寺内で最も有力な子院の一つであった。行人は言わば僧兵であり「根来衆」と呼ばれていた。寺の実質的な権力を持ち、もっぱら教戦《きょうせん》を研鑽する学侶方の僧（学問をする僧）とは区別される。根来寺山内からは日常生活の道具や金製品の他に、瀬戸、美濃、備前、中国、ベトナム等の陶磁器類も数多く発掘されるが、これは、根来寺の交易の広域性を示すものである。様々な情報を入手しやすい

宇喜多秀家

環境にあった。そして鉄砲の情報もいち早く聞きつけた。この様に杉之坊が、算長を種子島に遣わせたのも不思議ではないのである。

種子島は、九州南部の海上に位置し、黒潮の流れの中にある。西方の東アジアと日本本土との間で様々な交易がなされ情報が行き交っていた。島内、坂井に熊野神社があるが〝黒潮の道〟を通じて紀州熊野権現が、種子島に勧請《かんじょう》されたものと見ることができる。

第10代領主の種子島幡時《はたとき》の時、亨徳元年（1452）紀州熊野神社に参拝し分霊を当地に奉祀したという。幡時は島内の神々の中でも熊野権現を最も篤く信仰していたのである。紀州と種子島との繋がりは、既にこの頃からと認められる。種子島14代時《とき》堯《たか》（1528～1579）が〝監物〟に鉄砲を譲った背景は、この様な紀州との関係からであった。

その後、監物は根来寺門前の坂本にいる鍛冶師・芝辻清右衛門妙西に鉄砲を見せて、同じ物を作らせたと伝わる。以後、根来寺を中心に紀の川筋の雑賀《さいか》や粉河《こかわ》、高野山等周辺に鉄砲が普及していった。粉河では遅くとも永禄3年（1560）に鉄砲が農民階層まで普及している。早くに紀州へ鉄砲が伝来し普及していたのだ。その10年後に1000挺の規模の鉄砲を有した大集団として雑賀衆が台頭する。雑賀衆は紀の川河口域に勢力をもった土豪の連合体である。元亀元年（1570）からの「石山本願寺合戦」では雑賀（鈴木）孫市らが信長軍と対決し、本願寺は不敗であった。

種子島は、早くから製鉄技術で伝説的になっている。八板金兵衛清定（１５０２～１５７０）は、自分の娘・若狭《わかさ》を、ポルトガル人の嫁にして、ネジの製作ノウハウを得たといわれる。この人物も岐阜の関から移住して来た刀鍛冶であった。この様に種子島は、黒潮の海の道として、海外との接点があり、鉄砲伝来、国産化第一号の素地は十分にあった。又、火薬師も居たので、第10代幡時の時、熊野から奥州の修験者を連れて帰っており、この人が伝来時の火薬技術師・篠川小四郎秀重の先祖である。

62 種子島以前に鉄砲はあった

日本に初めて鉄砲が伝来したのは天文12年（１５４３）８月、種子島と云う通説をくつがえして「種子島渡来する以前にすでに鉄砲があった」と云う新説がある。根津美術館学芸部長だった故奥田直栄さんが唱えていた。奥田さんの専門は考古学で、その中でも「中世の城郭」の研究では数多くの貴重な業績を残している人だ。昭和期後期に東京都八王子市高月町にある「高月城《たかつきじょう》跡」らの発掘調査をしていて、その折に出てきた「小さな鉄砲のタマ」１個がこの研究の発端となったという。

高月城《たかつきじょう》は、戦国時代に一帯を支配していた豪族大石氏の居城。長禄２年（１４５８）から永正10年（１５２２）迄の60年間に使用され、それ以後は使用されていないということから推定して、城跡から出てきた玉は「種子島以前のものだとの可能性が高い」。奥田さんは、「弾丸１個のことだから断定するのは無理である。廃城してからのものとも考えられるが……」としているが、弾丸が出てきたのは城の正面の「土塁」が築かれたと推定される地点の内側の空堀の中で、土塁の外側の堀は折歪《おりひずみ》といってジグザグ型に掘ってあり、これは鉄砲の影響を受けた築城法である。鉄砲と云うとすぐヨーロッパから始まったと考えがちだが、だいたい鉄砲の起源そのものがはっきりしない。

地理的文化的環境から考えればポルトガル人が伝える以前に、中国経由で鉄砲が日本に入ってきたとしても不思議なことではない。北条氏が早くから鉄砲をもっていたという説もあるし、北条氏は中国伝来の忍者集団を抱えて戦果を上げている事実もある。そして1543年説では、当時いくら戦国期で諸国の大名が優秀な武器の取得に必死であったにしても、その普及ぶりがあまりにも早すぎるのではないかという疑問も起る。

天文18年（1549）（天文22年（1553）4月とも）織田信長が斎藤道三と初めて対面したとき、弓・鉄砲500挺をズラリと並べて、これを見た道三は、その度胆を抜かれて、ビックリしたと云う話は有名である。これだけの鉄砲を揃えると云うことは、既に鉄砲生産の素地があったと考えられる。

イエズス会と戦国大名

63 公家衆と神官の二人〝清原枝賢《きよはらえだたか》〟〝吉田兼右《よしだかねみぎ》（兼見の父）〟は、キリシタンだった

永禄6年（1563）に来日した、ローマカトリックのイエズス会、バテレンのルイス・フロイス（1532

～1597）が、同会の活動をまとめた『日本史』によれば、比叡山の僧徒が、京都で布教の足場を築き、定住の兆しを見せ始めたイエズス会と、バテレンのガスパル・ヴィレラ（1525?～1572）の活動に恐れを抱いて、松永久秀《ひさひで》（1510?～1577）にバテレン追放を迫っている。久秀は無下に追放出来ないでいたが、その友人で文武に秀でた結城山城守忠正（?～?）と日頃「古典」を講義していた公卿清原枝賢《えだかた》（1520～1590）は、バテレンと数日間「宗論」を交わしたところ、二人とも聴聞した事を完全に理解し感化されたので〝バテレン〟になったという。又、かの有名なキリシタン大名、高山ジュスト右近の父である、当時松永久秀配下だった、高山飛騨守友照（?～1595）が受洗《じゅせん》して「ダリヨ」と名乗ったのもこの頃であった。枝賢と忠正がヴィレラから洗礼を受けたのは、永禄6年（1563）とされ、忠正の洗礼名は「アンリケ」であるが、枝賢の洗礼名は伝わっていない。

修道士ファン・フェルナンデスの陽暦1564年1月9日付の平戸発信の書簡には、忠正と枝賢は「悪魔の宗旨」（仏教）に通じていたが、受洗後には、〝デウス〟の熱烈なる信仰へと転向し、日本諸宗旨の虚偽《きょぎ》を論難し、大著述をなしたと言う事が書かれている。

バテレンと懇意なのは、枝賢ばかりで無かった。永禄12年（1569）8月15日付けの、小田原の北条氏康《うじやす》（1515～1571）からの、吉田兼右宛の書状には、氏康が「武運長久、国家安全」の御祓《みはらい》を頂戴した礼を述べた後「とりわけ頂戴した南蛮水滴（水差し）は秘蔵しますでしょう」と、書いている。

吉田兼右（1516～1573）は、フロイスの京都布教が始ったばかりの永禄12年（1569）には、南ヨーロッパからの珍品も手に入れていた。そうすれば兼右も、日本神道の本山にいる立場にあり乍ら、バテレンもしくは南蛮商人と親しくしていた事がよく分かるのである。兼右の次男、梵舜《ぼんしゅん》（1553～1632）も、後に「ジョアン」と名乗るとされ、キリシタンとなる。

この清原枝賢に連なる細川藤孝（幽斎）の嫡子・忠興《ただおき》（１５６３～１６４６）は後に、ローマ字の「印」を作る程、キリシタンに共感を抱くようになる。枝賢の娘「伊予局《いよつぼね》」が、後に明智光秀の娘「玉子」の侍女となり、玉子を導き「ガラシャ」という洗礼名で受洗をさせた熱心なキリシタン「清原マリア」（?～?）であった事は有名である。

こうして見ると枝賢が、洗礼を受ける年も、前述の兼右の書状の年次も、永禄より後の事となるが、両者は永禄元年（１５５８）の時点で、潜在的キリシタンであったと考えられるのだ。清原氏の人脈には、潜在的キリシタンという、一本筋が通っていたのであった。

64 足利義輝と、イエズス会、バテレン

永禄元年（１５５８）頃、将軍足利義輝（１５３６～１５６５）の身辺に潜在キリシタンが介在したと判明した。永禄期初頭の義輝には、既にイエズス会との友好関係が成立していた。

日本に最初の足跡を残したイエズス会者は、フランシスコ・ザビエル（１５０６～１５５２）といわれる。彼は天文18年（１５４９）鹿児島に上陸した後、平戸・豊後府内（大分）を経て京都に入ったが、都での布教は果たせずに周防《すおう》・長門《ながと》の大内氏の元に去った。それ以後、イエズス会バテレンにとっては、入京は大きな念願であったが、永禄2年8月に〝ガスパル・ヴィレラ〟が豊後府内から上洛し、12月には四条新町西入革棚町（下京区四条新町西入ル郭巨山町）の山田の後家の家に移り住む。そして、実力者であった三好長慶《ながよし》や松永久秀とも親交を結び、翌年の永禄3年には、妙覚寺で将軍義輝にも謁見が叶い、砂時計を献上した。そして、遂に布

教許可の制札《せいさつ》を得る事が出来た。この制札は、正確には京都での会堂への乱入と乱暴、寄宿と悪口、非分課役賦課の三項目の停止を保障するものであった。永禄4年晩春、市中を転々としていたガスパル・ヴィレラらは、四条坊門姥柳町（中京区蛸薬師室町西入ル）に、一軒の家屋を買い求めた。

その後、永禄8年（１５６５）5月、義輝の横死。同年7月5日迄は、イエズス会はささやかながらも京都に教会を維持していた。その日、朝廷は、三好義継・松永久秀の奏請によりバテレン追放、教会没収の女房奉書を出す。ガスパル・ヴィレラとルイス・フロイスは、堺へ落ち延びる。

ところで〝ヴィレラ〟が制札を獲得出来たのは、室町幕府政所執事の伊勢守貞孝《いせのかみさだたか》の尽力によると、フロイスは記している。更に〝ヴィレラ〟が伊勢貞孝の好意を得られたのは、九州の大名、大友宗麟の紹介によるもの

足利義輝

であった。というのも、宗麟は天文9年（1540）2月に将軍足利義晴の偏諱授受《へんきじゅじゅ》の礼《れい》に際して労を得た時以来、伊勢貞孝とは度々音信を交わす親近の間柄にあった。但し伊勢貞孝は永禄5年（1562）9月11日に三好勢に攻められ、子息伊勢貞良と共に丹波杉坂で討死した。

バテレンのフランシスコ・カブラルの陽暦1581年9月15日付けの書簡には、「ヴィレラ師が初めて都の赴いた時、王（大友宗麟）は数人の大身《たいしん》及び友人達《ともびとたち》に宛て、師父《しふ》の庇護《ひご》を依頼する書状を与え」と記されている。

〃ヴィレラ〃が近江永原にも赴いたが、その時も宗麟の紹介状を持参していた。宗麟がイエズス会の日本定着に大きく貢献していた事は確かな事であった。

65 大友宗麟《そうりん》「ドン・フランシスコ」―九州のキリシタン大名

室町幕府第13代将軍足利義輝（1536～1565）とキリシタンの関係を明らかにする為には、大友宗麟（1530～1587）に注目しなければならない。宗麟は「ドン・フランシスコ」の洗礼名で有名な、九州のキリシタン大名である。家臣へ宛てた書状の中などでは自身の署名として「府蘭」を用いている。天文19年（1550）21歳で、大友家の当主となった。洗礼を受けたのは天正6年（1578）7月であったが、イエズス会への協力は、ずっと早い時期から始められ、当主となった翌年天文20年8月には、豊後府内へ訪れたフランシスコ・ザビエル（1506～1552）を歓待し、府内での布教を許可している。

弘治元年（1555）には、イエズス会士が府内に育児院を建てることを許可し、同3年の秋には、イエズス会に対して、府内の地所と会堂を寄進するなど、一貫して同会に厚い保護政策を打ち出している。

後年の述懐によれば、宗麟16歳は、ザビエル来訪以前の天文14年（1545）から、府中沖の浜に居住した、ポルトガル商人ジョルジェ・デ・ファアリアとの間に友好的交流をもっていた。それから府内に5年間滞在したディオゴス・ヴァス・アラゴンというポルトガル人と親しくなった。アラゴンは常にロザリオをもって〝デウス〟への祈りを捧げている敬けんなキリシタンであった。宗麟は、天文20年（1551）ザビエルの来府以前に既に、キリシタンに共鳴する道を歩み出していたのである。

大友宗麟

ザビエルに、豊後に出入りする堺の商人「クンド」（クドウとも）（日比屋了珪《りょうけい》の父）を紹介したのは宗麟であった。クンドは取引の為府内に訪れる機会があった。了珪は永禄4年（1561）宣教師ガスパル・ヴィレラを招き、永禄7年（1564）に受洗し「ディオゴ」の洗礼名をもっていた。

ちなみに京都へ来たザビエルは近江坂本に赴くが、彼を案内したのは秀吉期のキリシタン大名として名高い、小西行長（1558～1600）の父弥十郎（小西隆佐）（?～1592）であった。隆佐は永禄2年（1559）にはヴィレラと会っていた。後に隆佐の長男のベント如清《じょせい》と、了珪の娘アガタは結婚する。

一方、宗麟とポルトガル国との交流は活発に行われ、永禄元年（1558）2月には、同国王ドン・セバスチャンが、前国王のドン・ジョアンへの宗麟の書状の返書を出している。

又、ザビエルの陽暦1549年の書簡によれば、彼より前に、早くも京都に達したポルトガル人が数人いたという。ヴィレラの入京以前にザビエル以外のバテレンが入京した記録は知られていないが、義輝は永禄元年には、宗麟のルートからバテレンに近い商人と接触した可能性もあり、イエズス会の布教活動は畿内に始められていたのである。天文期から日本に影響を与え始める、イエズス会、バテレン、ポルトガル商人、イベリア半島の国ポルトガル・スペイン国王。拙著では、これらをまとめて「南欧勢力」と、表記する事にする。

66 イエズス会から、大友宗麟への武器援助

『フロイス日本史』によると、大友宗麟へのバテレンの武器提供を見ると、天文21年（1552）8月19日、豊後に到着したバテレンのバルタザール・ガーゴはインド副王からの贈り物として、非常に美しい武器、その他の進物を携えて訪れ、宗麟に領内での布教許可を願った。

宗麟は、永禄11年（1568）マカオ滞在中の、ドン・ベルシオール・カルネイロ司教宛に、大砲の贈与を求める、8月22日付けの書状を送っている。宗麟は、その中で「自国の領内でデウスの事、並びにキリシタン、ポルトガル人などの庇護を行っている故に、大砲の贈与を受ける資格がある事を、司教からインド総督に告げて欲しい」と、述べている。宗麟がインド総督に、大砲贈与を要請したのはこれが初めてでは無い。永禄初年にも書状を出している。二回とも大砲は贈られたが、その都度、大砲を積んだ船が遭難して海に沈み、実際に

フランシスコ・ザビエル

大砲が豊後臼杵《ぶんごうすき》の城内に運ばれたのは、天正5年（1577）正月の事であった。又、宗麟は永禄10年（1567）9月15日付けで、カルネイロ司教に宛て、「山口の国王毛利元就に対して、自分が勝利を博する為には、貴下の援助により硝石の日本輸入は、自分以外の者には一切禁止されたい」との要請の書簡も出している。

当時、黒色火薬の原料としての硝石の大部分は輸入に頼っていた。司教がその輸入独占の取り計らいを、宗麟から依頼されていたという事は、イエズス会が貿易に関与していたばかりでなく、宗麟の軍事行動を援助していた証拠でもあるのだ。

67 大友宗麟から足利義輝に、鉄砲献上

天文末期から、既に「南欧勢力」と親密になっていた大友宗麟（１５３０～１５８７）と将軍足利義輝（１５３６～１５６５）との交流関係は極めて濃密だった。

これは、宗麟の父・大友義鑑《よしあき》（１５０２～１５５０）と室町幕府12代将軍足利義晴《よしはる》（１５１１～１５５０）との関係とよく似ているが、息子達の代、即ち、宗麟から義輝に対する贈り物攻勢は、更に大々的なものだった。

天文22年（１５５３）1月、宗麟は過去3年間の年礼を義輝に納めて、肥前守護職を要請した。その見返りとして義輝は、新兵器の南蛮鉄砲を宗麟から入手している。初回の鉄砲献上は翌年の天文23年1月であった。その甲斐あって宗麟は、同年8月に「肥前守護職」に任ぜられた。その後、義輝の母・慶寿院《けいじゅいん》（１５１４～１５６５）にも「黄金30両」、更に御殿料として「3千貫文」という具合にしきりに献上に努めた結果、5年後の永禄2年（１５５９）6月には豊後・肥前に加え豊前《ぶぜん》、筑後の守護職に任ぜられ、同年11月9日「九州探題」に任じられた。永禄5年（１５６２）5月には、実に6ヶ国（豊後・豊前・肥前・肥後・筑前・筑後）の支配者となった。さらに日向《ひゅうが》・伊予の一部を支配した。宗麟は永禄元年（１５５８）6月に、義輝から鉄砲を貸与されて、その摸制《もせい》を命じられ、翌永禄2年正月には、それに応じて鉄砲1挺を作り義輝に献上した。

永禄3年3月には、義輝は宗麟に宛て、石火矢（大砲）と種子島筒（種子島鉄砲）献上の礼を出している。

義輝にはこれらの鉄砲を「将軍の権威の復活の為」に、有効に使っていた。

例えば、上杉謙信（１５３０～１５７８）が、永禄2年（１５５９）4月27日に上洛し義輝に謁見した時の事である。義輝は上洛を大変喜び、裏書《うらがき》（封書の裏での自署を省略する、書礼上の特権）と、塗輿《ぬりこし》（漆塗り

の輿）の使用を許可する特権を与えると共に、謙信に関東出陣の正当性を与えた。謙信は5月1日に参内して、天盃《てんぱい》と御剣《みけん》を賜るが、それは謙信に支えを望んだ、義輝の推挙によるものであった。この時、義輝は当時貴重品である鉄砲と火薬の調合の秘伝を謙信に与えたのだが、その鉄砲は宗麟の献上したものであった。

この他にも、駿河の大名今川氏真《うじざね》（1538～1615）が、馬の献上を義輝から求められ、馬の献上を承諾した事と、鉄砲一挺を拝領したお礼を述べている。

朝鮮の役

68 謎だらけの小西行長《ゆきなが》

戦国の末尾を締めくくる「二つの大戦争」は、文禄・慶長の役（1592～1598）と言われる豊臣秀吉の朝鮮出兵と、慶長5年（1600）の関ヶ原の合戦である。太閤秀吉政権の末期に彗星の如くに登場した小西行長（1558～1600）は、この両大戦に深くコミットし、豊臣主流派のブレーンとして極めて重要な役割を果たした。不幸にも何れも敗れ去り、歴史的評価からは外れてしまっている。それで、その業績や才能、さらに出身さえも霧の中にある。資料といえば、ルイス・フロイスの『日本史』にしか、痕跡を見出すことが出来ない。小西はキリシタン大名で、洗礼名をアゴスティーニュ、又はアウグスティヌスといった。彼はこの二つのビッグプロジェクトで、石田三成のシンクタンクとして太閤の巨大事業に関わった人物である。

小西行長

朝鮮出兵では、彼は実行行為者として、戦国参謀であり交渉力の高い武将であった。小西自身はこの戦役に不本意であった。失敗の可能性を予見していた。それにもかかわらず主役であり、参謀を務めねばならぬ悲劇的存在であった。そして彼は何の記録も残さず、京都六条河原で処刑されてしまった。

「明《ミン》」との交渉では、ついに有利な条件を引き出すことは出来なかった。太閤をトリックにかけて、和平に持ち込むという手品の様な交渉も看破されてしまった。小西行長はもう少しで処刑されるところだった。石田三成が助命を乞わなければ処刑されていたのだろう。この小西の早い栄達は、三成という実力者との関係無しでは考えられない。

天正13年（１５８６）３月、紀州の根来《ねごろ》、雑賀《さいか》征討の指揮をとった。実際の船隊は伊勢の九鬼水軍だったが、小西はきっと幕僚部にあったと思われる。後に文禄の役の時、日本軍の水軍のトップに九鬼嘉隆《くきよしたか》が就任した。これは石田三成の推挙といわれている。これは実は小西が、三成に推挙したのであった。「朝鮮の役」初期は、この石田、小西、九鬼ラインが主役として活躍した。小西は水軍について非常に熟知した武将であったゆえ、秀吉はこの小西を「唐」入りの大幹部として登用し、小西自身が不本意だった「朝鮮侵攻」を進めた。

フロイスは書いている。「金石屋形」宗義智《そうよしとし》（１５６８～１６１５）は日本人で関白に従っていたので、関白は彼との関係を保ち、その援助を得んがために、彼のアゴスティーニュ津の守殿（小西行長）の娘・妙《たえ》（マリア）を娶らせた。彼女は極めて善良なキリシタンであったので夫（義智）に向かって（中略）是非キリシタンになって頂きたいと言った。フロイスによると宗義智はマリアを愛していたので、秀吉に分からない様に、秘密裡に洗礼を受けたそうである。洗礼名はダリオ。

行長は、関ヶ原の戦いに敗れた後の慶長5年（1600）10月1日、死に臨んでポルトガル王からのキリストとマリアの画像を抱いて祈ったといわれ、正室菊姫（洗礼名ジュスタ）との一人息子小西兵庫頭も処刑され、宗義智に嫁いだ娘（マリア）は、関ヶ原の戦い後、直ちに離縁、対馬から追放された。追放後は長崎の修道院に匿われていたが間もなく家康によって大赦される。慶長10年（1605）病没し、直系は絶えてしまった。

69 小西行長を苦しめた〝朝鮮出兵〟

豊臣秀長《ひでなが》（1540～1591）が病没し、千利休（1522～1591）は消され、この朝鮮出兵に反対していた主な人々は秀吉の狂った様な恐怖政治に反対出来なくなった。

天正19年（1591）8月5日、最愛の嫡子「鶴松」（1589～1591）が病没すると、翌6日、狂った様に来春3月〝唐入り〟（朝鮮出兵準備命令）を布告した。そして大本営が有馬領の肥前名護屋（佐賀県唐津市鎮西町）に設けられることが決まった。その工事は、8月28日、黒田長政、加藤清正、小西行長の三者が担当する事になった。名護屋は殆んど無人の荒地で、黒田、加藤、小西の三将は九州の諸侯を動員して、10月10日から連日4～5万人もの労務者を従事させた。突貫工事で名護屋城を造営し、数万人の兵員を収容、生活出来る宿舎を造り町造りに着手した。あっという間に北九州の一角に、人口20万人の町が出現し、翌天正20年

（文禄元年）２月に城は完成した。又、町造りに並行して秀吉は「大動員令」を発した。総員は約30万人。九州、四国など西日本の大名に重い「ノルマ」が課せられた。１万石について九州、四国は６００人、中国、紀州は５００人、畿内は４００人、中部は３００人などの割当てがあった。このうち遠征軍は約20万人、予備軍は約10万人、他に京都に3万人を駐留させた。水軍は藤堂高虎2千人、九鬼、脇坂安治が各々1千５００人等で、計9千２００人、数百隻の艦隊が編成された。日本水軍の総帥には、九鬼水軍の九鬼嘉隆《よしたか》が任命された。鉄工船の旗艦「鬼宿丸《きしゅくまる》」が、秀吉の命名で「日本丸」に改称された。九鬼を総司令官に推したのは石田三成と言われている。遠征する20万人の大軍団は「九軍団」から成っていた。第一軍司令官「小西行長」、次席「宗義智」。第二軍司令官「加藤清正」。第三軍司令官「黒田長政」となった。

行長は西部方面司令官も兼務となった。そして先陣役となった。そして遠征軍は壱岐、対馬で待機する様命じられた。小西は少しでも開戦を遅らせ様と計っていた。そして天正20年（元禄元年）（１５９２）４月12日この大戦の幕が切って落とされた。一番隊の小西軍は同日、対馬の大浦港を出港し、その日の内に「釜山」に上陸した。皮肉な事に非戦の急先鋒がこの戦いの突破口を開くという事になってしまった。これまでの詐術《さじゅつ》外交《がいこう》の「プロセス」を秀吉に知られては困る。ともかく軍功をたてて外交権と早期終結への発言権は確保しておこうと、現実的作戦を取ったのだった。

小西軍が上陸してからの軍事行動は、最初予想していたよりは、初戦に於いて順調であった。そして小西・宗軍は僅かな抵抗があっただけで、5月2日には高麗の都「漢城（京城、ソウル）」に入城。翌3日、加藤清正、軍総司令官の宇喜多秀家等の諸隊も入城した。更に6月15日、小西・宗軍は「平壌」を占領。加藤軍は7月23日「会寧《かいねい》」で朝鮮の「二王子」を捕えた。ほぼ全土が制圧された。しかし一方、一旦朝鮮海峡の制海権を奪われていた朝鮮水軍が「李《り》舜臣《しゅんしん》海将」の指揮で巻き返しを計った。5月中旬から7月にかけ季水軍は海峡に進出し、数次にわたって藤堂、脇坂水軍と交戦し、約200隻の日本船を沈めた。この為、北九州から釜山間の「ルート」は極めて不安定となってしまった。日本の制海力の「ダウン」に拠り、20万人の遠征軍の兵站線が細ってしまった。その中で石田三成、増田長盛、大谷吉継の三奉行が「漢城（京城）」に派遣され、民政と軍政をする事になった。

そして現地軍の総司令官は、若年の宇喜多秀家（1572～1655）。秀家は、幼年期に秀吉の養子となり秀吉を父の様に仰いでいた。その宇喜多が8月10日「漢城」で最高幹部会議を招集した。出席者は石田、増田、大谷の三奉行。小西、黒田、小早川の三隊長。それに黒田官兵衛が加わった。この時、官兵衛は如水《じょすい》と称していたが秀吉の特命で参加した。

戦況は不安材料だらけで制海権が弱体化し、朝鮮の国軍は脆弱だったが、各地で農民、土豪などの一揆、正義派の官吏主導の義勇軍が蜂起し、ゲリラ闘争が激化した。その上「明国軍」5千が鴨緑江を越えて、7月16日に「平壌」を攻撃して来た。幸いに明軍は大敗をして撤兵したが、追走する余力は日本軍には無かった。

そして明使・沈惟敬《ちんこれたか》と小西行長の会談が天正20年（1592）8月29日に行われ、50日間の休戦協定が「明」との間に成立した。だがこの年の暮れ12月8日、「明」は季如松《りじょしょう》を総帥として4万余りの大軍を南下させ、翌文禄2年（1593）1月5日、「平壌」の小西軍を襲った。小西軍は善戦したが敗走して17日「漢城」に逃げ帰った。ここにおいて主流派は、軍事的に決起せざるを得なくなった。

宇喜多総司令官と三奉行は「漢城」を最終防衛線と決め、京城以北の日本軍を全て「漢城」に集結させた。その数5万人。そして10万と称する明軍の来襲を待った。日本海側の「咸鏡道」に進出していた第二軍の加藤軍団も参加させた。「平壌」での勝利の余勢を駆って南下した季如松の大軍は1月26日碧蹄館《へきていかん》の戦いで、日本軍に迎え撃たれ6千人もの死者を出し「平壌」に撤退した。そして戦局は膠着状態になった。

70 慶長の役と外交のスター小西行長

さすがの秀吉も〝明国侵攻・占領〟が全く無理な「プロジェクト」だった事を悟らされた。しかも朝鮮の農民を主体とする一揆の蜂起は計算外の事で、いくら先に進んでもゲリラ行動が激しくなり兵站《へいたん》の維持は不可能となる。一揆の恐ろしさを知っている秀吉は、この「プロジェクト」を大幅に縮小せざるを得なくなった。

文禄2年（１５９３）3月中頃、漢城（京城）近くで第3回の「小西・沈惟敬会談」が持たれた。そこで具体的に「明」の和平条件が提案され協議された。日本軍の漢城撤退、二王子の開放、明軍の撤収、この「小西・沈合意」が宇喜多、増田、石田、大谷、更に小早川隆景の了承を得た。その間、加藤と鍋島の猛反対が有り交渉が一時中断したが、4月18日、日本軍宇喜多秀家らは、兵糧の欠乏から一方的に漢城を撤退する。だが二王子は解放しなかった。6月22日、普州城を日本軍が総攻撃。同29日陥落させる。死者2万人。6月28日、秀吉は、石田三成・増田長盛・大谷吉継・小西行長を通じて明使に七ヶ条の「大明国・日本国和平条件」を提示。平和を望む小西・沈は太閤秀吉と明国王を騙して和平に持ち込む「トリック」を合作した。すさまじいネゴシエーションであった。そして「日・明双方」に和平ムードが広がった。日本側は二王子を解放し、明軍も撤退していった。そして日本軍在鮮部隊を縮小していった。

その頃の文禄2年（１５９３）8月3日、秀吉に男子〝秀頼〟が生まれた。小西行長は、腹心の小西如庵（内藤ジョアン）を全権大使として明との交渉に乗り出し困難の中、文禄3年（１５９４）12月13日、条件を受諾した。国内では、文禄4年（１５９５）7月3日、秀吉甥の「関白秀次事件」が発生。文禄5年（慶長元年）7月4日、明の使節団来日。9月1日、秀吉と明の使節団は会見した。9月2日、小西行長らの「トリック外交」が露見、太閤秀吉は怒り「朝鮮再征」を号令した。石田三成は体を張って小西の処刑を阻んだ。慶長3年

（1598）8月18日、太閤が伏見城で没し、のち停戦となった。

小西行長はあり余る才能を「朝鮮の役」と「関ヶ原合戦」で有効に機能させる事が出来なかった。関ヶ原合戦で敗れ、運が強くない薄幸の天才キリシタン大名は、光輝くその生涯を閉じた。

71 乱世にキリシタンを貫いた武将は京都出身だった。そして如安を救った女性がいた

京都の北部、南丹市八木町を走る国道9号線から逸れて田園地帯を走ると、視界の開いた場所に〃十字架〃が忽然と現れる。丹波八木出身の戦国キリシタン武将・内藤如安（1550?～1626）の顕彰碑である。ジョアン内藤のゆかりの地、田んぼの中の〃十字架〃は鮮烈な光景である。如安は生涯を通じて各種の合戦や「朝鮮の役」等で活躍した勇敢な武将で、高山右近（1552～1615）と共にキリシタンを貫いた人であった。そして信仰を守り、異郷の地マニラでその波乱の生涯を閉じた。

さて、如安は二度にわたって将軍義昭の二条城脱出計画を押し止めたが、義昭は宇治槇島城（京都府宇治市槇島町）に移り、如安は大宮西北小路の妙蓮寺に宿泊したとフロイスは書いている。そして京都滞在中は熱心にキリスト教を学んだ。

天正元年（1573）天下布武の勢いを増す織田信長につく武将は多かったが、その中で凋落の一途だった将軍足利義昭を支援する武将は少なく、義昭の側近の細川藤孝（幽斉）や家臣であった明智光秀もいち早く信長側について行った。この中で唯一、孤立無援の義昭に援軍を差し向けたのが丹波八木城の城主〃如安〃だっ

た。如安の援軍の数は2千人で義昭は大喜びしたとされている。この落ち目の将軍を支える行動は、キリシタン大名としての自負があったのだろう。

宣教師ジャン・クラッセ（1618～1692）の『日本西教史』にはこう書かれている。「八木から京へ如安の援軍は隊を備え、二千人の兵は十字型の軍旗を翻して京都に出陣し、国主は金字をもって、耶蘇の聖称を記したる兜を頂き、正々堂々として公方の宮殿に致れり」とある。日本史の中でも西欧の十字軍様の数千人の部隊が動いたのは唯一であろう。天正元年（1573）7月の「槇島城の戦い」に向けての応援である。

この行動は義昭の救援と、京のキリシタンの保護と支援、さらに伯父の松永久秀に対する協力であり、入信後8年の熱心なキリシタンの熱情が、彼を動かした。しかし、同年7月18日、信長は、巳刻に山城国槇島城への攻撃を開始し焼き打ちする。足利義昭、足利義尋（義昭嫡男）を人質として提出して山城国枇杷庄（京都府城陽市）へ退く。室町幕府、滅亡。

敗れた如安は内藤家執政の座を失ったらしく、義昭が山口に赴くとこれに随行した。更に、天正4年（1576）から義昭が備後・鞆に幕府を移すと、これに従ったという。

如安は、松永久秀（1510?～1577）の弟・長頼《ながより》（のちの内藤宗勝）（?～1565）と八木城主内藤国貞の娘との間に生れたと伝えられ、両親の結婚は「政略婚」であった。本来なら如安は松永姓を名乗るべきだったが、長頼が内藤家の城・八木城主になった為、如安は内藤姓を名乗ることになる。地元に残る『内藤盛衰記』他の古文書には、不思議に如安の名は殆んど出てこない。国外追放になった如安の業績は、権力者によって隠された。禁教令（キリスト弾圧）を受け、後難を避けるため史料の多くが故意に書き換えられたり、記録が抹殺されたとされる。

彼は父の長頼が永禄8年（1565）8月2日戦死した後、八木城の城主に収まったようである。しかし、彼の八木城内での立場は難しくなった。内藤家の直系が多い彼の周囲に主導権争いが起こり、幽閉事件が起こったのである。内藤本家の家督継承について、如安派と貞勝派との間で内紛が起こったという。最終的に内藤貞勝（備前守）（?～1565）が家督を継ぎ、如安（飛騨守）は執政の立場となった様だ。

この如安の困難時、そこに現われたのが山口出身の女性〝カタリナ〟であった。『郷土史八木』、『内藤如安の生涯』。山口から逃げてきたキリシタン、カタリナは内藤土佐守と結婚。土佐守は人望あつく、後に総家老職の座に就く。カタリナは五郎丸（のちの如安）と妹ジュリアを寵愛し、五郎丸は彼女の影響を受け、キリシタンの信仰の道に入ってゆく。彼女によって信仰に導かれた如安は、心の平安をこの困難の中で掴んだ。そして〝デウス〟の教えに魅せられていった。京都の南蛮寺まで通うようになった五郎丸は世間の噂が偏見や虚言であることを確認し、神父の話に感銘し入信を決意する。16歳の時、永禄8年（1565）5月に、京の南蛮寺でルイス・フロイスから洗礼を受け、ジョアンという洗礼名（日本語読みはヨハネ）を授けられる。ジョアンは八木城に宣教師を迎え母や妻、子供たち、家臣たちに説教を聞かせ、次々と洗礼を受けていった。妻はマリア、長男はトマス、次女はテクラ、次男はパウロとそれぞれ洗礼名が授けられている。

そして如安は母の死の際、仏式の葬儀は行わず、キリスト教式で行う程、熱心な信者となっていった。八木城での指導力を持ち始めていた事がこれで分かる。彼は八木城を中心として熱心な布教活動を行っていた。そんな中、三度も日本人修道士ロレンソ了斎らを招いたようである。

天正6年（1578）信長の「丹波平定作戦」が襲ってきた。八木城は、明智光秀により攻略され陥落、内藤本家は所領を没収されてしまった。

72 〝朝鮮の役〟平和外交の立役者は、ジョアン内藤

如安（ジョアン）（1550？～1626）の後半人生も不明な部分が大きい。元亀4年（1573）7月の槇島城の戦い、その後の彼の足取りは不明である。八木城落城後、鞆《とも》の浦（広島県福山市鞆町）に居たといわれ、天正4年（1576）2月8日、足利義昭が移ったのが鞆の浦であり、「彼は義昭の下に居た」とフロイスは書いている。そして彼は毎年、京に上って神父に会い聖堂に祈り、熱烈なキリシタンとして成長していった。

そして9年近く、この鞆の浦で文化教養を身に付け、国際人として第一級の知識人となった。妻マリアとの間に三人の子を設け、息子トーマスパウロ（内藤休甫《きゅうほ》）（？～1673）と次男と娘がいたといわれる。

ここに文禄元年（1592）〝朝鮮の役〟が起こり、彼の必要性が起こってきた。この立役者小西行長（1558～1600）が、彼の才能を認め客将として招き入れた。その時彼は40歳近くの男盛り、働き盛りであった。そして彼の平和外交への活躍が始まる。天正13年（1585）に、小西行長に仕えたともいう。

小西軍ら日本軍は、初期戦は快勝を続け、首都「漢城（京城）」を占領し進出したが、朝鮮人民の「ゲリラ闘争」や「水軍」の抗戦で戦況は不利となり、行長は彼を使って「和平」を試みた。そして特使として文禄2年（1593）6月29日、明の使節と共に名護屋を出発。8月29日、漢城を発し明に赴く。1年半掛かって文禄3年12月13日、北京に到着し「講和交渉」を経て、彼が「釜山」の小西陣営に帰着したのはそれから2年半の後であったという。

小西と彼との「苦労した和平工作」も、秀吉の怒りを買って瓦解《がかい》、再出兵となるが、幸いに〝秀吉が死亡〟し、全軍撤退となった。そして彼に一時、平和な信仰の時が訪れたが、不幸なるかな、最大の彼の理解者小西行長は、慶長5年（1600）9月、関ヶ原の戦いで〝朝鮮の役〟の盟友石田三成方となり小西一族は完全に滅亡し、唯一の理解者を失った彼の失意の人生が始まった。

〝朝鮮の役〟の際、交情があった加藤清正（１５６２～１６１１）が、彼の力量を知っていて召し抱えたいと申し出て来た。迷ったが生きる為に家臣となった。不幸にもそこにキリシタン弾圧は始まった。彼は転宗を拒否し、地位も財産、名誉も全て捨て去った。イエズス会に送っている彼の手紙には、「……迫害は日毎に激しくなっており、主の為に死ぬ準備が出来ている者は少ない……」と。

ようやく領外へ出る事を許された彼は、肥後から加賀へ。当時、高山右近が前田家に身を寄せていて、前田家から四千石を授かっていた。そしてここで右近と共に、キリシタンとして平和な暮らしが、50歳半ばの彼に訪れた。

慶長19年（１６１４）〝大坂冬の陣〟が始まらんとする年、戦国時代は終りを告げ、江戸幕府は「キリシタン禁教令」を出し、キリシタンの国外追放を実行し始めた。如安（ジョアン）が、この年1月21日、加賀で暮らしていた元キリシタン大名・高山右近らと共に、捕えられる。長崎からフィリピンのマニラに行きの帆船に、高山右近（１５５２～１６１５）、妹のジュリア（１５６６～１６２７）等と共に乗船したのは、10月の事。如安60歳半ばであった。11月21日、マニラ総督は信仰を守り通した右近・如安らを国賓待遇で迎えた。如安は、マニラのサンミゲル地区にキリシタンの為に「日本人町」を建設して、この長老格として活躍したといわれ、ここでキリスト本の翻訳、医療活動と信仰の生涯を捧げ、12年近く住み、寛永3年（１６２６）この地で没した。そして如安の孫も、ひ孫も、又、玄孫《やしゃご》もと、4代続いて現地の神父になったと言われている。

平成14年（２００２）の春、八木町にある碑と同じ物が、現地に建てられたという。そして如安が八木城（京都府南丹市八木町及び亀岡市宮前町神前）主で、母の葬儀の際2千人以上の人々に施しをした事は、戦国史上画期的な善行として残った。そして若き日の彼と妹を救った女性、洗礼名「カタリナ」は果してどうなったのか？

73 朝鮮の役、朝鮮に投降した武将がいた――沙也可《さやか》

対露戦争で勝利した、明治政府は強引に大韓帝国を保護国とし、明治39年（1906）伊藤博文がソウルに乗り込み朝鮮全土に日本の風が吹いた。その頃、山村の僻地《へきち》に住む一族が「私共は、300年前の戦役の時、渡って来た武将の子孫です」と名乗りを上げた。それは大邱より5里程の寒村で、正確には慶尚北道達成郡嘉昌面。友鹿洞《ゆうがどう》の金氏一門であった。一部落75戸、その内8戸を除く全て金氏一族であった。

その後、明治、大正、昭和と忘れ去られていたのを、司馬先生（司馬遼太郎）が関心を持たれ〃沙也可《さやか》の村〃友鹿洞を訪れ紹介された。沙也可は謎に包まれた人物である。明治以降、彼の事蹟を記入した『慕夏堂文集』は、偽書であり沙也可は虚《きょ》の人物とされていたが、それを歴史学者中村栄孝《ひでたか》氏が、確実な朝鮮史料に基づき、彼の実在を証明した。昭和8年（1933）のことである。

沙也可たち、日本人投降兵を朝鮮では降倭《こうわ》と呼んだ。天正20年（文禄元年）（1592）4月の開戦当初、朝鮮王朝は、帰順《きじゅん》を認めず皆殺し政策を取った。これが緩和されるのは文禄3年（1594）以降である。朝鮮が、日本と明国《みんこく》との講和交渉の情報を探るため、日本兵を活用する政策に転換したからだ。

帰化武将・沙也可（金忠善将軍）の活躍が記事に出るのは、慶長2年（1597）11月、雲峰戦《うんぽんせん》以降である。降倭の記事は、日本軍の敗色濃厚になった、慶長3年が最も多く「降倭数百を下らず」と目立つ。7年間の戦闘で降倭は1万人近くいた様である。司馬氏は日本名、沙也可で対馬人と推測され、沈寿官《ちんじゅかん》氏は雑賀衆とか言い、諸説あるがその裏付けが無い。

「日本の武将」の日記の中に降倭将についての記述を注目したい。慶長2年末の『尉山籠城戦記』の中に、加藤清正の陣中に明使として降倭将「岡本越後守」という人物が現れ開城を迫った。彼はかつて清正の家臣で

あったが、曲事（悪事）を働き、敵陣に出奔《しゅっぽん》して、今は、降倭部隊の将であるという。

別の『今順天城記』では慶長3年（1598）10月、小西行長軍の守備する順天城は、明・朝鮮軍に包囲され窮地に落ち入った。ここに降倭将「阿蘇宮越後守」が明使として開城勧告に来た。上記の二人の武将は同一人物で、これこそが「沙也可」と見られる。

天正20年（1592）6月、薩摩の武将・梅北国兼《うめきたくにかね》（?～1592）は朝鮮出兵の途中、肥後にある加藤清正の出城を占拠し、秀吉に反旗を翻した。「梅北一揆」である。結果は秀吉軍の前に梅北軍は自滅した。秀吉はこの乱に阿蘇衆が加担したとして厳しい残党狩りが行い、熊本城に捕われていた阿蘇大宮司で13歳の惟光（1582～1593）も処刑された。

これより4年前、佐々成政による肥後支配に反発した士豪達は、大宮司の元で大一揆を起した。この事件で成政は失脚。肥後は加藤清正と小西行長に折半された。朝鮮出陣に当り、清正は1万人の軍費調達の為、領民に相当な無理を強いた。沙也可が阿蘇宮《あそのみや》と名乗ったことから、彼が同氏に関わる一族と思われる。彼は清正の強引な兵役強制を快く思っていなかった。まして一族の反乱失敗、その後の苛酷な処置が前線に伝わり、彼はもはや日本兵として戦意を失い、無事帰団出来る可能性も途絶えた。大義のない出兵に義憤を感じたのか、熟考の末の〝出奔〟であった。

74 朝鮮人〝首塚〟が、九州にあった

観光京都の目玉「三十三間堂」の北側に、豊太閤を祀る「豊国神社」があり、その横の方広寺に「大坂冬の陣、夏の陣」豊臣家の滅亡の源となった「国家安康の銘」が残る大鐘がある。

この神社の前の広い通りを西方に少し歩くと、南側に巨大な供養塔がある。〝耳塚〟である。隣国韓国の観光客より花が一杯捧げられている。秀吉が朝鮮出兵の時、戦闘の証として耳を持ちかえらせた。その「塚」と言われている。

慶長2年9月28日、こんな記事がある。「鼻塚施餓鬼供養」。秀吉の命により「大明・朝鮮闘死の衆、慈救のため」という目的で、鼻塚にて五山禅衆による施餓鬼《せがき》供養が執り行われる。導師は相国寺の西笑承兌《さいしょうじょうたい》（1548～1608）。さらに、方広寺大仏殿開基の高野山の僧・木食応其《もくじきおうご》も招かれる。新来の1尺5寸の如来像の霊験を飾るため、寺の門前に朝鮮から届けられた大量（15桶）の鼻を埋めて鼻塚を築き、それの供養会を行う。実際は、如来像の存在感を高めるためのイベントで、この生々しさで容易に人の関心を惹くことが出来ると、また戦果を誇示することで、唐入りが順調に進捗している宣伝にもなると考えたという。

この朝鮮侵略（1592～1598）、日本では「文禄・慶長の役」、朝鮮では「壬辰《じんしん》・丁酉《ていゆう》倭乱」と言われている。この時、秀吉は首も日本に送らせていた事は諸書により分かっていたが、その首を埋めた場所は不明であった。

佐賀鎮西町の郷土史研究会が、その場所を推定した。秀吉が本営を置いた名護屋城（佐賀県唐津市鎮西町）の地元に住む人々は、史実を調べるうちに首塚が名護屋城から遠くなく、海に近い場所にあるものと推定、同町には古くから「クビレ」と呼ばれる場所が2ヶ所である事も分かった。

耳塚（京都市東山区）

1ヶ所は地形に基づく地名とみられるが、他の1ヶ所は「首入れ」という字をあてていた。50年前にここから頭蓋骨が出た事がある。中に入ると〝唐の祟《たた》り〟があるという伝説も残っている。これから考えると首塚と推定される。この場所は名護屋城跡から北西4㎞の鎮西町串にあり、玄界灘の串湾に面した長さ40ｍの長方形の丘稜である。3年程前までミカン畑であったところである。戦役の時、初期は首を持ち帰っていたが、重く運送に大変なので「耳」に替えられたと言われている。

＊大陸侵攻の拠点となった名護屋城の面積は約17ヘクタールにおよび、当時では大坂城に次ぐ規模であった。周囲には130以上に上る諸大名の陣屋が構築され、全国から20万人を超える人々が集ったとされる。現在、名護屋城跡と23ヶ所の陣跡が国の特別史跡に指定されている。

戦国逸話

75 天文法華の乱とは何か

天文5年（1536）2月、法華門徒松本新左衛門久吉が、一条烏丸の観音堂で、3日から説教を続ける叡山西塔北尾の華王坊と宗論する。（松本問答）。山門側が負けたという噂が洛中に広まる。叡山を中心とする旧仏教側の日蓮宗への反撥が強まる。そして、権力側による日蓮衆徒包囲戦線を結成。対抗の町衆は大規模な地子不払い運動を展開した。5月23日、法華門徒が、比叡山徒と争い、相国寺に布陣する。同月29日、六角定頼（1495～1552）が、比叡山と法華宗の調停に乗り出す。6月1日、比叡山延暦寺・東寺ら、法華門徒追討を奏す。山内三院の集会により、江州米などの諸物資の京都への運搬を停止し、京都七口を押さえることが決定される。翌日、比叡山延暦寺が、法華宗討伐に関して、援助を求める檄文を発する。宛先は園城寺、教王護国寺（東寺）、高山寺、平泉寺、朝倉氏、祇園社、興福寺、粉河寺、高野山大伝法院、本願寺、中禅寺。

当時、京都の町に勢いを張っていた法華宗門徒と、その掃討を狙う比叡山（山門）の宗徒達との間で、京の町はただならぬ危機感が漂っていた。

盂蘭盆会《うらぼんえ》も過ぎた7月22日の早朝、山門の宗徒を中心に近江の戦国大名六角氏の勢を加えて3万人とも15万人ともいわれる大軍で京の町に乱入し、戦端は松ヶ崎《まつがさき》で開かれた。山門勢が、洛北松ヶ崎構および田中構を攻略。「天文法華の乱」、はじまる。

松ケ崎は、徳治《とくじ》元年（1306）に全村を挙げて日蓮宗（法華宗）に改宗し、村民全体が熱烈な法華門徒の村。比叡山からは京の入口に位置する事もあって、まず、山門勢は松ケ崎になだれ込み、集落は全て火を掛けられた。そして、更に洛中に攻め入った。山門勢は洛内に21あったという法華宗の本山に結集していた門徒勢の抵抗を打ち破り、略奪、放火を欲しいままにした。松ケ崎集落の全焼を始め、7月28日迄に、21の法華宗の本山はことごとく灰塵に帰した。下京は全焼。上京は禁裏（御所）等があった為、被害は少なかったとはいえ3分の1が焼けたという。京洛では法華門徒が受けた迫害は凄まじく、門徒の戦死者3千人いや1万人とも言われている。28日、京都を追われた法華宗徒の大多数は、堺の末寺に逃れる。閏10月7日には、細川晴元、法華門徒の洛中洛外徘徊、還俗転宗を厳禁する。細川晴元政権による法華宗残党追及が、はじまる。

これを〝天文法華の乱〟（法華宗内では、天文の法難という）。

何故、法華宗がこの様な大難にあったのか。京都は応仁の大乱（1467〜77）の後、その頃成長しつつあった町衆を中心に法華宗が勃興《ぼっこう》した。経済力のある町衆のほとんどが法華宗に帰衣《きえ》し、本山だけでも21の大寺が建立され、そのいずれもがこの時期、極盛期にあった。経済力を蓄え、武装して戦闘経験を持つ上京、下京の町衆を中核に、松ケ崎など近郊農村の農民が加わる構図が「京の法華宗門徒」。しかも法華宗はこの頃、教義として宗門自衛の為に武装することを肯定し、もともと、積極的な折伏主義だった事もあり、他宗派から敵視される存在となっていた。その他宗派の法華宗圧迫の噴出が、この乱の本質であった。

この時、全村灰になった松ケ崎で、法華宗の拠点であった妙泉寺に、こんな話が伝えられている。「天文の法難の時、村人は何も持たず岩倉へ逃げたそうです。その中でたった一人「ヨシベエ」という村人が過去帳を持って逃げ、このお蔭で元徳《げんとく》年間（1329〜30）という200年前からの記録が残りました」。

元は、ここ松ケ崎は、平安京建都の時、皇室用の米作りの為、奈良から100軒の農民を移住させた事から始まるという。この100軒は、松ケ崎百人衆と言われ、代々分家も他からの入り込みも許さずに来た。

嘉元4年（1306）の天台宗から法華宗への改宗も全村挙げてのもの。同「年の人口は470人だったそうだが、明治6年（1873）でも戸数103戸、人口544人というから如何に固い結束を保って来たかが分かる。〝天文法華の法難〟以降も法華の信仰と寺を中心に、百人衆達は、再びこの地に戻り松ケ崎村は続いてきた。

松ケ崎東山（五山送り火〝法〟集火の山）の東側には、今は雑木で覆われ昔を忍ぶ様子も無いが〝天文法華の乱〟の際、山門勢に攻められ落城したといわれる、松ケ崎城（京都市左京区松ヶ崎東山）の跡が残っている。

76 上杉謙信と武田信玄の一騎討ち。伝説の真相と「川中島」の勝者は

「謙信が信玄の本営に単騎斬り込み、信玄自身に太刀を浴びせた」というのは、日本史上でも最も有名な戦いの場面である。

だが、近代に入って、歴史学者の多くはこれを否定してきた。「大将ともあろう者が、単騎斬り込んだりして、もし捕えられたらどうする。殺されたらどうする。戦は負けではないか。第一、信玄の陣営は兵に拠って幾重にも固められており、単騎で突破して本陣に辿り着ける訳が無い」ということだ。

だが、ひょっとしたら、この単騎斬り込みが本当にあったかもしれない。

例えば元寇《げんこう》、文永の役（1274）、弘安の役（1281）の時、集団戦法のモンゴル軍に対して、鎌倉武士はそれぞれ単騎に名乗りを上げて突っ込んで行った。『太平記』の時代、室町時代前期でも、武士の一騎打

ちは珍しい事では無かったのである。戦国時代は室町期末期からの事であり、しかも謙信は越後の武士である。中央では無い地方であり、古いマナーもこの地方の越後辺りには濃厚に残っていたのである。

又、考えねばならないのが、上杉謙信という人が正に常識外の無欲、義理の厚い人物であるという事である。謙信は若い頃、家中の勢力争いに嫌気がさして全てを捨てて出奔《しゅっぽん》した。そして高野山に入山して坊主になろうと思った。謙信はあらゆる戦国大名に中で、最も自分の生命、財産に執着の無い人間なのである。生涯妻帯せず、家族を作らなかった。しかしそれでは上杉家が潰れ、家臣が路頭に迷うので養子をもらったが、天下を取ろうという野心は無かった。

この「川中島合戦」も、この地の領主だった村上義清（１５０１～１５７３）に泣きつかれて、領土回復保全を頼まれたからだ。しかし、上杉軍は様々な制約があって、全力を投入する事は難しい。だから複数回行われた「川中島合戦」のうち、天文22年（１５５３）第1次、天文24年（１５５５）第2次、弘治3年（１５５７）第3次迄は、全て成果を上げられなかった。つまりのらりくらりと信玄にかわされたのである。

それに対して謙信は今度こそは決着をつけようと、永禄4年（１５６１）第4次の合戦に臨んだ。そして、あと一歩のところまで信玄を追い詰めた、しかし詰め切れなかった。この戦いの中で単騎の斬り込みが行われたと伝えられているのである。この状況及び謙信の個人的な性格を考え合わせると、彼が自らの危険を顧みずに本陣に突っ込んだ可能性は充分にあると考えられる。勿論、彼以外の戦国大名ならそういう可能性は無い。謙信だから有り得るのである。又、この時大激戦で通常の陣形は大きく崩れていたのである。副将格の信玄の実弟信繁（１５２５～１５６１）も、信玄軍師山本勘助（１４９３～１５６１）も戦死といわれる程の大乱戦である。本陣の備えもかなり手薄になっていたのである。

史料もある。謙信と血の盟約を交わした関白近衛前久《さきひさ》（１５３６～１６１２）が謙信に送った書状に「今

上杉謙信

度、信州表に於いて、晴信（信玄）に対し一戦を遂げ、大利を得られ八千余討ち捕られ候こと珍重の大慶に候。期せざる儀に候といえども、自身太刀討に及ばるるの段、比類なき次第、天下の名誉に候」。『信濃史料』。

この合戦はどちらが勝ったのか？　戦死者は武田方4千600に対し、上杉方3千400。これでは上杉の勝ちであるが、謙信の戦略的には村上家の支配権の回復であり、これでいくと武田の勝ちである。

この本格的な最終戦は、永禄4年（1561）9月であった。この年の8月に上杉謙信は1万8千の軍勢を率いて越後を進発した。この時、留守部隊に1万人を残したと言われている。この留守部隊の数が古来より謎とされている。本格的な決戦をするつもりなら何故もっと兵を動員しなかったのか、その余裕は無かったのだろう。旧暦の8月、場所は越後である。未だ本格的な刈り入れの時期ではない、つまり労働力を残しておく必要がある。しかしそれが済んでからだと、戦いに割《さ》く時間が減る。謙信はこれ迄3回、川中島戦をやっても、埒《らち》が明かない戦いに最終決着をつけるべく強い決意でやって来たのであった。一方の信玄は守る側である。実力伯仲の謙信軍とやり合って得になる事は一つも無い。要するにこの地を占領されなければ良いのだから。もし信玄の側から攻撃するとしたら、謙信に大打撃を与えられると確信したときである。当初は睨み合いであった。そして対陣20日余り、遂に信玄は動いた。

「動かざる事山の如し」を座右の銘とする信玄の方が先に動いた。「啄木鳥《きつつき》の戦法」として、本軍2万を、本隊8千と奇襲隊1万2千に分ける。奇襲隊は夜陰《やいん》に乗じて、謙信の本陣、妻女山《さいじょさん》を攻める。驚き慌てた上杉軍が川中島に降りて来たところを、本隊8千が待ち伏せをして討ち取るとうものだった。ところが鋭い謙信はこれを読んだ。妻女山に陣がある様に偽装して、密かに山を降り、武田本隊の正面に回った。

有名な詩吟がある。昔はよく小学生の剣舞がこれで行われ、筆者も少年時代を思い出す。〝鞭声粛々　夜河を渡る……〟（頼山陽作「川中島」）。

武田信玄

上杉軍が妻女山を秘かに降りて、千曲川を静かに渡河《とか》した。これは信玄軍にとって不運だった。この早朝、深い霧が立ち込め、上杉軍１万８千は少しも気付かれず、武田本陣に接近した。信玄は妻女山で〝鬨《とき》の声《こえ》〟が上がるのを待った。しかし夜明け初め霧が晴れてくると、何と！　上杉軍が無傷で眼前に浮かび上った。数は敵方が多い。謙信は妻女山から戻ってくる奇襲隊と本隊を分断する為に、千曲川渡河地点に１千を置いた。時間稼ぎのためである。ここで１万７千対８千の対決が始まった。信玄は妻女山隊１万２千が戻ってくる迄持ちこたえればよい。さすれば謙信軍１万７千を、本隊８千と奇襲隊１万２千で挟撃《きょうげき》出来る。一方の謙信はそうされては不利だから、敵の合流しない内、早期に信玄を討ち取るべく大激戦となった。時間との戦いである。上杉軍は猛攻を展開した。武田軍副将格の武田信繁も軍師山本勘助も戦死した。信玄は、しかししぶとく生き延びた。武田方には悪夢の様な時間が過ぎ、妻女山隊が戻って来た。ここで戦況は逆転した。挟撃されれば、上杉軍は逃げ道をふさがれ壊滅する事になる。謙信は、涙を飲んで退却命令を発した。

　武田軍戦死者４千６３０人、負傷者７千５００人。上杉軍戦死者３千４７０人、負傷者９千４００人。武田軍の戦死率23パーセント。上杉軍19パーセント。極めて高い戦死率で如何に乱激戦であったのがよく分かる。前半戦は上杉の勝ち、後半戦は武田の勝ちであった。戦国史上、稀なる大乱戦であり、謙信は早期に敵将を討ち取るべく自ら斬り込んだのであろう。

　これにならったのが「大坂夏の陣」の真田信繁（幸村）の突入、家康と直接対決であった。上杉謙信もこの最大のチャンスをもう少しで逃した。真田信繁も最大のチャンスで、家康を逃した。しかし、この二つの直接対決は、日本戦国史上に大きく残ったのだ。

　謙信はこの後、関東平定に乗り出す。天正６年（１５７８）３月13日、謙信は脳出血と思われる病で倒れ不帰の人となった。49歳であった。謙信の辞世の句が今に伝わっている。

「四十九年　一睡の夢　一期の栄華　一盃の酒」（自分の49年の生涯はひと眠りする間の夢であった。この世（一生）の栄華が一杯の酒を飲み干す程度のものに過ぎないものであった）。愛飲家の彼らしい。『名将言行録』には「極楽も地獄も先は有明の 月の心に懸かる雲なし」（私の死後、私は極楽、地獄に行くのかはわからないが、どちらに行くことになっても今の私の心境は、雲のかかっていない明月のように一片の曇りもなく、晴れやかである）。清廉、至誠の類い稀な武将であった。

77 上杉謙信の心遣い

天正元年（１５７３）８月10日、一向一揆の籠る加越国境の朝日山城（石川県金沢市加賀朝日町）攻めの時である。

「吉江与次（のちの中条景泰《かげやす》）、この謙信が意見したけれど、それを聞かずに一人で鉄砲隊の前口の方に駆け歩いた。謙信は体が思う様にならないので、小島を頼み、彼を前線から引きずり返し、いまに監禁している。さぞ心配しているだろうが、この謙信が見ていながら、鉄砲隊の前の方に彼を出し、負傷するか、撃ち殺されでもしたならば、その時、きっと謙信入道の他、誰も恨まないだろうから、その事を憂慮して、ひとまず監禁しておいたのだ」……謙信の手紙……。

名将上杉謙信の部下への、大変な心遣いが読み取れる。上記の文章は謙信が家臣の吉江景資《かげすけ》夫妻に与えた手紙の一部である。その家臣の息子の若武者（吉江与次）が戦場で、血気盛んではやるので、ひとまず監禁した訳である。これを見ると戦国時代の武将はよく全軍を見渡し、こんな心遣いをして全軍を動かしていた事がよく分かる。武勇伝ばかりの中では珍しい話である。

ところで、この手紙を見た家臣は「息子が主君の意見を聞こうとしないで罰せられた」と思うであろうか、この手紙には若武者を犬死させてはならぬという謙信の真情が表われている。

家臣達はこの主君の為には死んでもよいと感涙にむせんだに違いない。戦国時代は主君を取り替る事は珍しくなかった。見込みのありそうな主君で無いと昇進はおろか、むざむざ死ぬ恐れがあるからである。従って、主君の側は強い統率力を持たなければならない。至上の統率力は、武士が主君の馬前《ばぜん》での討死を名誉と心得るであろう。それには公平な恩賞等、様々な事が必要であるが、究極的には武士達から敬愛される事である。この主君の為なら死んでもよいと思われる事である。従って犬死を押しとどめた謙信が若武者を引き戻した気持ちは、この偉大なる天性を持つ謙信ならではのものであろう。謙信が若武者を引き戻した気持ちは、計算を越えている。

さて、この名将上杉謙信（1530〜1578）は、越後守護代長尾為景《ながおためかげ》（1489?〜1543）の三男。7歳の時父が隠居すると寺に入り。13歳で父が死ぬと、近隣の敵が動き出したので、武装して兄・晴景（1509〜1553）と共に葬儀を行った。その後還俗《げんぞく》して、越後国内の豪族と戦ったが、天文17年（1548）12月、19歳の時、越後守護上杉定実《さだざね》（1478?〜1550）等に推されて家督を継いだ。謙信は関東の旧秩序を回復する為、しばしば関東に出馬し、小田原城をも囲んだが、結局、関東管領上杉憲政《のりまさ》（1523〜1579）から、関東管領職と上杉の姓を譲られた。永禄4年（1561）閏3月16日、鎌倉鶴岡八幡宮においてであった。

又、信濃の村上氏や小笠原氏が、甲斐の信玄（1521〜1573）に追われて助力を乞うたので、川中島で〝5度〟にわたって信玄と争った。しかし信玄が死ぬと、越中、能登、加賀に進出、更に足利義昭（1537

〜1597）の求めに応じて信長（1534〜1582）を討とうとしたが、天正6年3月13日、病死した。

彼は戦国大名の中でも、日本史の偉人すべての中でも、極めて義に厚い人物である。一文の得にもならない事でも、それが正義の為なら命をかけて実行する、無欲の人である。

謙信の律義さは、ライバルの信玄がよく知っていた。武田信玄は権謀術が得意で、油断も隙も無い人物だが、この信玄が亡くなる直前に息子勝頼に次の様に言い遺している。「謙信はこちらが頼むと言えば嫌とは言わない男だ、頼むに足る男である。今後は謙信に頼って甲斐の国を保つ様に」『甲陽軍鑑』。

78 京都に三つもある「山中鹿之助」の墓の不思議

その一つは、上京区寺町今出川上ル東側、本満寺塔頭「実泉院」にある。本満寺は日蓮宗本山の一つのお寺で、後奈良天皇から勅願所の綸旨を賜った大寺である。墓は本堂東北隅の墓地を入った右手に西面している。位牌型の墓石の中央に「山中鹿之助、幸盛の墓」。裏面に宝暦14年（1764）5月。山中氏の子孫が相謀り〝本満寺30世日観上人〟の撰文により、墓石を建立した旨が刻まれている。

山中鹿之助（1545?〜1578）と言えば、戦国末期尼子氏《あまこし》に属した武将として有名であり、尼子氏が毛利に敗れて以来、浪人となり京都に逃れ、いわゆる「尼子十勇士」と共に主家尼子の再興に奔走した。天正5年（1577）秀吉の中国征伐に参加し、尼子勝久と共に播磨国上月城（兵庫県佐用郡佐用町）を守ったが、毛利に攻撃され落城し、捕えられて毛利輝元の元に送られる途中、天正6年（1578）7月17日、備中国の「阿井の渡し」で殺されたと言われている。墓石には、天正6年（1578）5月22日34才と刻まれている。もう一つの墓は洛東「黒谷墓地」（金戒光明寺塔頭「金光院」）にある。これは尼子の旧臣・亀井慈矩《これのり》（因幡国鹿野城主）（１５５７～１６１２）の夫人が、鹿之助の養女であったという関係から、その遺髪を埋めたところと言われている。

三つ目のそれは紫野大徳寺の塔頭「玉林院」にある。玉林院は、慶長8年（１６０３）御所出入りの医師であった曲直瀬《まなせ》正琳《しょうりん》が、月岑宗印《げっしんそういん》を開祖として創建した。寛保2年（１７４２）鹿之助の二男新六を「始祖」と仰ぐ、大坂の「鴻池氏」が、先祖山中鹿之助の位牌を安置した「南明庵」を建立、それは重要文化財に指定され、墓も立派なものである。

また墓では無いが、南禅寺の塔頭「慈氏院」に、「山中幸盛碑」がある。これは江戸時代の宝暦9年（１７５９）大坂の豪商、今橋鴻池家分家・山中善五郎家一門の山中幸寛が、当時の住持に帰依。碑は、先祖の山中鹿之助の遺徳を偲び墓地内に建立したものという。近代になり墓地より現在地に移された。

このように鹿之助の墓や供養塔が四ヶ所もあるという事は、その生涯が、自ら「艱難《かんなん》」を求めて、主家の為に生涯を投げうって努力をした〝忠の勇士〟として近世大衆の人気を博したからであろう。筆者も小学校の教科書で、「上月城」で〝月に祈る鹿之助〟を今でも強く覚えている。

鴻池の開祖新六は、山中幸元（１５７０～１６５０）で、元亀元年（１５７０）12月、山中鹿之助の二男として生まれた。鹿之助には二男一女があり、新六は孫であったとも伝えられる。それから8年後の天正6年、父の鹿之助は「阿井の渡し」で謀殺され、新六は大叔父にあたる山中信直に引き取られ、摂津の「伊丹鴻池村」において養育されることになった。山中信直(１５１１～１５７９)は、伊丹有岡城主の荒木村重の家臣であったが、後に致仕して、ここで閑居し余生を送ったと言われる。その没後は信直の妻に育てられる。新六は15歳で元服し「幸元」と改めた。慶長年間、鴻池村で酒造業を営み、財を成した。子孫は鴻池財閥を興した。そして伊丹鴻池家はその後、長く新右衛門が世襲とされるところとなった。関西の大財閥鴻池組の元祖であり、これが三和銀行となり、今は「三菱東京ＵＦＪ銀行」となっている。

79 武田勝頼の最期――「勝頼生存伝説の地をたずねて」

武田勝頼（１５４６〜１５８２）の最期を歩いてみることにした。田野古戦場（山梨県甲州市大和町）には「勝頼公は生きている」と云う伝説も残っている。小山田信茂の裏切りが決定的になった天正10年（１５８２）３月10日朝、勝頼はついに駒飼《こまかい》を去って天目山を目指すことにした。この急峻に拠って敵を防ぎ、出来れば秩父方面へ逃れることを考えたのであろう。天目山栖雲寺《てんもくさんせいうんじ》（甲州市大和町木賊）まで登る。巨岩を配した石庭と古い鐘が残っている。寺内に小学校の分校（休校中）があり、平和な春の光で満ちていた。勝頼は栖雲寺まで登らなかった。中腹の大蔵口から物見を出して探らせると、勝沼の深沢口から入った織田方の先鋒がすでに、ほど近い枕坂の峠まで迫っていることが分かった。そこで田野へ引き返して高みに陣を構えた。付き従う者わずか40駒、断崖の藤蔓《ふじづる》にすがって片手で敵を斬ったという土屋惣蔵（昌恒）（１５５６?〜１５８２）、かつて勝頼の勘気を受けて蟄居《ちっきょ》していたが、君の御大事と聞いて馳せ参じた小宮山内膳（友晴）（?〜１５８２）ら忠烈の士ばかりである。３月11日午前10時、信長武将・滝川一益の一隊が押し寄せてきた。天目山方面から味方の面々が、寝返って織田方と共に激しく鉄砲を撃ちかけてくる。絶望した女中衆は崖から川に飛び込んで死んでいった。今もこの淵を「お姫ヶ淵」と呼んでいる。戦いはあっけなく終わった。数の上で問題にならない。16歳の太郎信勝（１５６７〜１５８２）は見事な働きを見せたあと、壮烈な討死をした。北条夫人（１５６４

～1582）は、夫から落ち延びることをすすめられたが肯せず、黒髪を切って生家への形見とした。包みの上に「黒髪の 乱れたる世ぞ 果てしなき 思いに消ゆる 露の玉の緒」と記した後、夫の刀にわれから胸を貫抜かせた。

では勝頼の最期はどうであったのか、諸説があり、はっきりとしないが『三河後風土記』（近世に書かれた徳川氏創業期に関する歴史書）に、滝川一益寵臣・津田小平次政秀の文書の記されている、のちの福島正則の家臣・伊藤伊右衛門永光の次の記事に心ひかれる。『伊藤伊右衛門が咄とて津田幸庵が物語せしは、近年の物語を見るに、勝頼切腹と書きたるもあり、又事々しく戦ふて討死し給ふ様に書たるもあれども、我その頃は小平次と言ひ、滝川方に居て、伊右衛門と傍輩なれば、目の当たり見たるに左様にては無し。勝頼は鎧の櫃に腰を掛け、太刀にて防戦し給ふといえども、飢疲れ給ひ何の働きも無く、伊右衛門討取りたりと、板倉周防守宅にて物語せしと見えたり。』。『改正三河後風土記』。一族宿老に背かれ、愛する女たちの死を眼前にし、武田氏を滅びに導いた罪を思って自らを責めるとき、勝頼は生きる気力を失っていたのであろうと思う。そして私は片手切りや思案石の故地、天童山景徳院（山梨県甲州市大和町田野）の勝頼と妻子の墓、「首のない遺骸」を埋めたと云われる「没頭地蔵」、「死闘の行われた鳥

武田勝頼

居畑古戦場」を歩いた。ここに命を落とした人々の怨念も悲哀も風化して行ったのだ。飢え疲れ何の働きも無く、それは何と人間らしい最期であったか。勝頼に心からの同情を覚え乍ら、古戦場を流れる風の音を聞き乍ら私は歩いた。

80 武田氏の敗北「日本最強の武士団といわれた武田氏がろくな〝戦い〟をせずに、何故敗北したか？」

上野氏の説、新田次郎「武田勝頼（三）空の巻」。

武田軍団は想像にも出来ないような「人間なだれ現象」を何故起こしたかについて、武田氏研究の権威である歴史学者・故上野晴朗氏はこの様に述べている。

天正10年（１５８２）2月末から3月のはじめにかけて、信長は武田家臣たちに向かって「信忠と親子連名」の書を密かに発行して、織田家に内応した者には、しかるべき恩賞を与えると、謀略の甘言を盛んに流していたことが伺える。ところが意外にも、武田家臣のほとんどが、それに引っかかってしまい土壇場で主君の勝頼を見捨てて引き籠ってしまったのである。甘いといえばずいぶん甘い話であるが、勝頼が滅んで信長が恩賞を与えるから出てくるようにという廻文を流すとすぐにこれを信じて一斉に出て来たところを見ると、信長の謀略を謀略と思わず〝本当に信じていた〟のは事実であろう。あるいは穴山梅雪あたりが添状か何かを付けていたのかも知れない。

それにしても武田家臣団、その体質は、信玄個人の統率とその権力構造の中では生き生きと活躍できたが、本来の気質や性格は現実主義にとらわれやすい、非常に脆弱な武士団気質の集まりであったと結論づけたのは、まさに卓見というべきであろう。武田家滅亡の〝人間なだれ現象〟の謎は、この上野晴朗氏の一言によって解かれたといういうべきであろう。この中で、ただ一人武田氏の為に最後まで提言をし、行動を共にした真田昌幸（信繁の父）は、武田家を救う唯一の武神であったのだ。武田の御家来衆に引きずられた勝頼の悲劇は、真田を見捨てたことに始まった。

「諸方御敵に成けれは甲州へ御帰陣も、無覚束御事也けれは某の領知上州吾妻郡岩櫃の城へ御入有べし」。『加沢記』。真田昌幸（1547～1611）は、武田勝頼を上野岩櫃城（群馬県吾妻郡東吾妻町）に迎え入れる準備をしているので、甲斐を逃れ岩櫃城入城を申し出た。そして一同の同意を得た後、岩櫃城に準備のため、急ぎ入城した。この時、昌幸は武田氏に人質として出していた妻子（山手殿、信之）を連れ帰ったという。

その後、同じく勝頼の側近だった小山田信茂（1539／1540～1582）や長坂長閑斎（虎房、光堅）（1513～1582）が、昌幸は譜代家臣ではないため信用できないと勝頼に進言し、勝頼も小山田の意見に従うことになる。

81 誰も知らなかった話　びわ湖に水軍がいた

司馬先生（司馬遼太郎）の名作、『街道がゆく』が出版され読み始めると驚いた。筆者の母の出身地から話が始まった。

『「近江から始めましょう」と言うと編集部のH氏は微笑した』。

先生は近江が大変お好きな様で書き出しは〝近江〟という。

『この〝あわあわ〟とした国名を口ずさむだけで、もう私には詩が始まっているほど、この国が好きである。……誰か道連れがほしいと思い、この県の民俗調査をやっている菅沼氏と大津で落ち合った。……車は湖岸に沿って走っている。右手に湖水を見ながら堅田を過ぎ、真野を過ぎ、さらに北へ駆《か》ると左手に、にわかに比良山系や……山が〝いよいよ〟のしかかるあたりに小松（北小松）という古い漁港がある。日本に〝小松〟という地名が無数にあるが、周防大島の小松が高麗津《こまず》であったように、ここも高麗津だったかも知れない。……中世では〝近江の湖賊（水軍）〟という大勢力がこの琵琶湖を押さえていて堅田がその一大根拠地であった。伊藤姓の家がその水軍大将をしていた。織田信長は早くからこの〝琵琶湖水軍〟をその傘下に入れ、秀吉は〝朝鮮の役〟に船舶兵として徴用し、彼らに玄界灘を渡らせた。その水軍大将の子孫は菅沼氏の話では、土地の〝神主〟をしていて友人だと言う』以上、司馬先生の文である。

筆者は小学生の頃、夏休みになると叔母の〝神主〟をしている伊藤の家で毎年8月に入るとお盆迄過した。楊梅《ようばい》の滝という夫婦の滝が、のしかかる様にそびえる比良山系から流れ落ちていた。雄滝《おたき》と雌滝《めたき》がありタツの伝説に彩られていた。それは有名な伝説「小女郎ケ池のヘビが、この滝に入り修行して龍となり、びわ湖から昇天した」というお話であった。村の鎮守は樹下神社として祀られ、この祭神が三体あり、向かって左の社は「伊藤民部守祐親」が祀られていた。不思議に思って筆者は従兄に聞いてみると「明智にやられたなあ」という話であった。

光秀は、信長の永禄11年（１５６８）9月の上洛以後大忙しとなっていた。京都所司代の村井貞勝と共に文官的な仕事を多くこなしていた。元亀年間に入ると、40歳を過ぎる年になった光秀は各地で軍功をあげた。そして宇佐山城（大津市南滋賀町）の城将に抜擢された。これが光秀のジャンプ台となる。

そして元亀2年（1571）9月12日の「比叡山焼き討ち」である。光秀は焼き討ちに反対していたと思われていたが、近江の豪族に加勢を求めるなど根回しをしていた事実を示す光秀自身の手紙が、大津市雄琴町の和田さん宅で見付かった。内容は元亀2年9月2日の日付で、雄琴の豪族和田秀純に宛てた物で、秀純の手紙に応え、八木氏と共に光秀のいる宇佐山城に援軍として駈けつけた事に感謝の意を表している。又、「仰木の事は是非とも、なで斬りに仕《つかま》るべく候」とあり、光秀は、非協力的仰木の民を皆殺しにせよと命じている。つまり、信長は、「比叡山焼き討ち」のため、光秀に宇佐山城を与えたのだ。

『言継卿記《ときつぐきょうき》』には、僧俗3、4千人斬り捨てる壮絶なものだったとある。光秀は信長の命令に極めて忠実で「叡山焼き討ち」の中心的役割を果たしたとされ、「さて志賀郡明智十兵衛に下され坂本に在地候らひしなり」『信長公記』。破格の滋賀郡5万石を与えられた。

今は大津市北小松に史跡指定として残っている小松城に居た伊藤民部守にも、比叡山や仰木の凄惨な情報が伝わった。彼は六角氏との深い関係から、雄琴の和田氏や真野氏の様に光秀には降《くだ》れない。全滅を覚悟で小松城に籠る兵員以外を、楊梅の滝の更に更に上部、通称ハタノコバと言われる峠を越えた所に、すり鉢状のオトシと言われる凸地があって、ここへ村民全員を急ぎ避難させ、水軍の船と漁船には、水軍の家族と漁民を全員乗せて避難させた。和田家文書には「むこう北からは朽木氏が攻め込む、手はずになっている。湖東の志村の城（滋賀県東近江市東新宮町）を昨日落し「皆な殺し」にして、こちらに信長軍が向かっている」と書かれ「焼き討ち」直前の様子が読み取れる極めて珍しい証言である。九州では大友宗麟が、天正9年10月8日、豊前彦山の坊舎「三千坊を焼き討ち」しているが、この時比叡山の坊舎が滋賀郡の比良山の尾根に三千坊があり、これを光秀軍らは「焼き討ち」をして全部滅失してしまった。北小松村にも明智軍の大勢が攻め寄せ民部守以下、守備の小松勢は全員戦死した。明智が去った後、北小松村全員は無事に下山し、民部守以下戦死の全員を埋葬した。

その地も開発がすすみ、先年筆者が参拝した時、墓地が、辛うじて残っていた。小学生の時、叔母に連れられて参った時とは大変に変わり果てていた。正四位下、伊藤民部守祐親の大きな墓碑の周りを囲んで、その当時のままの石塚が数多く、苔むして並んでいたのをありありと思い出す。そして北小松村の人々は信義を貫き、戦死した人々とその大将を村社に祀ったのであった。村社に戦国期の武将が祀られているのは珍しく、人間愛のこもった話である。そして光秀は滋賀郡5万石を領有し、坂本に壮大な城を築いた。

司馬先生は書いておられる。司馬遼太郎著『街道をゆく　湖西のみち　楽浪の志賀』より抜粋。

……「戦前は盛んなものだったと言います。舟に苫《とま》をつけて、家族が寝泊まり出来る様にし、それで小松を漕ぎ出ていきますと、1ヶ月も、帰らなかったそうです」……

「びわ湖はそれほど広い。小松舟はモロコやエビを獲りながら、浦々で米や野菜と交換していくのである。まるで古代の安曇族の生活ではないかと、秘かに思ったが……北小松の家々の軒は低く、紅殻格子が古び、厠の扉までに紅殻が塗られている。その赤は須田国太郎の色調の様であった。それが粉雪によく映えて、こういう漁村が故郷であったならどんなに愛おしいだろうと思った。……村の中の、この溝は堅牢に石囲いされていて、おそらく何百年経つのに相違ないが、石の面が磨滅していた。石垣や石積みのうまさは、湖西の特徴のひとつである。……この村の中の溝は、みな暗渠《あんきょ》になっていて「ショズヌキ」という。よほど上代からの暗渠らしいが、その石垣の技術はどこから来たのであろうか……」。

こうして「比叡山焼き討ち」は終り、その後、光秀は「本能寺の変」を起し、壮大な坂本城も炎に包まれた。

天正11年（1583）、秀吉は水陸交通の要衝で京への表玄関となる大津の港に、いち早く着目。永遠の発展と軍事利用を目的に、湖上での特権と保護を条件に、近江・大津2万石の浅野長吉《ながよし》（のちの長政）（1547～1611）は、船を集めて大津百艘船を組織し、船奉行を設けてびわ湖を支配下に治める。輸送には「丸子船と呼ばれる」、琵琶湖特有の和船が使われ、最盛期の江戸期には約1300隻の船が運航していたとされる。こうして大津がびわ湖の拠点となり、秀吉は戦略的価値の無くなった坂本城を廃して大津に築城し、初代城主は浅野長政をおいた。

こうして、堅田衆、小松衆と言われるびわ湖水軍は消え去ったのであった。村社の神主をしていた伊藤氏は、全滅した小松衆の家老で、この時、京都へ出張していたその子孫だという。誰も知らないびわ湖水軍小松衆の話である。

又､湖西を調べていてこんな話も入手した。湖西にJR「小野」という駅がある。堅田より北で小野小町の祖、小野氏が古代に入った所らしい。駅のすぐ南にこんもりと樹木に覆われた小山がある。この山は「真野《まの》城跡」と呼ばれ、戦国期、真野元貞という武将が城を構えていたと伝えられている。今は正源寺（滋賀県大津市真野5丁目）という寺の墓地になっている。

ここに維新の志士・三宮義胤《さんのみやよしたね》（1844～1905）の石碑と墓がある。明治維新の志士で政府の高官となった人だ。京都に近い真野村にも情報が種々入り、当時、醍醐寺の学僧、そして還俗した玉松操《みさお》（1810～1872）が私塾を開いていた。三宮は彼に師事し尊攘志士として活動に入った。天誅組に協力し元治元年（1864）7月19日「蛤御門の変」では会津桑名の動きを長州側に連絡をした。その後、岩倉具視の連絡役として活動､「戊辰の役」では北陸路軍の軍監となった。その後英国留学、外務官僚となった。明治29年（1896）6月、男爵位となる。こんな湖西の寒村からも維新の志士は出た。あまり、知られない話である。

秀吉は、信長が目をつけた水軍の力を使い、「中国大返し作戦」「山崎合戦」「賤ケ岳決戦」の勝利に結びつけた。そして後には、朝鮮遠征に船舶兵として小松衆も出動し活躍した。

82 〃のぼうの城〃の「石田堤」と「忍城《おしじょう》」

最近「村上海賊の娘」（新潮社　2013年）で、歴史小説ヒットを飛ばしている作家和田竜《りょう》氏が、登竜門となった小説〃のぼうの城〃（小学館　2007年）。

埼玉県行田市堤根地区から鴻巣市袋地区にかけてに「石田堤」が残っている。行田《ぎょうだ》は利根川と荒川に挟まれた、関東平野の典型的な水田地帯となっている。又、行田は足袋の生産では日本一の生産地である。行田は木綿の産地でもあり、近くに中山道が通っていたことで、旅行や作業用の足袋づくりが盛んになったとされる。文学では田山花袋《たやまかたい》（1872～1930）の『田舎教師』の舞台である。

また、行田市内には、多くの古墳群が残っている。その中でも有名なのは埼玉古墳群であり、その中の一基「丸墓山古墳」は、日本最大の円墳で高さ18・9m、直径105mもある。丸墓山《まるはかやま》は「忍城の戦い」の石田三成の本陣であった。

本題の半円形の「石田堤」は、忍城（埼玉県行田市）の周囲を総延長28kmに渡って築いた堤である。また、「忍城跡」が県の旧跡として指定されており、城は室町時代中期に、成田親泰《なりたちかやす》（?～1545）の築城と伝えられている。

時は天正18年（1590）秀吉の「小田原攻め」が始まると、「忍城」の城主成田氏長（1542～

１５９６）は北条氏をサポートする為に、主力は小田原へ出発。残る氏長の妻と娘、３千人の士卒が守る「忍城」は、同年6月、〝石田三成〟の2万3千人の大軍に攻められ包囲された。

この時、三成は「忍城」を北に眺める高台に登った。〝出来るだけ吾が兵を失わずに落城させるには〟、そこで一策を思いついた。それは、かつて秀吉が「備中高松城攻め」の時使った〝水攻め〟であった。巨大な利根川と荒川の水を利用して、沼に取り囲まれた低平な「忍城」を水没させて開城させようとしたのである。三成は丸墓山に登って、更に〝水攻め〟を考える事にした。

田畑と湿地帯と沼、そして二川。これは〝水攻め〟の好条件が揃っていると、彼は確信した。早速、土手造成工事が始まり、数万の人夫を動員して突貫工事を行った。人夫の動員には、米一升と銭六十文、夜の工事夫には、米一升と銭百文を支払った。全長28kmに及ぶ堤を、一週間で造ったといわれている。城の周辺には、自然の堤防となる小高い丘もあり、これらを連結して短期間で完成させた。そして「忍城」の東・南・西の三方をV字型に囲んで、北から利根川と荒川の水を流し込んだ。

豊かなこの水量は、数日の内に充満して城の外郭は水没しそうになったが、相手方が城の周囲に土塁を築いていた為、思ったほど効果は上がらなかった。

時は六月の梅雨期。6月18日、大雨となると広大な人造湖の水量は急増し、「新堤（石田堤）」は切れ、却って味方の人馬が流されてしまった。寄手の溺死者２７０余人という。

忍城の城主である成田氏長は、蒲生氏郷の調略と舅太田資正（道誉）（片野城城主）（１５２２～１５９１）の説得を受け、6月20日、小田原城を出て秀吉に降伏。が、忍城は、開城に応じることはなかった。

7月、城への細道は泥沼となり攻めこみは難しく、無理に一本道から攻めても、かえって返り討ちにされ多くの兵を失った。三成の作戦は見事に失敗した。そして一旦、兵を退いた。きっと〝秀吉〟は、大笑いしたに違いない。

7月20日、城代成田泰季《やすすえ》が守る武蔵国忍城が、石田三成・宇都宮国綱・結城晴朝・佐竹義重らと、秀吉に命じられた真田昌幸・信繁（幸村）父子、浅野長吉（後の長政）の援軍によってようやく攻略される。城主・成田氏長の使者が城兵に開城を命じたため、ついに開城となったという。16日説もある。忍城には、城主成田氏長の娘が在城し、東国一の美貌を誇っていたが、祖父太田三楽斎と父氏長の薦めに応じて、開城後、姫の兵法・武芸に秀でたことを聞いた秀吉の側室（甲斐姫）になったといわれる。

これは堤防工事に手抜きが行われことが原因とされ、三成の土木知識不足を暴露した戦国物語である。

83 駒姫《こまひめ》の悲劇――殺生関白秀次

清河八郎を訪ねて、山形に旅をした。そして山形城へ。山形市の観光の花は〝駒姫〟であるのを知らなかった。驚いた、この女性こそ豊臣秀次の為に、若い花を京の三条河原に散らしたのだ。

筆者も、子供の頃「セッショウカンパクヒデツグ」と遊びの中でよく使ったのを覚えている。昔は京都の人々には、この関白は悪者扱いだった。しかし、滋賀県の近江八幡に行くと、秀次は善政を敷いた善いお殿様になっている。

秀次が、近江八幡に在城したのは「四国平定」後の恩賞として、18歳の天正13年（1585）から5年程だった。秀次は、信長亡き後の安土城下の民を近江八幡に移し城下町を開く。自由商業都市としての発展を目指して楽市楽座を施行、城の防御である八幡堀を琵琶湖とつなぎ、往来する船を寄港させるなど、秀次は、自ら築いたわずか5年の八幡山城在城の間に、商いの町としての繁栄の基盤を築く。八幡公園（滋賀県近江八幡市宮内町）には、開町の祖・秀次の銅像が建てられている。その間には天正14年2月「聚楽第工事」の総責任者となる。同年11月、従四位下に昇進、天正15年、九州の「島津討伐」では、前田利家と共に京を守る。同年11月、権中納言・従三位に昇進、天正16年4月、越階で従二位に昇進。天正18年（１５９０）3月からの「小田原攻め」に参加し大きな戦功をあげた。秀吉の覚えもめでたくなって、同年7月の小田原論功行賞で近江43万石から尾張と北伊勢五郡へ転封《てんぷう》、尾張清洲城主となった。未だ23歳という若さの百万石大々名である。秀吉の甥ならではの出世であった。かつての戦下手が、見事に転身したのだ。

天正19年（１５９１）2月、権大納言・正二位に昇進。同年6月の奥州平定戦を総大将として出陣。配下の武将は徳川家康、蒲生氏郷、上杉景勝、石田三成など、そうそうたる顔ぶれだった。7月7日、秀次は、奥州一揆鎮圧に際して全5ヶ条の「定」を下す。これらの武将の活躍で「九戸《くのへ》の乱」など、各地の乱を平定していった。

この後、秀次らしい観光旅行に行ったとされる。藤原氏の平泉から、紅葉の蔵王へ、そして山形城へ入った。そこで城主の最上義光《もがみよしみつ》（１５４６～１６１４）の二女で美少女の駒姫（１５８１～１５９５）を見初めて、義光に側室として手放す事を約束させたという。これが〝駒姫の悲劇〟に繋がって行った。山形を後に、秀次は迂回して下野足利郡に立ち寄り、「足利学校」を訪れた。都で日々を過ごすうちに、何時か文学好きとなっていたのだ。そして公家志向もあった。財政的に苦しくなっていた足利学校に百石を寄進した他、学校の存続を保証するなど援助の手を差し伸べた。秀次の文化志向は半端では無い。『源氏物語』を愛読していた事や、古典文学の収集、特に21にのぼる「勅撰和歌集」を全て蒐集し、更に書写させていたという功績がある。又、天龍寺など「五山文学」の復興や、謡曲の字句解釈にも情熱を示した。要するに文化人武将の一面を、色濃く持っていたのだ。こうした分野から秀次を囲むグループが京都に出来ていたのは、自然の流れであった。「奥羽平定」

の帰路、秀次は近江八幡に寄って大歓迎を受け、尾張百万石の大々名の彼に、町の長老らが次々と祝いに訪れた。尾張にも進出せよ、便宜を図ろうと、多くの町民に盃を与えた。

さて、天正19年（1591）11月、鶴松を亡くした豊臣秀吉（1537～1598）は、甥の秀次（尾張等百万石）（1568～1595）を養子に迎える。同月28日、秀次は権大納言に昇進。12月4日、「正二位」に昇叙、内大臣に転任。同月、秀吉は秀次に4ヶ条にわたる誓書を提出させ、次いで27日、秀次に関白・聚楽第を譲り、自らは「太閤」となって政権移譲の道筋を天下に示した。『聚楽行幸記』には「四方三千歩の石のついがき山の如し、楼門のかためは鉄の柱、鉄の扉、瑶閣星を摘んでたかく、瓊殿《えいでん》天に連《つらなり》て、そびえたり。甍のかざり、瓦の縫めには、玉虎風にうそぶき、金龍雲に吟ず」と聚楽第《じゅらくだい》の華麗さを記している。その主となったのが秀次であった。関白とはなったが、実権は秀吉のロボットであった。「朝鮮出兵」では秀次は、日本の総留守役になったが、この時、留守役でよいのか?という諫めがあった様だ。この時、黒田官兵衛が「殿下（秀次）の計を為すには、宜しく那古耶《なこや》に赴き、代りに軍事を統すべし。太閤に兵事に倦めり必ず喜びて、之を許さん」と、忠言したが、彼はこれを容《い》れなかった。そして頼りの秀長は無く、弟の秀勝もいない。祖母の大政所も無く……。

孤独のお坊ちゃん的、戦国大名となった彼は、徐々に気分が閉塞して行く中で、秀吉側室の淀殿（茶々）が秀頼を生んだ。一人目の鶴松を失っていた秀吉は、狂ったように喜んだ。こうなると当然ながら、次第に秀次は邪魔者となっていった。秀次の耳に様々な噂が入って来て、彼は次第に現在で言う精神障害者の様になっていく。

ルイス・フロイスは、彼の名著『日本史』の中に書いている。秀次について「老(秀吉)の甥である、新関白(秀次)は、弱年ながら深く道理と分別をわきまえた人で、謙虚であり、短慮性急《たんりょせいきゅう》では無く、物事に慎重で思慮深かった」と、彼を大変好意的に評価している。彼が、キリスト教の布教に寛大だった事も、この評価に反映していると思われる。又、別にアビラ・ヒロンというスペイン人貿易商は「彼（秀次）の尊大さ、残忍性にこの殿様は、この王国の大身の大多数の人々から、好意を抱かれていなかった」と、指摘している。

彼は誇り高い武将に育ち、地位についても執着心が強かった。「太閤を以て叔父と為さば、則ち能く関白と為るを得んや」との家臣の諫めも、耳に入らなくなっていた。「お拾（秀頼）に、日本国の五分の一を与える。残りの五分の四を秀次に与える。秀次の娘をお拾の妻とする」と、秀吉は彼に申し出ているのに、彼は大坂城に呼ばれて、この件について拒絶した。

その後、病的に狂った様な行為が出て、京の市民に「殺生関白」と言われ、色々と噂が噂を呼び、秀次の謀反を秀吉は恐れる様になり、三条河原のあの悲劇に繋がっていった。秀次は高野山で切腹、その係累は処刑のために三条河原へひきたてられる。その中には駒姫もいた。しかし駒姫は山形から京についたばかり、秀次の寝所にも入っていない。さすがに家康や北政所らからの取成しで、駒姫は死を免除され、その使いが三条河原へ着いた。しかし、時既に遅く、彼女は三条河原の露と消えていた。

そのお墓、京都・瑞泉寺《ずいせんじ》には、山形の人が参拝に、多く訪れているという。

84 お東さん・お西さんは何故別れたのか？

「両本願寺、両立の原因となった石山本願寺合戦」

本願寺が二つに分れたのは、織田信長の石山本願攻めとその和睦に対して、父顕如光佐《けんにょこうさ》（1543〜

1592）と長男教如光寿《きょうにょこうじゅ》（1558〜1614）の間に意見の違いがあったからである。その時、本願寺門主の顕如は、石山本願寺を本拠とする11年にわたる信長との戦いの後に、朝廷の仲介のもとに信長と和解し、石山を退去する和睦の道を選んだのに対し、教如はあくまで抗戦の態度を変えようとしなかった。これには、顕如と教如との間には意思が通じていて、父子は示し合わせて、父は和睦、子は徹底抗戦の態度を取ったのに過ぎないという説もある。この石山本願寺合戦では多くの信徒の死という事実があり、これが徹底抗戦と向かわせ、若き教如は父と異なる考えがあった。そして父、子それぞれに家臣がついていたのも大きな要素である。

顕如は石山本願寺を出て紀州の鷺森に移り、やがて豊臣秀吉より天満《てんま》の地を与えられ、さらに、天正19年（1591）京都の七条堀川に東西360間、南北280間の土地の寄進を受け、本願寺を建立した。しかしその翌年、顕如は死亡し、長男の教如が門主の地位に就いた。

当時秀吉（1537〜1598）は「文禄の役」で肥前名護屋城に出向いていたが、この教如の門主就任を認めた。ところが秀吉が大坂に帰ると、文禄2年（1593）閏9月、如春尼（本願寺顕如光佐室）（1544〜1598）と三男本願寺准如光昭《じゅんにょこうしょう》（1577〜1630）が結び、長男本願寺教如光寿の本願寺門跡の相続に異議を唱える。如春尼から秀吉へ、准如を本願寺の法嗣とするという、亡き顕如の譲状が届けられていた。

秀吉は、同月12日、本願寺教如光寿を大坂に呼び、顕如死の5年前、天正15年（1587）に書かれた「顕如から准如への譲状《ゆずりじょう》」があるので、10年後に本願寺門主の職を准如に譲るよう申し渡した。教如は、この秀吉の申し渡しを承諾したが、教如側の坊官たちは「譲状」の真意に疑いを抱き抗議した。これが秀吉の怒りを買い、同月16日、直ちに教如は門主の職から身を引かされた。この「譲状」の現品も西本願寺にある。

こうして教如は、本願寺の北側に引退し「裏方」と呼ばれたが、彼はその後も末寺との接触を常に持ち、末寺に附加する本尊や絵像に裏書し、地味に布教活動を続け乍ら隠然たる勢力を保っていたため、僧の間には教

教如

如のファンも多く、あくまで信長と戦った志操堅固《しそうけんご》な嫡男が門主であるべきだという声も大きいものだった。そして秀吉が死ぬと、教如は家康にすぐ近づき、慶長5年（１６００）7月、家康に会いに東上した。帰路、「教如は徳川家康に内通している」として、石田三成の軍に追われるが、鎌や竹槍を手にした地元の農民や僧侶らが石田勢に立ち向かって教如を救う。この頃、教如は、岐阜県安八町森部の光顕寺に隠れるが、軍勢が迫り、教如は辞世の句を詠む程の危機に陥る。さらに、「土手組」に警固され逃げるうち、関ヶ原の戦いを迎え、無事、京都に帰りつくという。

　これに対して、准如も江戸に向ったが、近江で佐和山城の三成に止められ、厚くもてなしを受け、江戸に行かずに京に帰ったという。この事が家康の不興を買ってしまった。同年9月、関ヶ原の戦いは家康の勝利となり、その翌々年慶長7年（１６０２）2月、京都烏丸七条に東西四町、南北四丁の土地を教如に与えた。この大きさは「お西さん」の6割の土地だった。始め「お東さん」は教如の隠居寺として造られたのが本当なのである。そして三代将軍家光時代に、東西１９４間、南北２９７間の土地の寄進が徳川家よりあり、「お西さん」以上の広さをもつ大寺「お東さん」になった。歴史的に考えると「お西さん」は豊臣側、「お東さん」は徳川側と言え、これが幕末の「禁門の変」の時の「西本願寺の長州へのサポート」となっていくのである。

　西本願寺の東側、門前町七条堀川東角に、古い町家の「亀屋陸奥」という、お香屋さんに見える、お菓子屋がある。大坂から本願寺と共に移って来た、「松風《まつかぜ》」が名物の古風な和菓子屋だ。これは石山合戦で、顕如が和睦に応じ、石山本願寺から紀州に移動の際、食事の時、食糧方がお菓子を差し上げた。それが門主の好物となり、今でも朝のお仏飯と共に仏前に献上され、「お西さん」のお菓子として存在している。カステラの変化した様な和菓子である。

「司馬遼太郎氏の小説にも「松風」が登場する。土方歳三主人公の『燃えよ剣』（文芸春秋「司馬遼太郎全集」6巻）である。鳥羽・伏見の戦いに敗れ、江戸へ戻る途中、大坂の料亭「西昭庵」に滞在した折、連れのお雪さんがお茶とお菓子をすすめた。このお菓子が「松風」である。（江戸への章）。

85 戦国末期の金銭トラブル事件、金と女

家康は駿府に隠居してからも、その権力は将軍より大きかった。諸大名は江戸にも〝ごきげん〟を取ったが、駿府へは一層身骨を砕いた。彼等は盛んに家康の侍女（妾）に取り入った。侍女らは、諸大名からの賄賂や進物によって、〝金銭財宝〟ウナル如くになっていた。

その頃、駿府城の大名の奥向きに出入りして、婦人の間に信仰されている巫女《みこ》がいた。この巫女がある時、侍女らに言った「皆様は大変、金銀をお持ちでございますが、これをそのまま仕舞い込んでおられるのは惜しゅうございますよ、利回りよく廻して上げましょうか、だんだん〝子〟を生んでお楽しみでございますよ」。2、3人が承知して幾らか出資すると、巫女は、それを大名や旗本に融通した。大名や旗本の窮迫はまだ始まっていない時代である。ほんの一時凌ぎの借金だから、利子も確実に入り返金も確実だった。踏み倒される様な事

は全然無い、確実に儲かった。そこで、他の侍女も〝われもわれも〟と出資して、相当大きな〝金融機関〟となった。

ところがこれが意外な事件に発展、〝大名の家が一軒潰れることになった〟。

池田備後守光重(?～1628)という大名があった。何と、尼崎へ逃れた伊丹城主・荒木摂津守村重に代わって有岡城の城主をしていた荒木久左衛門（池田知正）（1555～1604）の弟である。久左衛門（池田知正）は、淡路へ逃れて以後の消息は分かっていないが、彼が歴史上に再登場するのは天正10年（1582）の「本能寺の変」の後のことであり、信長の後継者となった羽柴秀吉に仕えて摂津豊島郡2千700石を与えられ、小牧・長久手の戦いや九州征伐に従軍した。秀吉の死後は徳川家康に仕え、慶長5年（1600）の「関ヶ原の戦い」では小山評定より従い、戦後に5千石に加増された。慶長9年（1604）3月18日、没した。その跡を甥で養子の三九郎（1589～1605）が継いだが、翌慶長10年に死去、代わって三九郎の父で知正の弟・光重が家督を継いだ。これにより摂津池田氏嫡流は、光重の系統が継ぐこととなった。

この光重がその巫女から度々、金を借りた。勿論、備後守自身が談じ込んで借りるのではない。家老関弥八郎が事にあたる。この金は池田家から返済する時には、何時も皮袋に入れて封印し、金額を表示して渡すと、巫女は封を切って中身を確かめて受取った。しかし何時調べても間違いが無いので、何時か巫女は中身を調べないで受け取るようになってしまった。しかるにある時、家に持ち帰って調べて見ると、金子の代わりに石が入っていた。巫女は驚き、あわてて引き返して談じ込んだが、「調べて受取らぬは、その方の手落ちだ。言いがかりを申すのか。当方は確かに金子〝これこれ〟入れて渡したに相違ない」と、家老は言い張った。

巫女は怒って、駿府の決断所へ訴え出た。双方対決して論争したが、何としても巫女に手落ちがある、大いに分が悪い。池田家の家老は勝ち誇った。すると巫女は悔しげに絶叫した「おのれ悪人め！おのれの主人たる備後守殿の奥方と密通しているのではないか！　その様な悪人の申すことがどうして正しかろう！」。それを聞いた家老は真っ青になった。

巫女は奉行に言った。「只今申し上げた通りの悪人、この者の申す事、御信用なきように」。奉行は言った「証拠はあるのか！」。「私が仲介したのでございます。これが何よりの証拠」。取り調べの結果、家老は白状、金子の事も白状した。そこで〝家康の裁決〟で、池田家は家取り潰しの上、有馬玄蕃頭豊氏に永のお預けとなった。

これは『老人雑話』『一話一言』『駿府記』『当代記』に書いてあるが、どの書にも、家老と巫女の処分は書いていない。この事件で家康が、出資者の侍女（妾）に、何もしないのは、彼の鼻の下が長いのではなく、家康は金貸行為を正当な事と見ていたのである。海音寺潮五郎『史談と史論（下）』を参照。

戦国末期、金銭を〝卑しむ気風〟は無い。信長・秀吉等々、「金を愛している時代」であった！

86 不思議「嶋左近の墓」が、京の西陣にある

京都の西北部、水上勉の『五番町夕霧楼』で有名になった五番町遊郭のすぐ近くに、西陣の寺町といわれる様なお寺の集合地域がある。秀吉が天下を取り、京都の都市改造をした時、天正19年（１５９１）５月、都の廻りに「お土居」を築いた。その際、市中にあったお寺を「お土居」の内側に並べ、防衛の役割とした。

そんなお寺の一つ、上京区七本松通仁和寺街道上ル西側にある「立本寺《りゅうほんじ》」にその墓がある。立本寺の墓地は本堂の前を横切り、下ノ森通りを隔てた西方にあって、かなり広い地域を占めている。〝左近の墓〟は、この墓地の中央より南東寄りにあって西面し、墓石の表面に「妙法院殿島田左近源友之大神儀」。裏面に「寛

永9年壬申（1632）6月26日没」とあり、台座に「土葬」と刻まれている。嶋左近（1540?～1600?）は、石田三成（1560～1600）の軍師として戦国期には相当高名な武将であったが、その出所、死没については不明である。世評では「三成に過ぎたるものは二つあり」、その一つは佐和山城、今一つは〝嶋左近〟と言われ、三成は自分の所領4万石の半分を〝嶋左近〟に与えたと言われるほど厚遇した。『常山紀談』。〝左近〟の名は、勝猛《かつたけ》、友之《ともゆき》、清胤《きよたね》、又は清興《きよおき》とも称したという。天正11年頃は筒井氏に仕え、主力として活躍したが、天正16年（1588）2月には、筒井定次の伊賀上野を去り、南都興福寺の塔頭・持寶院に幽居するという。（異説あり）。その後、三成に見出され、「文禄の役」に従軍し、文禄2年閏9月、佐和山へ帰還した。慶長5年（1600）9月の「関ヶ原の戦い」には、三成を援けて軍師として奮戦したが惜しくも敗れて、三成は近江で捕えられ六条河原で処刑されたが、混戦中の〝嶋左近〟は消息を絶ち、討死したと言われていた。

嶋左近の関ケ原を見る。慶長5年8月5日、先陣を切って嫡子新吉（政勝）と共に、2千300余人を率いて佐和山城を出陣、この日は垂井（岐阜県不破郡垂井町）に宿す。9月14日、蒲生備中守頼郷（?～1600）、明石全登《たけのり》（宇喜多秀家家臣）と共に、杭瀬川を渡り東軍陣所近くを放火し、奇襲をかける。翌日、関ヶ原笹尾山下で戦死とされる。

しかし墓石には、没年は寛永9年（1632）6月26日と明記しているので、関ヶ原後、密に逃れ上洛し30余年間を、洛中のどこかに身を隠していたのだと思われる。「大坂の陣」に参戦した長宗我部盛親《もりちか》（1575～1615）も関ヶ原を脱出し京洛に入り、密に西本願寺の東方に住み「寺子屋の師匠」として過ごしていた事実がある。

「立本寺」は、日像上人開山の日蓮宗一致派の本山で、後土御門帝《ごつちみかどてい》から勅願寺の綸旨《りんじ》を給わった名刹《めいさつ》である。

天文5年（１５３６）「天文法華の乱」の後、寺地を移転する事3回、天正年間（１５７３～１５９２）に寺町今出川上ルに移ったが、宝永5年（１７０８）に類焼し、現在の地に移った。従って〝嶋左近の墓〟もこの時、寺と共に移されたものであるという。〝嶋左近の墓〟を管理する塔頭教法院住職の話によると、先年、墓地の整理の際、骨壷を発見したという。その子孫は今なお、広島市に健在との事である。その墓石は比較的新しいのは徳川家をはばかり、没後相当年月を経てから作られたものと思われる。一説には〝嶋左近〟は、このお寺の僧となっていたとも言われる。

「大坂の陣」の時に、彼が出て秘かに長宗我部盛親らと共に入城し、信繁（幸村）等と共に戦っていたら?。

しかし、彼は僧から身を転じる事を否定して、真田信繁（幸村）たちの活躍を眺めていたのだろう。

「嶋左近は有能な官僚であった」。書状2通発見と、京都新聞２０１６年7月2日朝刊が伝える。東京大史料編纂《へんさん》所と長浜城歴史博物館が1日、発表した。左近の書状が完全な形で見つかるのは初めて。検地の方法を指示するなどの内容で、同博物館などは「猛将とされる左近だが、官僚としての能力もあったことが裏付けられた」としている。

1通は豊臣秀吉が北条氏の小田原城を開城した直後の１５９０（天正18）年7月19日付で、常陸国の武将佐竹義宣の家臣・小貫頼久《おぬきよりひさ》に宛て、常陸の大名の大掾《だいじょう》氏が秀吉の命である人質の差し出しを渋ったことについて照会した内容。もう1通は6日後の25日付で、義宣の一族に検地の方法や兵糧米の徴収などを指示する内容。2通とも左近の実名の「清興」と花押が記されていることなどから、左近の書状と確認した。

87 半蔵門として今も名を残した忍者

京都の南、宇治市から宇治田原に抜ける山中に「白川」という集落がある。2015年の地方選挙で、この集落から若い議員が当選した。服部姓である。この集落は服部姓だらけである。「家康伊賀越え」の際、これをサポートする伊賀者が、その後住みついたのか?山の中に、ここだけにポツンと茶園と集落があり、南山城で唯一残る「山の神」神事が現在も正月に行われている、不思議な集落である。

さて服部半蔵（正成）（1542～1596）といえば、今やテレビやドラマでお馴染である忍者の親玉である。本当の半蔵とはどんな人物か?彼は、伊賀の上忍《じょうにん》で、松平清康、広忠、徳川家康の3代に仕えた、服部石見守保長《はっとりいわみのかみやすなが》の子である。半蔵自身も伊賀忍者の頭領であった。彼の出身は伊賀盆地、四方が山で囲まれた小盆地で、京都・奈良・名古屋に近いが、交通不便で古来より「隠し国」と呼ばれてきた。狭い盆地に土豪が多数ひしめき合い、互いに勢力を競って相手の情報を探り、敵を倒して来た。そしてその中から〝忍者〟という特異な武芸が育ち発達した。その伊賀を支配したのが、服部、藤林、百地の上忍三家であったが、その内の服部は石見守保長の代に、伊賀国を出国して足利義晴に仕え、その後に150人程の忍者を引き連れて三河岡崎に来て松平家に仕えた。保長は、家康が未だ今川方にいる時、織田方との戦いで隠れた戦功を上げた。他の城を攻めると見せかけ陽動作戦を展開しつつ、敵中に孤立した大高城（名古屋市緑区大高町）へ兵糧を送り込んだのだ。「桶狭間の戦い」の前日、永禄3年（1560）5月18日夜である。

『寛政重修諸家譜』によると、その子の半蔵（正成）は、弘治3年（1557）16歳で初陣、三河国の宇土城（上ノ郷城）（愛知県蒲郡市神ノ郷町城山）攻めであった。この時の夜討ちに半蔵は父と共に参加し、伊賀者6、70人を率いて、敵城内に潜入し櫓に火を放ち落城に導いた。この手柄で半蔵は家康から「槍一筋」を賜った。

そして、それ以後、遠州掛川城攻め、三方原の戦い、高天神城攻め、長篠の合戦と、徳川の歴戦に参戦。伊賀者を駆使して情報収集、奇襲攻め、後方撹乱など陰の戦略戦術で功績を上げた。

半蔵の生涯を通じてのハイライトは、天正10年（1582）の「伊賀越え」である。これで家康最大の危機を救った。この時活躍した伊賀者達は、その後、半蔵の下で伊賀組同心となり、家康に召し抱えられた。こればかりでなく、その前、家康は信長が天正6年（1578）から天正7年の「伊賀征伐」を行った時も、討ち漏らした伊賀者を大勢召し抱える事によって我が国最高・最大の忍者組織を掌中に納め、後の覇権獲得に彼等の力を大いに利用した。この家康の忍者組織の頭領が半蔵である。この功績で知行84石、与力30騎、伊賀組同心200人を支配する地位を獲得したのである。

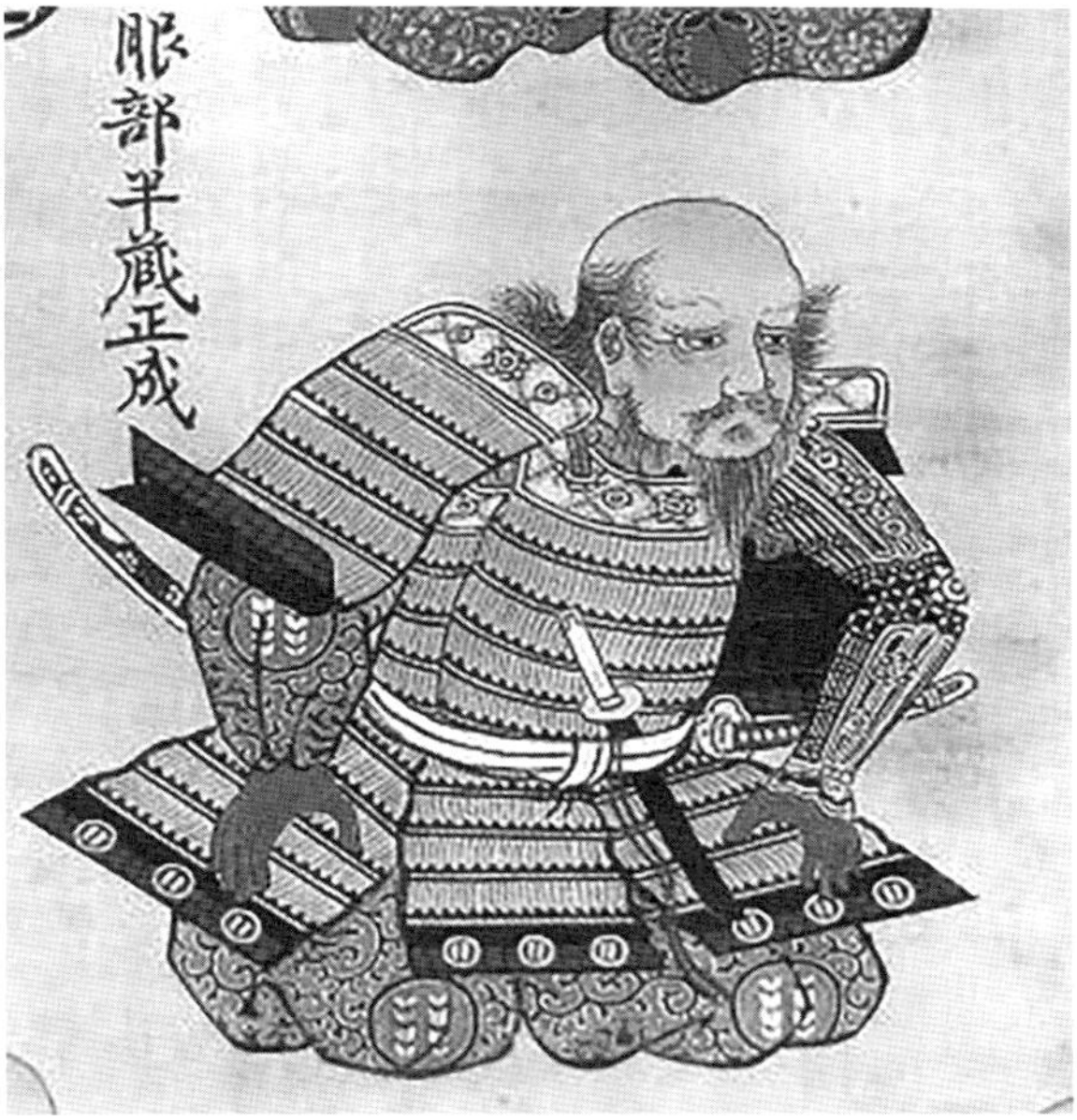

服部半蔵

家康が関八州《かんはっしゅう》を得て、江戸城を築城してからは、半蔵は江戸城の搦《から》め手《て》「半蔵門」の警備を任務として麹町に屋敷を拝領した。「大手門」から攻め寄せて来る敵では無く、搦め手から忍び込んでくる隠密を防ぐ役目であった。

文禄の「朝鮮出兵」の際、秀吉は肥前名護屋に本営を置いた。家康は渡海《とかい》しなかったが、軍を率いて名護屋に出陣した。半蔵もそれに従軍し、ここに集ってきている諸大名の陣営内の様子から、指揮官の能力などあらゆる情報を収集し、後に家康が天下統一を行う時に役立つ資料を作り上げた功績は大きい。

その一方、自分の後継ぎである半蔵正就《まさなり》（1565～1615）には、余り期待を託していなかった。正就は家康の小姓をして、戦場往来をはじめ、武将としてはまずまずの器量を持っていたが、伊賀者の「上忍」としての資質には恵まれなかった。伊賀の「上忍」には〝煙の末〟という資質がなければならぬ。それを彼等の言葉で言うと「音もなく、嗅いもなく、知名もなく、勇名もなし、その功天地造化の如し」と言う事になる。

「関ヶ原の役」を前にして半蔵（正成）は没した。後は正就が継いだが父の見た通り正就は「上忍の器」では無かった。慶長5年（1600）6月、伏見から「上杉討伐」に東上した徳川の軍中に正就も加わったが、彼は江戸で留守番する様、家康に命じられた。天下分け目の大戦には正就は参加する事無く、伊賀組同心たちは大久保玄蕃頭（?～1672）に率いられて出陣した。正就はこの時、既に「上忍」としての役目や値打ちを失っていた。正就は徳川家中に於いて、伊賀上忍と下忍との主従関係を維持しようとしたが、家康はそういう権力の二重機構を認めなかった。それを理解出来なかった所に、正就の悲劇と服部家の没落があった。正就はその後改易されて妻の実家、伏見藩の松平定勝（1560～1624）にお預けの身になった。「大坂の陣」に際して定勝の陣を借りて従軍、「天王寺口の合戦」で奮戦し、首級5個を挙げたが、慶長20年（1615）5月7日、彼自身も討死したとされる。『寛政重修諸家譜』。悲劇の生涯であった。

88 ストライキをした忍者たち―半蔵正就罷免

関ヶ原の戦い、大坂冬の陣・夏の陣……そして天下は徳川氏の泰平の世がめぐってきた。これは「忍びの者」

たちにはありがたくない御時世だ。需要が減ってくるからである。徳川家にうまく仕官できた忍者たちは「鉄砲組」や玉薬方（火薬弾丸を司る役）、明屋敷番（改易や屋敷替えになった大名や旗本の空き家を管理する閑職）、御広敷伊賀者（大奥の番人、御殿女中のガードマン）、山里櫓伊賀者（西の丸、山里門の警備）や小普請方（将軍の墓所や増上寺の営繕修理事務）などに当てられていた。しかし、これとて幕府の侍として最下級の同心（卒族、足軽並で三十俵二人扶持程度）の身分であった。しかし軽輩であっても幕府や大名に召し抱えられている〝忍びの者〟たちは、生活そのものは一応安定していたが、かつての「忍びの者」としての自由も誇りも無い、束縛の多い、味気ない生活であった。

慶長10年（1605）四谷在住の伊賀組同心が結束して反乱を起した。直接の原因は、父である服部正成（二代目半蔵）（1542～1596）の死後、子の服部半蔵正就《まさなり》（三代目半蔵）（1565～1615）が伊賀同心200人の支配を引継ぐ。しかし徳川家から指揮権を預けられたに過ぎない伊賀同心を家来扱いしたために配下の同心たちの反発を招いた。「組頭」服部半蔵正就の罷免と待遇改善を求めるもので、四谷の長善寺（俗称・笹寺）に立て籠もった。このストライキは、若干の待遇改善と、服部正就の罷免、同年12月2日に服部家改易（本家取りつぶし、分家だけが残った）という裁定で終った。正就は逆恨みし、伊賀同心の首謀者10名に死罪を要望。そのうち、逃亡した2名中1名を探し出して切り捨てたが、別人である事が分かり、完全に職を失うこととなった。そして正就は、妻の父である伏見藩の松平定勝の下に召し預けられた。その後、名誉挽回を狙い、松平忠輝の軍に属して大坂の陣に参加するも、行方不明となる（『寛政重修諸家譜』は天王寺口で討ち死にとする）。江戸住いの〝伊賀者〟〝甲賀者〟さえ不満が無かったわけでは無かったのである。ことに仕官をしなかった在郷の「忍びの者」たちは天下泰平のあおりをくらって、その生活はしだいに苦しくなって行き、農民層に落ちて行ったのであった。

89 〝忠臣と賊臣の間をさまよう〟片桐且元《かたぎりかつもと》

「真田幸村」、「真田十勇士」の漫画を筆者も少年時代によく読んだ。その中で片桐且元（1556～1615）は、〝節義〟の無い、軽い大名に描かれている。その顔の表情が浮かんでくる。

秀吉の忠臣だった且元は、豊臣家の忠義が第一としながら家康に巧みに抱き込まれ〝忠節と自己保身〟の狭間で揺れ、一生を終えた武将だった。「二枚舌」、「八方美人」とか言うのでは無い。対立する間に入って、何れも誠意を持って接している内に、気がつけば結果的には〝不忠者〟になり「大変な事をした」と無念の思いで〝悶死〟した様なものだった。

彼は、近江国浅井郡須賀谷（滋賀県長浜市須賀谷）の浅井氏配下の国人領主・片桐直貞の長男として、石田三成と同じ年、弘治2年に生まれた。天下人の器といわれた蒲生氏郷や、処世の天才藤堂高虎と同年生である。この近江出身の武将は、氏も素性も全く違うが、それぞれの生き方を比べると感慨深いものがある。

且元は、はじめ秀吉の長浜城主時代に仕官した。その後「山崎の合戦」、「賤ケ岳の合戦」で大活躍をしたが、彼の得意の分野は〝文官《ぶんかん》〟であった。多くの検地奉行として活躍して、秀頼の〝守役《もりやく》〟に就任した。天正18年（1590）には、小田原城接収の使節の一人となる。彼の出番となるのは「関ヶ原合戦」後である。関ヶ原では中立を守り、多くの豊臣大名が討死か斬首となるも、唯一、豊臣大名として大坂城に残った重臣だった。そして家康が合戦後、大坂城に報告に入城した時、且元は警備役として誠に丁寧に対応した。家康はこれに気をよくし、家康は彼を茨木城主から1万8千石を加増させ大和竜田城（奈良県生駒郡斑鳩町竜田）主にした上、推薦をして大坂城の家老職にした。家康は彼を利用可能な人物と睨んでの人事であった。一方、重要な家臣を合戦で失った豊臣家では、家康お気に入りの且元は、もちろん重要な人物であった。しかし結果的には彼は〝豊臣を支える柱〟になる人物では無かった。

慶長9年（１６０４）８月の秀吉7回忌・豊国社臨時祭の総奉行は且元だった。この時、秀頼は家康に命じられて多くの寺社を再興、寄進したが、大半の工事の奉行をしたのも且元であった。策略に長けた家康は、もっと且元を取り込もうと、国奉行として豊臣家直轄地である摂津、河内、和泉の三ヶ国を支配させた。豊臣の家臣だからこそ任命したのである。彼は豊臣家の家老であり、一方、実際の政治権力を握る家康の国奉行である。「二股膏薬」とか「二足の草鞋」とか言われる立場であった。

そして慶長19年（１６１４）7月、〝方広寺大仏殿運営問題〟が発生してくる。彼の一番の苦悩は〝鐘銘の大事件〟である。〝国家安康〟〝君臣豊楽〟の銘文が、「家康の名を分断し、豊臣の繁栄を願う。不吉なもの！」

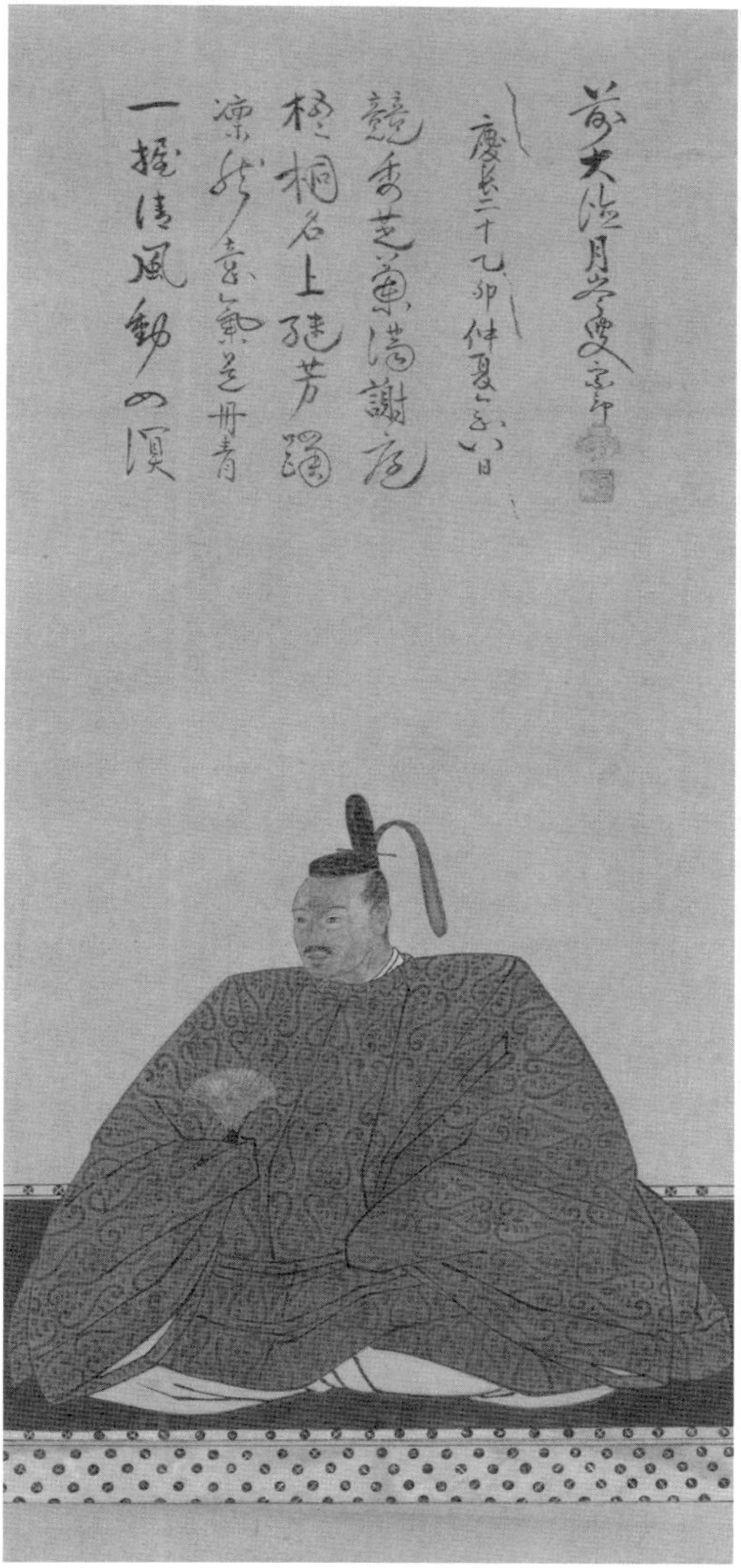

片桐且元

と難詰。〃開眼供養〃を中止せよとの申し入れがあった。この大事件は且元が責任者として、彼の上にのしかかって来た。豊臣家の存在を考えると妥協しなければならないと、且元は駿府の家康の元に赴き、足止めされながらも、ようやく8月20日、本多正純や金地院崇伝と交渉した。「大坂城に多くの浪人を召し抱えている」などと二人から厳しくいじめられたという記録が残っている。

且元は引き下がらなかった。家康側の〃言いがかり〃という事はよく理解しているから「何が不敬なのか」と開き直らず、家康側の〃裏〃には豊臣家を滅亡に追い込もうという事を感じていた。そして〃秀頼母子〃の大坂城退城しか平和の道は無いと思い、三ヶ条を〃私案〃としてまとめた。

秀頼も淀殿も現状認識が甘く、且元の解説の下手さやらで〃事態〃を更にこじらせた。且元は「内通者」「裏切り者」と見られる様になった。且元は楽観論者か事態の把握が悪いのか、まだ家康と淀殿母子との間を調整できると思っていた様だったが、現実的には徳川方の〃言う様にされ〃その作戦にはまり込んでしまった。そして自分の交渉無能者ぶりをさらけ出した結果に終わってしまった。彼の暗殺計画も語られ出し、慶長19年（1614）9月25日、身の危険を感じた且元は、午前6時、大坂城玉造口門から退去、私邸に引き籠る。同月28日には、豊臣家は、片桐且元を不届者として禄を取り上げた旨を、江戸・駿府に知らせた。10月1日、大坂城を退去し大坂私邸にいた且元は「もはやこれ迄」と、兵数千人を率いて摂津の茨木城へ戻った。弟・貞隆（1560〜1627）も居城である摂津城に戻った。

且元の手紙で知った家康は、これを待っていた様に「大坂城攻撃」を決定した。この時且元は、明らかに家康側に立って米の廻送など家康側に有利な様に計らう命令を出している。京都二条城に到着した家康は、10月23日、且元、藤堂高虎らを呼んで、大坂城の攻撃の方法を協議している。25日には、且元は先遣隊として大坂城攻撃に参加する事となった。且元の胸中はどんなものだっただろうか。11月23日、且元は、大坂方が堺を占拠した知らせを受けて、三百程の兵を出兵させており、完全に家康側となった。12月16日には淀殿（茶々）の居室を徳川秀忠に通報。そこに向けての砲撃が城内に大きな被害を出し動揺を誘った。12月19日〝和議成立〟「大坂冬の陣」は終了した。

翌年4月、家康は再度、大坂城を攻め〝秀頼母子〟は自害し、遂に大坂城は落城した。且元は大和の自分の知行地に戻り寺で養生した後、京都の三条衣棚の屋敷に入ったが、慶長20年（1615）5月28日、死亡した。病死とされるが〝暗殺説〟もあり、大きいストレスで精神病になったのではないか。6月に入って且元の葬儀が大徳寺で行われ玉林院に葬られた。

明治の文豪坪内逍遥は戯曲「桐一葉」で、且元の忠臣ぶりと淀殿の悲劇を描いた。一方、江戸期のエッセー『翁草《おきなぐさ》』には「且元は忠臣に似た賊臣」との見方も根強く残る。今も〝忠臣と賊臣の間をさまよう〟。

茶人

90 利休と織部

利休が秀吉の怒りに触れて、京都から堺に放逐の命を受けると、利休の身辺は火が消えた様になった。この時迄、利休（1522～1591）は秀吉（1537～1598）の大変お気に入りで、利休に取り入る事

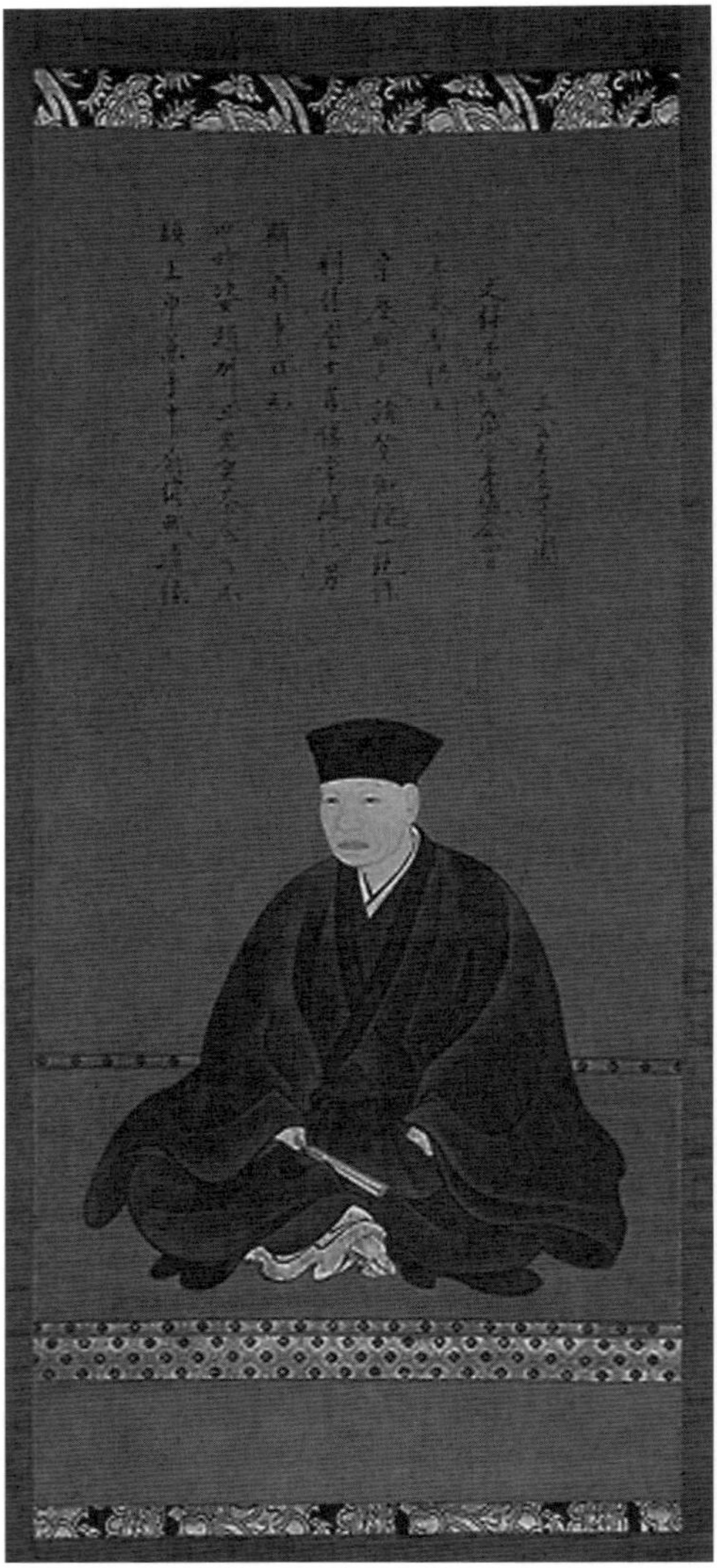

千利休

は秀吉に気にいられる事と、利休の家には常に諸大名自らや使者達が、常に出入りが多くあったが、「すわこそ殿下、お憎しみの者なるぞ」となると途端に、誰も訪問者がいなくなり消えてしまった。こんな状況での利休の京都出発は、寂しい限りであった。誰も見送る人も無い中を川舟で京都を出立した。こんな立場の利休を、途中の淀の近くで別れを告げた大名が二人いた。

細川三斎（忠興《ただおき》）（１５６３～１６４６）と古田《ふるた》織部《おりべ》（重然《しげなり》）（１５４３～１６１５）、只二人だけであった。利休は余程嬉しかったと見えて、所持していた茶杓に「羽与様」（羽柴与一郎）と書いて三斎に授けた。又、「古織様」（古田織部正）と書いて茶入れを織部に授けた。二人共、茶道熱心の大名で利休七哲の中に入り、三斎はこの後、三斎流を、織部は織部流を開いた戦国大名である。茶道だけで無く、二人は「利休の心」を理解し心酔していた。

こんな話が残る。福島正則（１５６１～１６２４）が三斎に向って言った「貴殿は利休を大変に御信仰になって、まるで神様の様に崇めて仕えておられるが、あの者の身分といえば堺の商人、技能といえば、たかがお茶を上手に立てられるだけの者。貴殿程の名誉ある大名がさような者を、恐れかしこんでいるのは見苦しく存ずる。向後はお辞めになった方がよい」、有名な荒くれ大名の言い分だ。すると細川三斎は「仰せ、ごもっともの様でござるが、利休居士はただの人ではありません。一度、貴殿もお会いになられたら」と、二人連れ立って利休の家を訪れた。利休は二人を茶室に通して茶を振舞ったが、その帰り道に正則は三斎に言った。「なるほど利休という男は、大変な人物でござるな。拙者これまで、幾回の戦いに臨み、いかなる剛敵であっても恐れを持った事はござらんが、本日、利休を見ていると、恐れすくんで、手も足も出ない思いがした。貴殿が御信仰なさるのも、誠に無理ならぬ事と合点した」。利休の人間的威力、見事さに、正則は参ったのだ。三斎の引き付けられたのは多分これと思われるが、三斎だけで無く織部もそうだったに違いない。

古田織部は鋭敏な人間であった。ある時、利休が「瀬田の唐橋の〝擬宝珠《ぎぼし》〟が佳い形の物があるが、各々御存じか」と語った。すると急に織部の姿が見えなくなったが、夜になって帰ってきた。「唯今、早駕籠で瀬田に参り擬宝珠

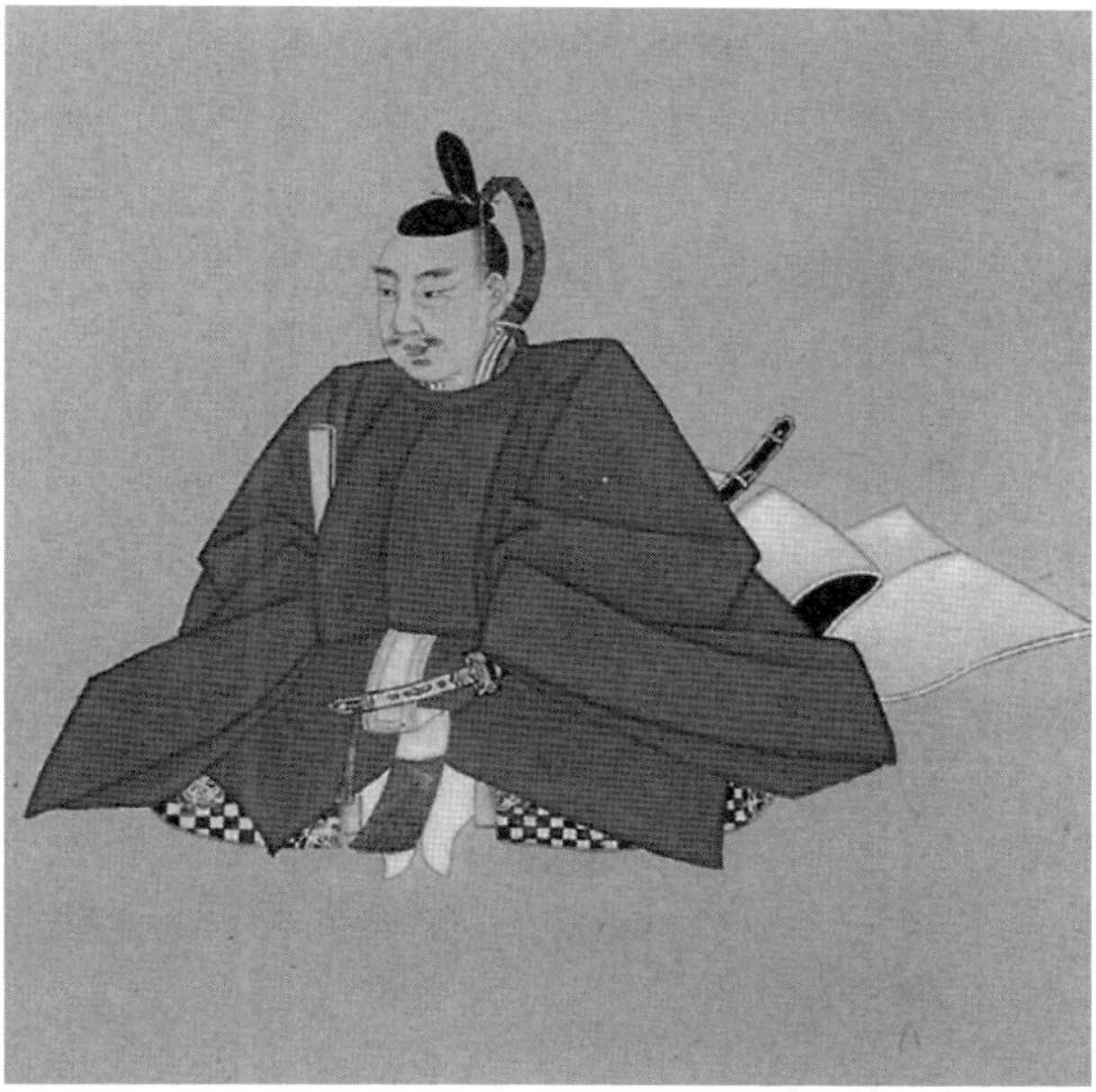
古田織部

を見て参りました」と、利休も人々も驚いた。「さらば、どの擬宝珠が佳いと思われたか」との利休の問いに、織部は答えた、それは利休の考えていた物と同じであった。人々は織部の美に対する感覚の「鋭さ」「熱心さ」に感じ入ったという。こうした織部の美に対する鋭さが、新しい美の創造となって行った。

織部はよく古い器物を壊して、これを継ぎ合わせたり、「古代裂《こだいぎれ》」を切り、他の「裂」と、剥ぎ合わしたりした。これは利休の美を、更に進化した新しい美の創造であった。

この織部の態度を、後の「知恵伊豆」松平信綱の父、大河内金兵衛久綱（１５７０～１６４６）がこう言った。「織部はろくな死に様をしないだろう。およそ古くから伝わる器物は、神仏のあつい加護の為に、この世の変遷の中をくぐりながら完全な形で残り得たのだ。それを己の欲しいままに任せて打ち砕き、己の好きな形にするなど、冥加《みょうが》をわきまえない振舞いである。かかる者には、きっと神仏の咎めがあるに違いない」。

慶長5年（１６００）9月の「関ヶ原の戦い」では東軍に与した。この時期の織部は茶の湯を通じて朝廷・貴族・寺社・経済界と様々なつながりを持ち、全国の大名に多大な影響を与える存在であり、太閤秀吉の数寄の和尚（筆頭茶堂）、次いで2代将軍・徳川秀忠の茶の湯の指南役にも抜擢され、慶長15年（１６１０）9月には秀忠（１５７９～１６３２）に、茶道の伝授をした。慶長19年8月28日、織部は、茶会に「国家安康」の鐘銘を草した文英清韓をもてなしたため、幕府より咎めを受ける。その後、「大坂の陣」の時、織部の家に召し使っている茶坊主が、大坂方と通謀して東方の後方攪乱を企てたとの嫌疑で、「家取り潰し」の上、織部も慶長20年（１６１５）6月11日、切腹となった。豊臣国松を匿った疑いとも、織部家臣で茶頭の木村宗喜らが家康暗殺を企てた罪ともいう。織部は、茶道の師千利休同様に反骨精神が旺盛で、江戸幕府の意向を無視することが少なくなかった。このため幕府・家康からその影響力・存在を危険視されるようになったという。家康は、織部一族を処罰すると共に家財全てを没収し、織部の全てを抹殺。京都市上京区の興聖寺（織部寺）に墓がある。弟子だった上田重安（宗箇）は「上田宗箇流」、小堀政一（遠州）は「遠州流」、金森可重の子・重近（宗和）は「宗和流」をそれぞれ立てている。

戦国武将に、こんな天才的芸術家も居たのである！

91 戦国武将から転身した金森宗和

寛永の京都文化の先駆、宮廷サロンの巨匠金森宗和《そうわ》（1584～1657）は、元は武将であった。彼は飛騨高山の領主、金森家の長男として、天正12年に生れた武門の出である。元は金森重近《しげちか》と称した武将であった。彼の父の可重《よししげ》（1558～1615）と共に徳川方として慶長19年（1614）に「大坂冬の陣に出陣」、何故か不明であるが、突然に父の可重から廃摘を命じられた。徳川方につく父・可重らを批判したともいう。

これと同じ様な事が、また大坂の陣の時に起っている。京都の文化人となって文化遺跡を多く残した石川丈山（1583～1672）も、元は武将であった。戦場で「かけ抜け」（自分が他に先だって戦場に突入し功を得ること）を行い、家康から睨《にら》まれて、武将を辞し京都の東北、一乗寺の詩仙堂に入ったとなっているが、この裏は、家康が〝京都の東北の出入り口〟を〝石川丈山〟に、西の北入口の鷹峯に〝光悦〟を配して〝家康直伝のスパイとして〟出入りの見張りをさせるためというのが本当なのである。本阿弥光悦（1558～1637）はここで「芸術村」を作り、平成27年（2015）の京都の大事業〝淋派400年〟の淋派の発生の源となるのであった。これにもこんな背景があるのではないかと思う。

さて、金森重近も母と共に一時、山城国宇治に身を隠した。その後京都に出て大徳寺の紹印伝双に参禅して

金森宗和

剃髪し、「宗和」と名乗って茶匠として新しい人生を歩み出した。31歳であった。そして京都で宗和は、御所八幡町（烏丸通上立売下ル）に居を構えた。禁裏とも近衛家にも近く、寛永元年（１６２４）の彼は、40歳を過ぎた頃から近衛家に出入りをする様になる。当主の近衛信尋《のぶひろ》（１５９９～１６４９）は、後水尾院の実弟で名流の文化人であった。近衛を通じて宗和の評判は、こんな関係から後水尾院（１５９６～１６８０）のお耳に入った。宗和は、宗和流を開き、侘び宗旦に対して「姫宗和」といわれ、天皇や公卿衆の茶湯に大いに貢献した。その間宗和は、江戸でも活躍をしている。寛永5年（１６２８）９月、江戸の金地院で会津43万石の領主・加藤嘉明（１５６３～１６３１）主催の茶会が開かれ、主客は大御所秀忠（１５７９～１６３２）、この日、茶席の道具をすべて用意したのは宗和であった。この時、宗和は、武門の茶匠として栄誉を受けた。

また、宗和には、徳川の縁戚である側室との間に一人の娘が居た。廃摘の時、この娘は母と尾張に逃れたが、のちに尾張藩の重臣である山下氏政（山下氏勝の長男）に嫁いだ。氏政の叔母（氏勝の妻の姉）・お亀（１５７３～１６４２）は、家康の側室となり、次男として尾張藩主徳川義直（尾張徳川家の始祖）（１６０１～１６５０）を生んだ。お亀は京都石清水八幡宮の社人・志水宗清の娘。社人といっても山伏か、修験者にあたり身分の低いものであった。密かに還俗《げんぞく》、名を清水八右衛門と改めて3千石を賜わった。屋敷は現在の深草大亀町の辺りにあり、「お亀の方」が地名の由来となっている。名所である御香宮《ごこうのみや》は、秀吉によりこの大亀谷に移されていたが、義直により現在の大手筋に戻されている。多くの参拝者を迎えている御香宮の表門は、伏見旧城の大手門を移した重文の名門である。宗和は公家と武家社会を巧みに生き、牢人と云う自由人となり、頭角を現した茶匠であった。

92 戦国期マネービルの先駆者、淀屋常安

伏見城練塀《ねりべい》工事、淀川堤普請《ふしん》に手腕を発揮した淀屋常安《じょうあん》（玄个庵常安）（?～1622）に、〝大坂の陣〟という絶好の稼ぎ時が訪れた。

「政商」という言葉は明治になって出来たもので、代表的な者は「三菱」「三井」「住友」である。彼らは政府から工場や鉱山を安価で払い下げを受け、又、多額の財政資金や補助金の援助を受け、或は市場の独占などの特権を受け、その代償として政治献金を行う。権力に「寄生」して「巨富」を計るもので、明治期に一代にして巨富を積んだ古河、藤田、浅野らも同様であった。

この政商の歴史は古く、「安土・桃山時代」の代表的なものは堺の茶人・今井宗久《そうきゅう》（1520～1593）に見られる。宗久は織田政権下における火器などの軍需商であり、生野銀山を管掌し、また「信長徴税請負人」であった。摂津平野の巨商・末吉勘兵衛（1526?～1607）も同じく、秀吉に仕え「代官」として徴税を請け負い、関ヶ原の戦い後は、徳川家康の庇護のもと伏見銀座を設立などしている。堺の小西家は豊臣政

権下で「海運業者」として飛躍する。京都では徳川家の「御用商人」として茶屋四郎次郎、後藤四郎兵衛の両家が特殊な地位を占めた。また、地方にも、今川家の「御用商人」の松木与三左衛門（?～１５７０）、友野与左衛門、武田領国の甲斐府中における反田家等々である。

淀屋といえば、大阪京阪電車「淀屋橋」で有名である、初代玄个庵常安の長男・个庵言當《こあんげんとう》（１５７７～１６４４）の系統の家が「淀屋」と呼ばれている。大坂の中之島の開発で知られる淀屋の二代目である。靭《うつぼ》の地を開拓し海産物市場を開き、また中之島では西国諸藩の蔵米を取り扱い、淀屋の米市を開き、金融業や廻漕業を営むなど経営の多角化をはかり、寛永8年（１６３１）大坂に糸割符《いとわっぷ》の配分権を獲得した。茶人として小堀遠州《こぼりえんしゅう》、松花堂昭乗《しょうかどうしょうじょう》らと交わった。

淀屋と言えば贅沢な暮らしぶりで、幕府によって取り潰しの憂き目にあったので有名である。それは5代目辰五郎廣當《こうとう》の代である。10歳で当主となるが、取り巻き連中に遊女通いを教えられ、花柳界に入り浸り、宝永2年（１７０５）19歳の時、奢侈な生活は町人身分を越えるものとされ、闕所《けっしょ》所払いとなり、全財産を没収された。この事件で淀屋は没落したが、連座して手代等5名が死罪、廣當以外に4名が所払いになっていることから、「公事沙汰」（訴訟事件）に原因があったとされる。

話を戻す。岡本与三郎常安（初代常安）は、北浜十三人町に住む材木商で、京都、大坂で活躍し秀吉に認められ、淀城築城工事から伏見城築城工事にその才能を発揮し、相当な富を蓄積した。秀吉の死後、特に〝大坂夏の陣〟の大坂城改造工事に参画。徳川方勝利後、大坂三郷の惣年寄にも任ぜられ、中之島に移り、一帯の開発に力を尽くし大坂復興に寄与し、家康から八幡の地、山林田地３００石を与えられ、家屋敷を八幡に持った。また、名字帯刀も許された。今、京都府八幡市柴座に淀屋の碑が建っている。京都府南部八幡市の英雄的商人である。

93 千家《せんけ》を再興した文化人、蒲生氏郷

蒲生氏郷《がもううじさと》（1556～1595）は、弘治2年（1556）近江国蒲生郡の日野城にて生まれた。六角承禎《しょうてい》父子が甲賀に逃亡したことが分かると、観音寺城城主・六角義秀らも、ことごとく信長に降る。日野城（滋賀県蒲生郡日野町西大路）主・蒲生賢秀《がもうかたひで》は、嫡男・鶴千代（後の蒲生氏郷）を人質として差し出して信長の家臣となる。永禄11年（1568）9月13日のことである。織田信長に仕えた氏郷の初陣は永禄12年（1569）14歳の8月、北畠氏の大河内城を討ち、この時の手柄によって、同年冬、信長の娘・冬姫（1561～1641）を娶る事になった。信長は、鶴千代の器量を早くから見抜いて、冬姫を与えて娘婿として迎えた。天正4年4月には、「石山本願寺戦争」で手柄を立てる。天正9年9月「伊賀平定」にも貢献。天正10年（1582）6月3日、明智光秀の謀反に際しては、安土城の留守居を務めていた蒲生賢秀《がもうかたひで》とその子氏郷は、変報を聞き、信長の妻子・側室らを保護して蒲生氏の居城・日野城（中野城）へ立て籠もった。信長夫人をはじめ織田一族を守り、武将として一層の名を高めた。その後、秀吉の臣下になり、天正11年3月には、氏郷妹・とら（三条殿）が、秀吉の側室となる。天正12年（1584）4月17日、父・賢秀（1534～1584）、没。享年51。同年6月13日、氏郷は、伊勢松ヶ島12万石へ転封。松ヶ島城（三重県松阪市松ヶ島町）へ入城。そしてこの月、氏郷は、家臣山科勝成、岩上伝左衛門ら12人をローマへ派遣した（第1回目）。

翌年7月、蒲生賦秀《ますひで》は、「氏郷」と改名する。同年8月、受洗（洗礼名レオン）。同年11月、従四位下侍従となった蒲生氏郷は、家臣竹村知勝をローマへ派遣した。（第2回目）。天正15年（1587）1月には、秀吉九州侵攻の副将となる。翌年4月18日、伊勢松ヶ島から新築の松坂城に移った蒲生氏郷は、秀吉から羽柴の姓を与えられる。（年月は異説あり）。そして「飛騨守」を振り出しに順調に出世を遂げ、天正18年（1590）には、

蒲生氏郷

秀吉の「北条攻め」に従軍し、6月、伊豆韮山城を攻略し、「小田原城の包囲」にも参加した。この間の度重なる功績によって氏郷は同年8月9日、奥州仕置において〝会津藩主〟に任ぜられた。会津黒川42万石に転封で、伊達政宗(1567〜1636)から召し上げた会津を与えられ、政宗の抑えを命じられる。同年からはじまった「大崎・葛西一揆」、翌天正19年(1591)の「九戸《くのへ》の乱」にも貢献する。

「文禄の役」従軍の文禄2年(1593)6月15日には、氏郷は、七層の天守閣を持つ城郭の改築と共に、城下町の建設すすめ、黒川を「若松」と改め、城の名を鶴ヶ城(福島県会津若松市追手町)と命名した。翌年10月25日、参議に任じられる。文禄4年(1595)2月7日、会津若松城主・蒲生氏郷(1556〜1595)、京都伏見の蒲生屋敷において病没。享年40。京都の大徳寺昌林院に葬り、遺髪が若松の興徳寺に葬られる。昌林院は廃寺となり、黄梅院に統合されている。氏郷の遺領相続問題をめぐる抗争が、はじまる。

氏郷は勇猛果敢な武将であると同時に、繊細多感な精神の持ち主でもあった。若い頃から〝禅〟を修め、〝茶〟も学んだ。大徳寺の古渓《こけい》和尚に参禅して修学を積み、〝千利休〟に就いて「侘茶の心」も学んだから、〝茶禅一味《さぜんいちまい》〟の境地もいち早く会得し〝利休七哲〟の内でも、第一に数えられるほどであった。

当時の武将の中には、〝茶禅一味〟を修めるかたわら、仏教からキリシタンに改宗する者が珍しくなかったが、氏郷も天正13年に、摂州高槻城主・高山右近(1552〜1615)の薦めでキリシタンに入信していた。氏郷の入信の動機も他のキリシタン大名と同様に、海外貿易による〝富〟の獲得や西洋文化の導入が大きい比重を占めていたが、氏郷の信仰は年を経ると共に次第に確固たるものとなっていった。「神や仏は偽である。唯一の神は〝ゼウス〟だけだ。現在は禁教令が発せられているから仕方がないが、時が来たら〝会津領民〟にも布教して、多くの神父を招くであろう!」。氏郷は家臣の前でもそう断言し、秀吉の〝キリシタン禁教政策〟に、正面から対決する姿勢を見せる様になった。

氏郷が自分の領内に、千少庵《せんのしょうあん》（利休の養子）（1546～1614）を招き、赦免《しゃめん》の為に力を貸す事になるのは、茶の師〝千利休〟に対する報恩の気持ちと同時にキリシタンとしての博愛の主義も働いていた。「少庵」が下僕の忠助と共に会津の地を踏んだのは、氏郷が会津に入部して7ヶ月目、天正19年（1591）春であった。

この前年の10月、奥州の大崎、葛西の領民が「検地反対の一揆」を起し、天正19年7月、氏郷がそれを鎮定した戦功によって会津近辺の七郷が、氏郷の所領に加えられ「会津若松」は92万石を数えるまでになっていた。

会津に入ってからの氏郷は精力的だった。先ず、この地の黒川という地名を、自分の生国、近江蒲生郡の「若松の森」に因んで「若松」と改めた。そして、それまで「黒川の館」と呼ばれていたに過ぎない城郭の改築をはじめ、城下町の整備に積極的に取り組んだ。後に「鶴ヶ城」（会津若松城）と呼ばれる城は、中央に七層の天守閣がそびえる勇壮な構えで、堀に囲われた城内は東北雄藩にふさわしいものだった。

町作りには、近江から氏郷について来た商人達が大活躍し、次第に城下町の体裁が整っていった。又、氏郷は古くから特産品であった「漆器」の生産にも力を入れ、近江から木地師《きじし》や塗師《ぬし》を多数移住させ、塗り大屋敷という伝習所で「漆器の産業化」を図った。氏郷の〝城下作り〟は着々と成果を上げ、町の様相は刻々と変わっていった。

だが侍屋敷の一角に寓居《ぐうきょ》を与えられ、悶々とした日々を送っていた千少庵には大した関心は無かった。はるか京を思い、子供達を偲んだ。そして会津最初の冬が過ぎ、天正20年は文禄元年へと年号が変わった。

文禄元年の春、秀吉は朝鮮出兵を企てた。氏郷もそれに従って肥後国名護屋城に赴くことになった。その直前に氏郷から少庵にお呼びがかかった。

若い領主である氏郷は戦いに限らず、何事にも意欲的で領地を留守にする事が多く、少庵も氏郷に会うのは一年ぶりだった、少庵は鶴ヶ城に出掛けた。氏郷は会津の地に「茶道」を定番にする事を頼んだ。そして本丸の東南の一角に茶室が作られ〝麟閣《りんかく》〟と氏郷は名付けた。

そして何としても、関白に「少庵の赦免」をと、名護屋城へ戻った。そして家康に頼み、二人揃って「少庵の赦免」を秀吉に願い出た。そして根気よく説得を続けた。その結果、約一年後、秀吉は千少庵を赦免し、京へ戻る事を承諾した。

現在「少庵召出状」と呼ばれる一通の書状が「長次郎」の縁につながる楽家2代の吉左衛門常慶（1561～1635）によって、会津の千少庵に届けられ、少庵が京都へ帰ったのは、文禄3年（1594）の事であった。

「為　御意申入候　貴所被召出由　被仰出候間　急可被罷上候　為其申越候恐悦恐悦」

十一月十三日　家康（花押）　氏郷（花押）

文禄元年のこの書状の内容は「秀吉の許しが出たので、上洛されたし」という短い簡単なものだが、最後に〝恐悦恐悦〟と二度も重ねて書いている所に、自分達の長い苦労が実り、少庵が晴れて自由の身になった事に対する二人の喜びが表われている。

利休の「茶」の後継者は「千宗旦《せんのそうたん》」。「宗旦が一人前になるまでは、少庵が後見する」という、利休の意志を知っている氏郷は「少庵の赦免」と同時に、宗旦への「茶の道具の返還」も秀吉に進言した。そして、それが実現した時「千家2代目」は少庵、そして、やがて宗旦（1578～1658）が3代目を継ぐという、利休の意志は貫かれ〝千家再興の道〟が敷かれたのだった！

少庵と同じ頃、利休長男・千道安《せんのどうあん》（1546～1607）の赦免も叶った。しかし「道安」は堺に帰る事はしなかった。3年半の間に「道安」の考えはすっかり変わっていた。一変、千家嫡男の重圧から自由を得た彼には未練は無かった。金森長近（1524～1608）に預けられ、飛騨高山の山麓に抱かれて、彼の価値観は変わっていた。これからこそ「本物の侘茶人《わびちゃびと》」に成れるかも知れぬ。「堺の魚屋《ととや》」は、そっくり「綾乃」

と「栄吾」に譲る手はずを整えると、「道安」は、同い年で義弟である「少庵」や利休の娘「お亀」にも知らせず、氏郷と同じ〃利休七哲〃の一人である細川忠興（三斉）の薦めを受け入れ、彼の領国「豊前」へと、一人高山を去って行った。

「少庵」が京へ着いてすぐ文禄４年（１５９５）の正月、「少庵」は大徳寺前から本法寺前に屋敷を移した。

ここを本拠に「宗旦」と共に〃利休の茶〃を、そして〃千家再興〃を決意した。

そして蒲生氏郷は肥前名護屋の陣中で病を発し、京屋敷に戻って来た。

最後の茶会の「氏郷」辞世の歌　「限りあれば　吹かねど花は　散るものを　心短き　春の山風」

キリシタンらしい〃死生観〃を込めた歌である。

そして文禄４年（１５９５）、40歳の短い生涯を彼は閉じた。

「京都の祇園祭」、ここにタペストリを蒲生氏郷が京で買い、会津に持ち込んで、その後凶作の時、農民救済の為売り、これを京の商人が買ったという〃ホメロスの詩「イーリアス」の見送り〃が、彼の文化人としての高さを今に残している！

祇園祭の各町内の「鉾」や「山」に着装されている「山飾り」、この中で重要文化財に指定されている、ホメロスの叙事詩「イーリアス」の中の「トロイア戦争物語」の一場面、プリアモ大王とその妃を描いたもの（ベルギー製）の山飾りの鯉山町《こいやまちょう》。このルーツに大谷大学名誉教授、京都市文化政策・まちづくり大学院大学教授の内藤史朗先生は、研究の成果として「これは、キリシタン大名で、最高の文化人だった〃氏郷〃が会津若松へ移封の時、黒川城（鶴ヶ城）に保管し、当時、会津地方に大飢饉があり、農民層救済の為に売却し、これが京の町衆に引き継がれ残ったのだ」と、説明されている。

戊辰の役「鶴ヶ城落城」の際、前原一誠が城内で「泰西王侯騎馬図」を見付け、山口に持ち帰った事が、最近判明した、これも「氏郷」の蒐集品の一つと思われる。これは、キリシタン大名蒲生氏郷が作らせた障壁画（16世紀末〜17世紀）を八曲屏風に仕立てたもの。サントリー美術館と神戸市立博物館に片隻ずつ所蔵。ともに重要文化財に指定されている。

94 最期は妙心寺で僧となり漂泊の人生を閉じた。鶴より雀になりたい、茶心武将・滝川一益

織田四天王（柴田勝家・丹羽長秀・明智光秀）の一人、滝川一益《かずます》（１５２５〜１５８６）は、天正10年（１５８２）甲斐の武田勝頼を討ち果たした時、普通の侍なら所領を求めるのに、安土名物とも呼ばれた「珠光《じゅこう》小《こ》茄子《なす》」という名物茶器の茶入れを望んだという。ところが上州という遠国に移封された為、「茶の湯の冥加も尽き候」の手紙を書き綴っている。一益は風雅の道を愛していた。領地の奪い合いや、権力争いの毎日、そして、生き死の武将人生から離れたいとの願いがあった。

彼は大永5年、近江国甲賀郡大原中で生まれ育ち、六角氏に仕えた後、流浪したという。『寛政重修諸家譜』は、「幼少より鉄砲に鍛練す、河内国に於いて、高安某を殺し去りて、所々を遊歴し勇名を表す」と記されている。そしてその後、尾張を流浪している時、柴田勝家と出会い彼の推挙で信長に仕えた。その推挙の言葉の中に鉄砲巧者であるとされている。

最初の戦功は伊勢討伐だった。永禄10年（1567）3月、信長、滝川一益を大将に命じ、北伊勢に侵攻開始。信長は永禄12年（1569）10月4日、伊勢の大河内城《おかわちじょう》（三重県松阪市大河内町城山）に、北畠具教《きたばたけとものり》・具房父子を攻め下す事に成功したが、この際の戦いぶりは勿論の事、一益のそれまでの伊勢討伐の功績に対して、信長は、北伊勢五郡を与え、長島城に入れる。北伊勢五郡と伊賀三郡を与えられた、大変な出世であった。

元亀3年（1573）12月22日の「三方ヶ原の合戦」には、家康の援軍として戦ったほか、天正3年（1575）5月21日の対武田勝頼の「長篠の合戦」でも得意の鉄砲で活躍した。同年8月19日の信長の「越前一向一揆平定」に貢献。天正5年（1577）10月からの明智光秀の「丹波攻略」も、翌年から応援に出た。天正6年（1578）4月、明智光秀・丹羽長秀らと共に、播磨国上月城を救援のため、先陣として播磨へ出陣した。

彼の人柄を表すエピソードがある。桑名城で書物を読んでいた時、庭に落雷があったが、「平然として書に対せり」と全く平気で、近臣らはその器量の大きさに感心した。上野国厩橋城《まやばしじょう》（群馬県前橋市）では諸侍の挨拶の時、着る物が垢にまみれた一枚だけだったので、それを洗わせている間、赤裸のままでいたとか、おおらかな人物であった。

天正6年（1578）「本願寺合戦」の時、大船を一隻建造する才能もあった。その功で同年9月、信長より千人扶持を与えられる。同年11月には、「荒木村重謀反」に対応、天正7年10月、調略で有岡城を開城させる。翌年3月には、相模北条氏の申次を務めた。同年9月「第2次天正伊賀の乱」に出陣。天正9年（1581）10月、先鋒織田信忠・補佐役として、「武田征伐」に出陣。天正10年（1582）3月11日には、武田勝頼を攻め自刃させた。同月23日、信長より、武田攻めの戦功として、上野国《こうずけのくに》と信濃二郡（小県、佐久）を与えられる。一益は「東国奉行」、「関東管領」と呼ばれる。

関東守護になった頃、近くの山に山屋敷を作り、そこへ行き、ぼんやりするのを好んだと言われている。ある時、鶴が、他の鳥と違って非常に用心深く周囲の動きに気を配っているのに、雀は軒先に来て人も恐れず、餌を食べ雀同士で遊んでいるのを見た。その時彼は「汝等は鶴を羨まず、雀の楽しみを楽しみ候」と言ったという。功名の武将の暮しが堅苦しく、嫌になったのだろう。

天正10年（1582）6月の「本能寺の変」の時は、彼は東国の三国峠で越後上杉方と戦って敗れた直後であった。6月9日、変報が上野国厩橋城《まやばしじょう》（群馬県前橋市）に早馬で届いた。領国経営を如何に安定させるか極めて難しい時期だった。彼は「士は義を立つものなれば、弔い合戦への加勢こそ本意なり、背く士はあらまじき」と言って、近臣の諫《いさ》めをさえぎって、地元の武将に信長憤死の事、西上の事を告げ、人質を全て返し、領国を捨て、酒宴を開いて礼を述べ、地元の諸将らと峠で別れを惜しんだという。一益らしい人情話である。人質は木曾義昌に預けたともいう。

6月19日「第2次神流川の戦い」で北条氏直・北条氏邦軍に敗れる。翌日一益は、信濃の小諸・下諏訪・木曽福島などを経由し帰国の途に就くが、北条軍の追撃や武田の旧臣の蜂起などあり苦難を極めた。7月1日、ようやく本領の伊勢に帰郷したが、秀吉は6月27日に「清州会議」

滝川一益

も終わり、優位に立っていた。8月頃彼は、秀吉と対立している柴田勝家と組んだが、天正11年（1583）2月、居城・桑名城（三重県桑名市吉之丸）を攻撃される。同年4月、勝家は賤ケ岳で敗北の後、自害。柴田勝家の滅亡を知った滝川一益、伊勢国にて、7月6日、朝山日乗の絵を秀吉に進上。秀吉軍に伊勢長島城を攻撃され、約1ヶ月間の籠城戦の末に降伏した。8月1日であった。これにより一益は所領を全て没収され、京都妙心寺で剃髪、丹羽長秀を頼り越前にて蟄居した。

その後、家康、秀吉対決の天正12年（1584）3月「小牧・長久手の戦い」で、一益は秀吉に隠居から呼び戻され、今回は秀吉方となる。同月14日、伊勢峯城を攻略する。彼は同年6月、知略により相手を寝返らせ蟹江城（愛知県海部郡蟹江町）に入ったが、大野城（愛知県愛西市佐屋町）攻めから蟹江城に戻った家康軍に攻められ、7月3日降伏した。この時、自らを守るため蟹江城留守将・前田与十郎種定の首を差し出すという裏切りを行い、一益の過去の名声は一気に地に落ちた。「先駆けは滝川、殿《しんがり》も滝川」と言われた猛将の面影は消えていた。

この不始末は秀吉の怒りを買い、京妙心寺で出家して「入庵」と号し、越前大野（福井県大野市）に蟄居。秀吉は一益に隠居料として、かつての約束の所領から3千石を与えた。生き永らえた〝滝川一益〟は、越前大野で漂泊《ひょうはく》の人生を閉じたと伝えられている。天正14年（1586）9月9日死去。享年は62といわれる。

武将と妻

95 戦国女性は人形のように

むくつけき男の顔より、何か哀感を漂わせる〝戦国女性の顔〟こそが、好主題である。暴力中心主義の戦国程、女性が虐《しいた》げられた時代はない。妻や娘は人質にされ、攻略結婚、政略離婚は日常茶飯事であった。勝者は敗者の妻や娘を略奪、女房たちは雑兵の蹂躙に任された。「お市の方（信長の妹）」「朝日姫（秀吉の異父妹）」「諏訪頼重の姫（諏訪御料人、武田勝頼の母）」「遠山夫人（信長の姪、武田勝頼の正室、武田信勝の母）」「北条夫人（北条氏康の六女、武田勝頼の継室）」を列挙するまでもないであろう。人間性は全く認められず、男の勝手な攻略と性欲の道具としてしか扱われなかった。彼女らは、意志を、そして感性も殺して、〝人形〟として男の庇護下に生きるしかなかった。この為、努めて人形であろうとした顔は、冷たく無表情だが、沈んだ美しさを湛《たた》えている。これは能面、女面の小面《こおもて》や若女《わかおんな》に似て清雅の中の、ほのかな哀愁となっている。

まず目に浮かぶのは高野山持明院にある〝お市の方〟の画像である。これは淀殿（茶々）が生母追善の為に描かせたものである。最も生前の彼女の面影を伝えている。丈なす黒髪や、すんなりとした撫で肩、切れ長の目は澄んで美しい、そして真っ赤な小さな唇が魅力的である。何とも完璧な美人だが、どことなく哀愁が沁《し》みて来るのである。戦国末から安土桃山時代にかけての貴婦人の正装の典型的なもの。下着を三枚かさね着にし、肩と裾だけに片身替わりの模様のある小袖を着て、またその上に白綾の小袖をかさね、一番上の美しい模様の着物を肌ぬぎにしている。

お市の方

武田勝頼北条夫人は、夫と共に天目山で自刃したヒロインである。これも持明院に肖像画（武田勝頼・夫人・信勝画像）があるが、豊かな黒髪や切れ長の目、丹花の唇（赤い花のように魅力的な美人の唇）の美女ぶりは〝お市〟に劣らない。

秀吉の異父妹〝朝日姫〟も東福寺の肖像画に美貌の色香を残している。上品な中年の女性が穏やかな表情で、視線を漂わせている。秀吉の戦略の犠牲となり、夫と別れて無理に家康へ再婚という形の人質となった女性である。

龍安寺に肖像画がある細川昭元夫人（お犬、信長の妹、細川元勝の母）も、夫の死後、他家（細川家）へ嫁いで、同じ様に悲運に泣いた女性で、切れ長の目に、まっ赤で小さな唇がお市の方によく似た素晴らしい美人である。やや細川夫人の方が年増で匂い立つ様な美しさがある。小袖と腰巻姿で、数珠を持って両手で合掌して、片膝を立てて腰高に座した姿態で描かれている。

さてこれらの美女に共通するのは、まず柔らかい線に包まれた〝瓜実顔〟である。例外なく面長のすっきりした美しさで、切れ長の目、その正中（眞中の意味の古語）に黒い瞳が静止しており、真赤な花ビラの様な唇が、可憐に開いていることである。何か哀しい印象をあたえるのは、この面長と、静止する眼と、小さな唇のためである。女の人間性を殺し、無表情な人形に仕立てられているからであろう。

96 黒髪を売って、光秀を支えた妻が居た

明智光秀（1528～1582）は、「本能寺の変」と「明智藪の死」とが広く知られているが、彼の成功の蔭に妻・熙子《ひろこ》（?～1576?）の大きい力があったのはあまり知られていない。天文14年（1545）光秀と熙子は婚約した。その後、暫くして彼女は疱瘡《ほうそう》に罹り、美しい顔に「あばた」が残った。父の妻木範熙《のりひろ》（広忠）（1514～1582）は、熙子と「瓜二つ（よく似てる）」の妹を光秀に差し出したが、光秀は「自分は誰でもない〝熙子殿〟を妻に決めている」と言う。何事も無かった様に「祝言」を上げ、妻として迎え入れた。

弘治2年（1556）4月20日、斎藤道三と義龍《よしたつ》の親子争いの合戦（長良川合戦）で、光秀は道三に与するが、義龍に自己の城、明智城（岐阜県可児市）を攻め落とされ、その後光秀は、浪人となり流浪し生活も立たなくなった。この時、良妻熙子は強く生き、お金を工面し家族を守った。光秀が問いただすと、頭の被りを取って見せた。美しい黒髪をバッサリと切り落されていた。黒髪を売って彼女は生活を支えていた。

彼女は「あばた」が残っていたが、非常に美人であった。光秀が信長に仕える様になり、信長は、光秀の妻は〝天下一の美女〟と聞き及んだ。信長は早速、彼女に登城を命じ、廊下の陰に潜み、余りの美人にびっくりして抱きついたというエピソードもある。三女の「玉」（1563～1600）はガラシャ夫人として、つと

滋坂本城跡公園（滋賀県大津市）

有名であるが、彼女は母より更に美しかったと言われている。長女が明智光春（秀満）の室、次女が明智光忠の室という。

天正10年（1582）6月13日、「山崎の合戦」で光秀軍敗北を聞いた彼女熙子は、長女婿の明智秀満《ひでみつ》と共に坂本城（滋賀県大津市下阪本3丁目の坂本城址公園内）に籠城した。光秀の死を聞くと「我が家の、時運も最早これまで、空しく時を費やしても仕方なし、この城で果てる覚悟のこと」と言い残し、落城前に金銀を家臣に全て渡し逃した上、娘や婿と自害し果てたという。6月15日であった。光秀の築いた名城坂本城、ルイ・フロイスが「豪壮華麗で安土城に次ぐ城である」と言った「城」と運命を共にした。『明智軍記』。『西教寺塔頭実成坊過去帳』によると、天正4年（1576）11月7日、没。滋賀県大津市坂本の明智氏、妻木氏の菩提寺である西教寺に墓があるという。

坂本龍馬の先祖も、この時、坂本から四国土佐に逃れ住み、才谷村に才谷として暮らし、幕末に城下で「下士」の株を買い、坂本と名乗ったという話もある。これは、明治16年（1883）『土陽新聞』に坂崎紫瀾《しらん》（土佐藩医の子）（1853～1913）が龍馬を主人公にした『汗血千里駒』を連載、のちに本となる。これが「明智後裔説」の初出になる。その中の一節に、「そもそも坂本龍馬の来歴を尋るに、其祖先は明智左馬之助光俊が一類にして、江州坂本落城の砌り遁れて姓を坂本と改め、一旦美濃国関ヶ原の辺りにありしが、其後故ありて土佐国に下り遂に移住て」とある。

97 尾張言葉の〃従一位夫人〃、夫婦喧嘩もお国言葉で

戦国史上のトップレディ、〃おねさん〃。トップレディで格好つけないトップレディ。この人の生いたちはよく分からない。播磨地方の杉原助左衛門（定利）（?～1593）という人の娘らしい。この助左衛門という人もよく分からない人で、相当長生きだったとか、又、早く死んだとか言われている。

彼女の出生は謎である。彼女おね（のちの高台院）（1549?～1624）は、あの有名は〃ガラシャ夫人〃と対象的に少女時代は余り幸せで無かった。早くから叔母ふく（七曲殿）（?～1603）の嫁ぎ先で、妹とされる「おやや（のちの長生院）」（?～1616）共々養われていた。この叔母の夫が浅野長勝（?～1575）という信長の「お弓取頭」であった。仕事は足軽部隊の隊長である。彼女はそこで秀吉（1537～1598）に見初められていた。その時秀吉は「草履取り」からやっと「士分」になったところで26歳。「おね」は14歳。この時は「おね」の方が身分が上でお弓取りのお嬢様。それを貰った秀吉はよい船に乗った様なもの、「おね」の所に婿入りとして入った。永禄4年（1561）8月3日ともいう『木下家譜』。スイートホームは浅野家の家の長屋の一角。あの〃ガラシャと忠興の勝竜寺城結婚式〃と対象的で、長屋の土間に簀掻藁《すがきわら》を

敷き、その上に薄縁《うすべり》をしての祝言。簀掻藁というのは、〃簾《すだれ》〃とか〃簀子《すのこ》〃の材料にするもので、土間に直《じか》に薄縁を敷くより、少しはフワフワとして上等の気分になるというものであった。

そして20年経過し、彼は長浜城主となり、中国攻略の主将となった。その時ラッキーな「本能寺の変」発生。最大のチャンスを、彼は見事に我が物とした。一気に天下様、関白・太政大臣（従一位）へ。〃おね〃も「従一位北政所」と昇る。長屋の足軽の嫁が〃天下のトップレディ〃へ。この人は変わっていたのか賢いのか？昔の言葉の「尾張言葉一点張り」で、格好も付けない。もっと出世して大坂城に入った時でも「奥の一の間」で夫婦喧嘩、派手な言い争いを始めたが「尾張言葉」丸出しで、近くの侍女達も何を言っているのかサッパリで呆気にとられて見守るばかり。その間に二人の声はますます大きくなり大喧嘩の様……暫くして秀吉が気が付いて苦笑い「オーイ皆の者、今の話分かったか?」……そこに丁度居た能の囃《はや》し方《かた》が「夫婦喧嘩が〃太鼓のばち〃に当たりました」。そこに笛吹きが「どちらがリーヒヤラ（理やら）、ピーヒヤラ（非やら）」と大笑いであったという、面白い夫婦喧嘩をしていたそう。

この〃おね〃は、夫に、はっきりした意見をしていた。政治面から人事問題迄、しかし一般的な「痴話げんか」も度々しているのも面白い。

有名な信長から〃おね〃宛ての手紙がある。〃おね〃が読める様にこの手紙は「オールひらがな」である。「この度こちらへ初めて来てよく挨拶してくれた。又、土産物が大変素晴らしく、筆にも尽くしがたいほどだった。こちらからも返礼に何かやろうと思ったが、余りそちらの方が見事なので、この度は、それに見合うものがないので辞めておく。今度来た時にやろう。それにしてもそなたの〃見目〃が立ち、この前見たときよりも倍もよくなった。それにも拘らず、藤吉郎が不足を言うとは何事だ。どこを尋ねたって、あんな〃禿げネズミ〃に、お前ほどのよい女を探せるはずがないのだから、余り気にせず、いかにも一城の女主らしく重々しくて、嫉妬

高台院

はするなよ。そなたも女ゆえ、言いたい事も、少しは控えるようにするのがよいのだ。この手紙を秀吉にも見せてやれ」。

この手紙を考えると、〝おね〟は信長に、夫との間が余りうまくいっていない事を告白した様である。この手紙が何時書かれたか？　年号が入っていないので信長が岐阜に居た頃とされていたが、別説では信長が安土に居た頃、天正４年（１５７６）の説もある。もし天正４年ならば、秀吉が長浜城主となってからの事で、側室も出来かけていたのだろう。〝おね〟の変わった、明けっ広げで飾らない性格が、信長の特異な性格と合ったのだろう。難しい夫の上司に夫の浮気の話をしている。秀吉も〝おね〟も、難しいトップの信長と、非常に巧みな人間関係を作っていたのだ。

〝おね〟の後年は、秀吉、弟秀長と共に豊臣家を政治的な面で大きく支え続けた。秀吉の狂った様な「朝鮮出兵」にも、秀長と共に反対した。しかし惜しくも秀長が早くこの世を去って行った。そして淀殿が大坂城に入り〃おね（高台院）〃は京都へ出た。これは大豪邸から小さなマンションに出て行く様な事だった。これを家康がサポートして行く。これが「関ヶ原天下分け目の戦い」の決め手、小早川秀秋の東軍への寝返りとつながり、豊臣秀頼、淀殿は「大坂夏の陣」で消え去り、彼女は京都で余生を気楽に「三河弁」で終生、飾らず生きたのだった。

98 山内一豊《やまのうちかずとよ》の妻（見性院）、「名馬伝説」は嘘だった

山内一豊（１５４５?～１６０５）がまだ貧乏暮しをしていた頃、ある日市場で、惚れ惚れをする馬を見かけた。「いくら?」と聞くと、「黄金十両」。一豊にとっては手も足も出ない高額。帰ってきた夫は浮かぬ顔をしている。妻（見性院）（１５５７～１６１７）は訳を尋ねた。その話を打ち明けると「それなら心配無用」と彼女は鏡台の奥から黄金10両を！　彼は大喜びで、この名馬を入手。そこへ京で「信長の馬揃え」があり、この名馬は信長の目に留まった。「あれは誰か」、一豊であると知ると「貧しいのによくぞ買った。これぞ武士のたしなみ」と褒め立てた。これが出世の始まりと言われてきた。『常山紀談』。

この話を調べてみるとおかしい。「天正馬揃え」は天正9年（１５８１）2月28日。この年号に近い頃、一豊は播磨国有年《うね》（兵庫県赤穂市）を中心に2千石の領主となっている。その時の黄金十両は米30石の事である。なれば気楽に買える金額である。昔の４００石の小身の時の事なれば30石は無理な出費であるが、その時妻がそんな高額の「へそくり」を持っていたかどうかである?

彼女の出身は「若宮氏」と言い浅井の家来らしい、彼女の名前も「千代」「まつ」とも言われるがこれもはっ

きりしない。彼女が10歳の頃、父・友興とは戦死したというのは、はっきりしているが、出自は異説もある。そして、その後暮らしは相当に苦しかったらしいので持参金は考えられない。面白い事に、当の山内家にはこの〝伝承〟は無いと言う！

さて山内一豊とはどんな武将か、調べるほどに戦国武将らしくない武将の姿が見えてくる。「実戦派」でも無く「指揮派」でも無い。彼は「関ヶ原の戦い」の時、家康に従って「上杉攻め」に参加していた際に、いち早く遠州掛川城の全面提供を申し出た。そして、全城を明け渡し全面協力した。関ヶ原の戦いに勝利した家康は大喜びで「山内対馬守（一豊）の忠義は木の幹、他は枝葉」と讃えたという。これが「土佐24万石、長宗我部」の後釜として「掛川5万石」より四国土佐国9万8千石に入った要領のよい知将であったのだ。

見性院

一方、妻も女子として型破りの人だったらしい。強気で自分の言いたい事はハッキリと言い、したい事はドンドンやる性格だったようである。この夫婦も「柔軟外交型の夫」と「強気の妻」。戦国夫婦の変わった組み合わせである。この夫婦もよく喧嘩をしている。子供には恵まれず、長浜城主の時、女の子が一人生れたが、天正13年（１５８５）

11月「天正大地震」で死に、それ以後一度も子宝に恵まれなかった。一豊には浮いた話も無い。

この話は有名だが、この一女を失ったあとに妻が亡き子の墓参りに行き帰り道に「棄て子」を見付けた。「藁籠《わらかご》の中に一振りの短刀」を添えてある男の子であった。この子は「拾子《ひろいこ》」と名付けられ、彼女の愛を一身に受けて育った。この話に裏話がある。この子は一豊が妾腹に生ました子というのだ。一豊の策略で、まんまと彼女はこれに、はまったのか……。しかしこれは、逆に彼女の策略で、一豊が妾腹の子の処置に困っているのを知って、わざと棄てさせて拾い、上手に収めたというのだ。そしてこの子は頭もよく可愛い子だったが、彼女が強く反対して跡継ぎにせず出家させた。この子は湘南宗化《しょうなんそうけ》（?～1637）として名僧になった。

何故彼女は反対したのか？　その言い分はこうである。「確かに可愛い子供ですが、でもこの子が「拾い子」である事はご城下で知らない者はありません。殿様も私も、血の入っていない事は判然としています。いくら利発とはいえ、その素姓すら分からないのです。もしこの子を養子にすれば、その素姓を知っている家来が納得しますまい。自然、言う事も聞きますまいし、家も乱れの元となります」。そして、周囲の人々が何と言ってもガンとして聞かず、「お前が此処にいては、具合の悪い事があるのです」と、出家させてしまった。

もし「棄て子」を拾わせたのが一豊の作戦としたらこれは裏をかいた事になるし、又、彼女の考えた演出ならば「妾腹の子」の追い出しを実行したのだ。この和尚とは長く付き合い遺産も贈っている。もし「妾腹の子」という伝承が本当なら、後継問題に関する一豊との夫婦喧嘩の一戦は彼女の勝ちである。夫に「妾の子」が生まれても、泣いたりわめいたり大喧嘩するよりも巧妙な作戦である事を、彼女は実戦で教えてくれている。「良妻賢母の見本」の知将夫人で、政治的策略に長けたこのお手並みは、夫以上であった。

「関ヶ原の戦い」の時、夫は家康に従って関東。妻は大坂に在坂。逐一情報を夫に送り、大坂方から「味方に参れ」という密書が来た時は「この手紙を開けないで、そのまま家康様に見せる様に」という手紙を添えて夫に届けた。夫は妻の言う通りにし大変喜ばれ、これが出世の糸口になったと言われている。

この時、三成は武将の妻を人質として城内に集めた。その時彼女は巧みに逃れたようだ。黒田官兵衛父子の妻二人は荷物の中に隠れて大坂を脱出し、細川忠興の妻「ガラシャ」は入城を拒否、自殺ができないキリシタンだったので、自らを家来に斬らせて最期を遂げたが、一豊の妻はやはり要領よくその場を切り抜けたのだ。

夫と二人で「二人三脚」で、度胸と要領で、四国土佐で続いた山内家は、幕末には大活躍するのである。

99 夫・利家に強烈なパンチを与えた〃お松〃

天正12年（1584）9月、その時、前田家はピンチであった。配下の属城、末森城（石川県羽咋郡宝達志水町竹生野）に、越中の猛将佐々成政《さっさなりまさ》（?〜1588）が攻めて来た。前田利家はこの時、加賀、能登を領有したばかり、そこへ以前から越中で頑張っていた成政の攻撃である。しかもこの末森城は能登半島のつけ根にあり、もしこれを成政に奪われると、前田の領地は加賀と能登の間を切り取られる事になる。この時、城を守っていたのは利家の家臣奥村永福《ながとみ》（1541〜1624）だった。佐々の大軍を一手に受けて苦闘の様は、国主の前田利家（1538?〜1599）の許に刻々と伝えられてくるが、この時、悲しいかな、手許にはわずかな手兵しかいなかった。大体、佐々方は一万、前田方は3千という状況で形勢は全く劣勢、しかもこれは利家自身の責任があった。そこを〃お松〃は、ピシャとやったのである。お松（芳春院）（1547〜1617）は、前田利家の女房。

『川角《かわすみ》太閤記』には「利家、具足を付け申され候処に、不慮なる夫婦、いさかひ出来す。……中略……（芳春院）

芳春院

女房達を召しつれられ、〃かね蔵〃をあけ、しゃうぶの皮には金子、なめし皮の袋には銀子、金銀の皮袋を御内儀も手に持ち御出候」。そして〃お松〃は言った。「又左衛門殿、よくお聞きたまえ。秀吉様御意には、内蔵助（佐々成政）抑えの為に、当国半国、能登一国下され候也。信長様の時、女の身にても、聞き及びまゐらせ候は、佐々内蔵助殿は武功が重なり、その上、手づまのききたる上手人と……中略……女の身にてもそれを思ひ出、金銀の御たくはへ、唯今は御無用にて候。大事の敵にさし向はれ候上は、先ず人をお抱へなさるべき事、もっともに候。さて世間の御国のしづまりし時、又、金銀もいらざる物にてはござなく候。その時分はよくよく国のしまつをもなされ、金銀御たくはへなされ候へと、朝夕異見申候。此の度この金銀を召しつれられ鑓《やり》を御つかせ候てしかるべく候とて、金の皮袋を又左衛門殿へ御打つけなされ候と相聞申し候」。

　金銀も大切だが、非常の時には、まず人を召し抱えた方がよいとあれほど言ったのに、そうしなかったのは自業自得。それなら、金銀に槍を使わせたらいい！と「お松」は言った。利家はやりくり上手であるが、上手過ぎて〃肝心《かんじん》〃のものが抜けていると「お松」は言ったのだ。

　しかし利家としては、出陣の際に、こんな事を言われたら甚だ面白くない。「何だと出陣の祝いを言うならともかく、この期に及んで、俺に腹を立てさせる気か、行きつけの駄賃に首を斬ってやる。」と、太刀を抜こうとしたので、周りの女房達が押しとどめ、利家をなだめて、やっとその場を丸く収めた。確かに「お松」のした事は、考えると余り褒めた事では無い。「しっかりやっていらっしゃい」この際、こう言って励ますべきだったのかもしれない。しかし利家の様な、向こう気の強い男には、逆療法であるのが効果的と、彼女は賢く、この危機に際して発言したのだ。利家は〃なにくそ〃こうなっては、是が非でも負けられんぞ！と、意地となって決死の戦闘を展開し、佐々勢に殴り込んだ。佐々勢もその鋭さに負け、末森城より退いた。

「お松」のパンチは、前田家に勝利をもたらしたのだ！

100 生首を「お膳」に置き、〝喧嘩〟した夫婦

勝竜寺城跡（京都府長岡京市）

戦国の美男、美女カップル。当時、最高の結婚式と披露パーティが行われ、勝竜寺城は花盛りであっただろう。天正6年（1578）8月15日、花婿は細川忠興《ただおき》16歳（1563～1646）、花嫁、明智玉子《たまこ》16歳（1563～1600）。超イケメンと超美女。超エリートカップルである。この祝宴に招かれた人々は、その後起こる〝悲劇の序曲〟とは、誰一人考える人はいなかっただろう。しかし、二人には破局が訪れ、すさまじい〝喧嘩〟を始める様になる。

この忠興は、余り浮気はせず、女性関係は無い男だったと伝えられている。この男は大変な〝やきもち焼きの男〟であった。お玉に心から惚れ込んでいた。天正10年（1582）6月「本能寺の変」で普通の場合「主君殺しの娘」なら、自殺か、離別さすのが定例であるが〝ほとぼりのさめる〟迄、自分の領内の僻地「味土野」（京都府京丹後市弥栄町味土野）へ幽閉処分という名目で完全避難させた。やがて〝ほとぼりがさめ〟秀吉の天下となり、秀吉

も許可を出し、それで大坂屋敷へ戻った。秀吉もこの美女をマークしただろうが、夫の〝超やきもち〟を知っていたのだろう、手を出してはいない。その大坂屋敷の夫婦生活の中で起こった事件！

或る時二人は食事をしていた。食事をしながらすさまじい言い争いをしていた。その時丁度、庭の手入れをしていた職人がそれを聞いてしまった。又、一説には屋根屋職人が、屋根の手入れをしながらこっそりと盗み聞きをしていて、うっかり足を滑らせて二人の前にドスンと落ちたともいわれている。

それを見るなり忠興はカッとなった。忠興はお玉を秘蔵していたので、この秘蔵の自分の宝物を見たというので激怒した。パッと立ち上ると忠興は、その職人を「一刀の下」に、切り捨ててしまった。そして、その首を打ち、血の滴る〝生首〟を、食事をしているお玉の「お膳」の上にドスンと据えた。いくら当時、血生臭い「戦国の世」でも、普通の上流社会の女性なら気を失う様な異常なことなのだが！

この時お玉は平然とし、この異常な夫に冷たい視線を送り、何事も無かった様に「お膳」の上の食物を食べていたといわれている。これには忠興も度肝を抜かれてしまった。「蛇《じゃ》の様な冷たい奴だな。そなたは……」と言ったらしい。するとお玉はチラリと夫を見て「罪も無い職人を、お殺しになった貴方は鬼。鬼の女房なら、蛇が丁度よろしゅうございます！」

戦国の女性の話の中では、この話は、一番スサマジイ。この古い時代の女性は貞節従順を常としていたはずだが、お玉は何故、〝モーレツ夫〟に対応したのだろうか？……

このお玉の強さはどこから来たのだろうか？　これはきっと遺伝子に拠るものだろう。お玉に限らず戦国の女性は強くモーレツである。沼田城の小松殿や、曳馬城《ひくまじょう》（浜松城）の飯尾夫人（お田鶴の方）、井伊谷城《いいのやじょう》の井伊直虎等々……。女性は夫に従うものというのは江戸期の儒教の考えで、それ迄は上流、下流全て自由に力強く生きていた。しかしお玉の強さはそれだけでは無く、この二人の喧嘩の素は、普通の夫婦喧嘩とは違う〝思想上の対立〟であった。

現在、イスラムの事件が世間を揺るがしているが……。〟宗教的対立〟この二人にも、お互いに愛し合いながら、深刻な対立があったのはこの問題であった。

お玉は味土野《みどの》時代、仏教書や種々の宗教書や思想的な事を学んだと思われる。彼女は「主殺し」反逆者光秀の娘として、死を選んだ方が楽な状況の下で生き抜いた。彼女には既に味土野時代にキリシタン信仰に入っていたと筆者は思う。別記したが「喜捨《きすて》」という姓が地元に残るところから検証しても〝喜んで捨てる〟キリシタンの考えである。〝デウス〟に全てを捧げるという事である。このキリシタンの教えで救われていた彼女に、当時秀吉による「禁教」が始まっていた。忠興はお玉にきっと厳しく禁教を迫ったと思われる。〝デウスに救われた〟お玉は、これを、如何に夫の言葉でも従う訳にはいかなかった。そしてこれが夫婦対立の大きな原因であった。この二人はそれまで日本の夫婦が経験しなかった嵐の中に立っていた。

お玉の信仰は本物だった。当時南欧の珍しい品々やファッション等々に引き込まれキリシタンになった女性も多くいた。しかし、お玉の深い信仰心は「人生の最暗黒期」を信仰により乗り切った経験によるもので、これらの人々とは全く異なっていた。お玉のこの深い魂《たましい》の苦しみを、忠興は理解していなかった。忠興父幽斎は、キリシタンではないかといわれているが、忠興は「武将一徹」で当時禁制のキリシタンであるという事を秀吉に知られれば弾圧を受ける、この妻に禁教を迫る彼の立場も充分に理解できる。二人はお互いに愛し合っていたのだが、これが二人の対立を増幅させていく。忠興はお玉を厳しく監視しキリシタンに近づけまいとし、お玉がキリシタンである事を隠した。外部と一切接点を絶った。当時、秀吉の所に大名夫人達は挨拶に行ったが、忠興はお玉を秀吉の所に絶対に行かせなかった。秀吉も忠興の〝やきもち焼き〟を知っていて強制はしなかったらしい。

キリスト教は離婚も自殺も認められない事であった。そして彼女に実に絶好のタイミングの死を迎える時がやって来た。慶長5年（1600）7月16日、大坂玉造の細川屋敷に、大坂城から使いがあり、玉（ガラシャ）に人質として登城するように伝える。拒否したガラシャは小笠原少斎（秀清）に、大坂城から迎えが来たら死する意思を伝え、忠興の伯母宮川尼を京都建仁寺に逃がす。有名な「関ヶ原合戦」、細川家を守る為の〝ガラシャ〟の死であったともいう。一説によると開戦を予期していた忠興は、残留の家臣に万が一の時の処置を指示していたらしい。この後の禁教の弾圧の事を考えてみると、彼女のこの歴史上〝烈婦の鏡〟と言われる死は、不幸だった後半生のラッキーストライクだったのだ。

勝竜寺城公園の細川忠興・ガラシャ像

01 大隅《おおすみ》
02 薩摩《さつま》
03 日向《ひゅうが》
04 豊後《ぶんご》
05 豊前《ぶぜん》
06 肥後《ひご》
07 肥前《ひぜん》
08 筑後《ちくご》
09 筑前《ちくぜん》
10 壱岐《いき》
11 対馬《つしま》
12 長門《ながと》
13 周防《すおう》
14 安芸《あき》
15 石見《いわみ》
16 備後《びんご》
17 出雲《いずも》
18 備中《びっちゅう》
19 備前《びぜん》
20 美作《みまさか》
21 伯耆《ほうき》
22 淡路《あわじ》
23 播磨《はりま》
24 因幡《いなば》
25 但馬《たじま》
26 隠岐《おき》
27 伊予《いよ》
28 土佐《とさ》
29 阿波《あわ》
30 讃岐《さぬき》
31 丹後《たんご》
32 丹波《たんば》
33 摂津《せっつ》
34 和泉《いずみ》
35 河内《かわち》
36 紀伊《きい》
37 大和《やまと》
38 山城《やましろ》
39 若狭《わかさ》
40 近江《おうみ》
41 伊賀《いが》
42 伊勢《いせ》
43 志摩《しま》
44 尾張《おわり》
45 美濃《みの》
46 越前《えちぜん》
47 加賀《かが》
48 能登《のと》
49 越中《えっちゅう》
50 飛騨《ひだ》
51 三河《みかわ》
52 遠江《とおとうみ》
53 駿河《するが》
54 伊豆《いず》
55 相模《さがみ》
56 甲斐《かい》
57 信濃《しなの》
58 武蔵《むさし》
59 安房《あわ》
60 上総《かずさ》
61 下総《しもうさ》
62 常陸《ひたち》
63 下野《しもつけ》
64 上野《こうずけ》
65 越後《えちご》
66 佐渡《さど》
67 出羽《でわ》
a 羽後《うご》
b 羽前《うぜん》
68 陸奥《むつ》
a 陸奥《りくおう》
b 陸中《りくちゅう》
c 陸前《りくぜん》
d 磐城《いわき》
e 岩代《いわしろ》

※出羽・陸奥を分かつ（7ケ国設置は明治1年）

69 蝦夷《えぞ》

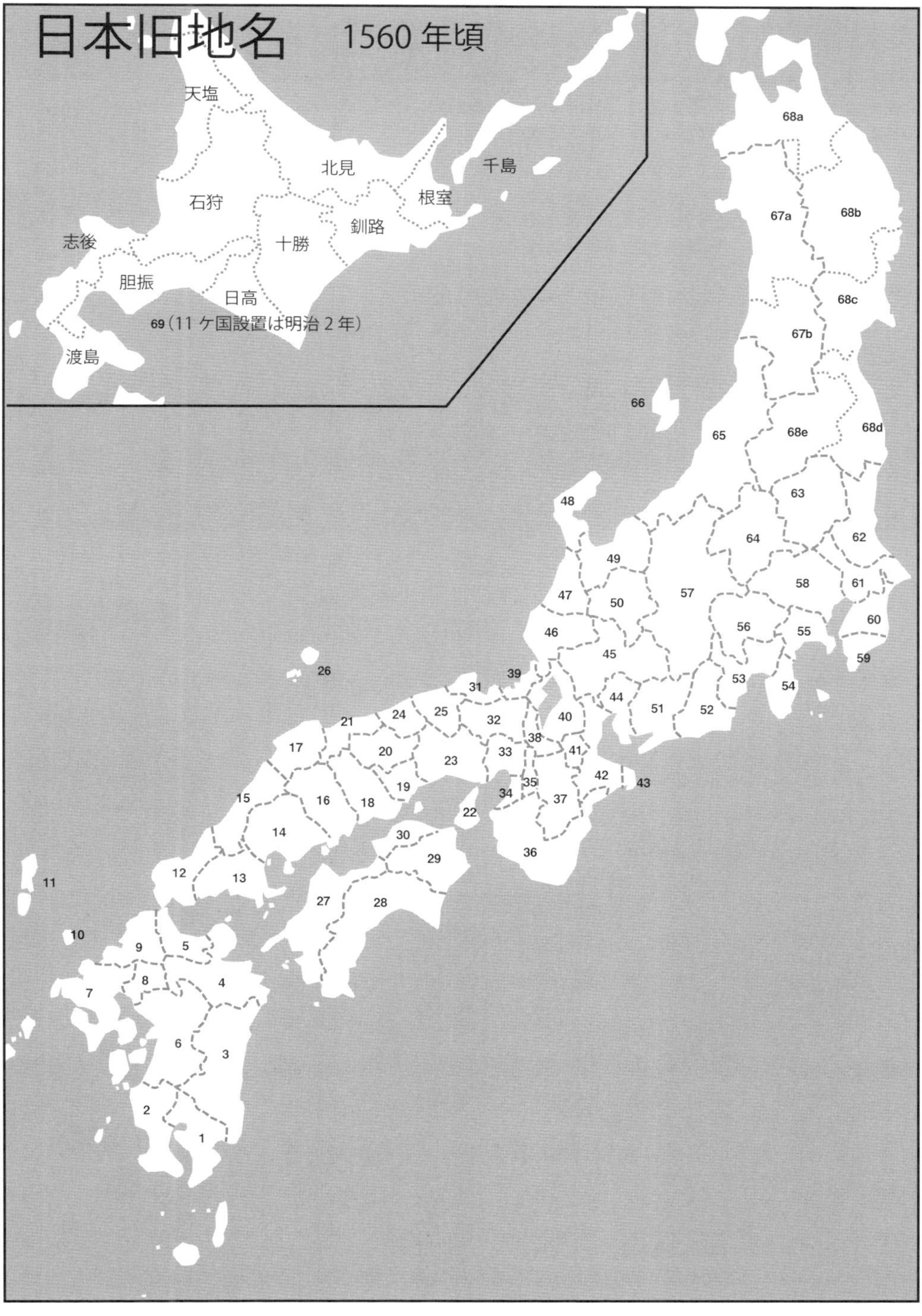
日本旧地名 1560年頃
天塩
北見
千島
石狩
根室
釧路
志後
十勝
胆振
日高
69（11ケ国設置は明治2年）
渡島
68a
67a
68b
68c
67b
66
65
68e
68d
48
63
64
62
49
57
58
61
47
50
46
56
55
60
45
59
26
39
53
54
31
44
51
52
40
21
24
25
32
17
38
20
23
33
41
42
43
35
19
15
16
18
34
37
22
14
30
36
29
12
13
11
27
28
10
9
5
8
4
7
6
3
2
1

事件・出来事を日付まで追える！ユニプランの年表帖シリーズ

歴史の舞台京都を中心に、「その日、その時何が起きていたのか？」

日付までを丁寧に掲載した年表帖シリーズでは、時代の主役たちの行動はもちろん、刻一刻と変わってゆく状況・戦況をお楽しみいただけます。各シリーズともに、写真・図版など多数掲載

■その時、長州は、勤王志士は、朝廷は、江戸幕府は、
黒船騒動・鎖国から開国、その顛末を集めた
維新年表帖 上巻
◆仕様　A5 判　320 頁　定価：本体 1500 円＋税

■その時、長州は、勤王志士は、朝廷は、慶喜政権は、江戸の幕閣は、
尊王攘夷、開国、佐幕派　その顛末を集めた
維新年表帖 下巻
◆仕様　A5 判　304 頁　定価：本体 1500 円＋税
上巻は黒船来航～、下巻は「八月十八日の政変後」～明治維新。長州藩について藩政の動向、支藩等の動き、藩にまつわる事件、藩士のプロフィールも充実させました。

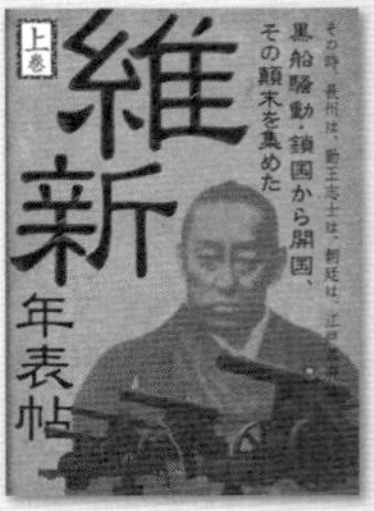

■その時、龍馬は、新選組は
維新の胎動　幕末年表帖
◆仕様　A5 変形・312 頁　定価：本体 1143 円＋税
NPO 法人京都龍馬会理事長　赤尾博章氏　龍馬関連一部監修協力
新選組記念館館長　青木繁男氏　新選組関連一部監修協力
坂本龍馬の事跡を軸に、幕末・明治初期の動乱期、さらには戊辰戦争の終結までを追います。人物写真など、貴重な古写真を多数掲載。

■その時 清盛は、後白河院は、頼朝は、
院政・源平年表帖
清盛誕生～後白河院政～武家政権鎌倉幕府成立
◆仕様　A5 判　288 頁　定価：本体 1500 円＋税
平清盛が生きた時代は、古代から中世への変革の時代であり、次々に歴史的な大事件が起こっています。

平安時代の末期から鎌倉幕府の成立までの、複雑だからこそ面白い時代を追います。

■嵐の中、復興京都の行政・産業・教育は
明治維新・大正ロマン
文明開化の京都年表帖
ダイナミックな近代京都が時系列でわかる！
◆仕様　A5 変形・320 頁　定価：本体 1500 円＋税
京都御政府の初動施策と東京明治新政府の統治と文明開化の諸施策、京都府・市の町施策や学校の成り立ちなど、さらには新島襄・八重、山本覚馬の生涯や近代建築物を加えた年表で、初めての人物写真や当時の珍しい古写真も豊富に掲載しています。

■その時、幕末二百八十二諸藩は？
戊辰戦争年表帖
鳥羽伏見戦～箱館戦争の同時進行・多発戦を追う
◆仕様　A5 判　416 頁　定価：本体 1500 円＋税
鳥羽伏見戦いの幕開けから甲州戦争、船橋の戦い、宇都宮城の戦い、上野戦争、北越戦争、会津戦争、秋田戦争ら、そして翌年明治 2 年の箱館戦争までの「戊辰戦争」が、どのように、そして同時代的に進んで行ったのか、また、維新政府の成立で幕末諸藩はどのような立場で処そうとしていたのかを追っています。

その日、その時何が起きていたのか？

■戦国武将年表帖シリーズ

上巻（信長誕生～本能寺の変）

◆仕様　A5 判　384 頁　定価：本体 1200 円＋税

戦国末期、織田信長・武田信玄・上杉謙信たちが京を目指し、そして「本能寺の変」で信長が滅びるまでを追います。その時、秀吉・光秀・家康らはどうしていたのか。

中巻（信長後継～天下取り～江戸幕府成立）

◆仕様　A5 判　416 頁　定価：本体 1600 円＋税

「本能寺の変」後、豊臣秀吉の活躍と死、そして徳川家康が全国を掌握する「江戸幕府成立」までを追います。その時、上杉や政宗、そして毛利や如水はどうしていたのか。

下巻（家康後継～豊臣家滅亡～徳川長期政権）

◆仕様　A5 判　272 頁　定価：本体 1300 円＋税

「江戸幕府成立」から豊臣家の滅亡を経て、徐々に戦国時代が終わってゆきます。長期政権をめざす徳川幕府の改革と 3 代将軍徳川家光の最後の入洛までを追います。徳川将軍家による親族・譜代・外様等の配置はどうだったのか、大名転籍データも拾い集めました。

■その時、黒田・毛利・大友・立花・島津は 西日本の戦国武将年表帖

◆仕様　A5 判　200 頁　定価：本体 1500 円＋税

黒田官兵衛誕生から戦国時代の終焉までを扱った年表帖。主に西日本の「戦い年表」を中心に記述しています。信長や秀吉の他、特に官兵衛・竹中半兵衛・大友義統・立花宗茂について詳しい。

■その時、甲・信・越・相・駿・遠・三らは、武田家三代年表帖（上巻）信虎甲斐統一～信玄の快進撃と無念の死

◆仕様　A5 判　208 頁　定価：本体 1500 円＋税

■その時家康・景勝・氏政は、そして秀吉は、武田家三代年表帖（下巻）勝頼と真田一族の顛末

◆仕様　A5 判　240 頁　定価：本体 1500 円＋税

上巻は甲斐の信玄を中心に、謙信との 12 年戦争など信濃・越後・相模・駿河・遠江・三河の戦国武将たちのしのぎを削る攻防戦及びそれぞれの動きを重点記述。

下巻では信玄の死後、武田勝頼の家督相続からの苦難な歩みと、武田忠臣であった真田一族が、秀吉、家康ら戦国大名の狭間で、どのようにのぞみ、活躍をしたのか。戦国時代に覇権を競った武将たちの複雑な動きが全体の流れとして把握できます。

おもしろばなしシリーズ第二弾！
「こんな話があるんじゃが、知っとったかー？」

調べ・知り・聞いた秘話を語る！

真田幸村 時代のおもしろばなし百話

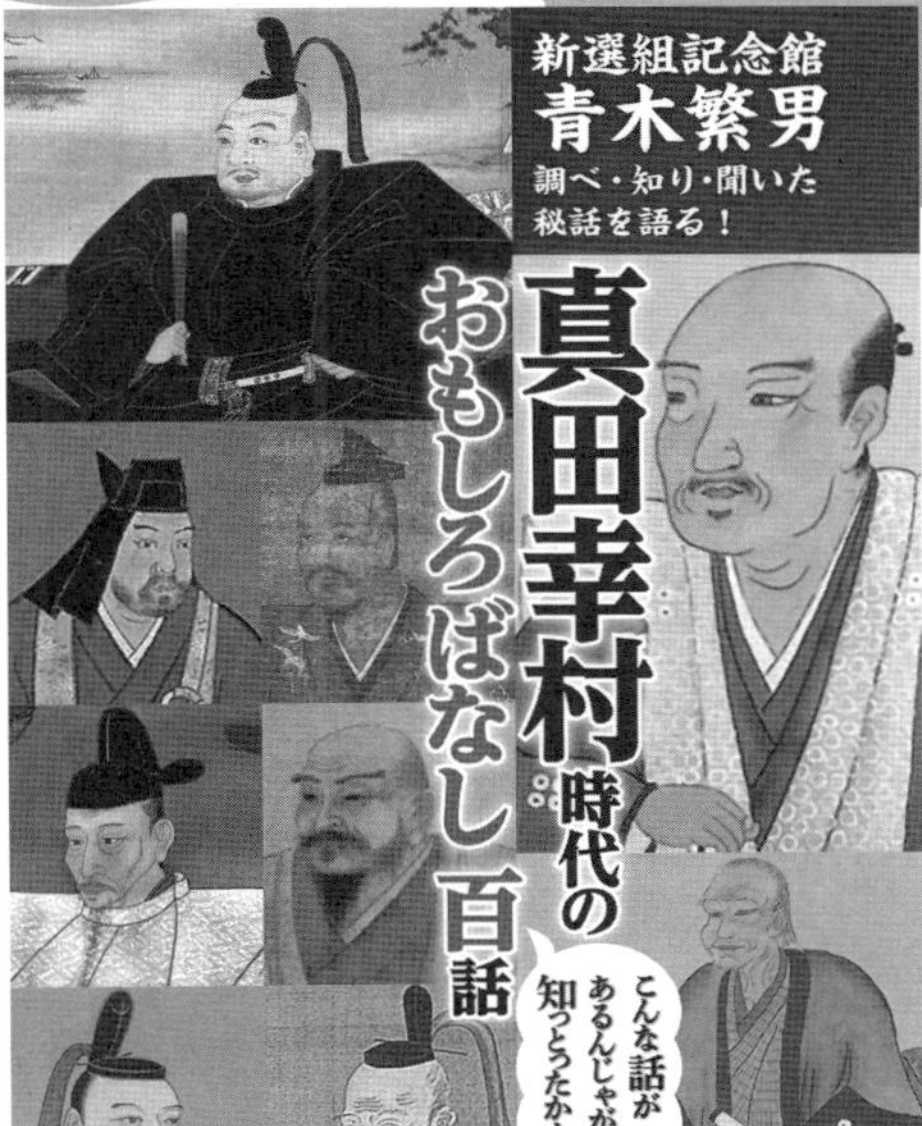

好評発売中！

著者　京都史跡研究家・ふるさと探訪クラブ代表
青木繁男（新選組記念館館長・幕末史家）

仕様　定価　本体**1500円**+税
A5判　224ページ

大坂冬の陣「真田丸」で最大の戦果を上げ、その名を戦史に残した真田幸村。彼に関しての多くの逸話や秘話が残っており、それらを著者が八章に分けて百話を記します。

内容

一、真田の一族
二、関ヶ原の戦い　以前
三、関ヶ原の戦い頃
四、大坂冬の陣
五、大坂夏の陣
六、幸村の伝承
七、幸村の子供たち
八、真田幸村を語る

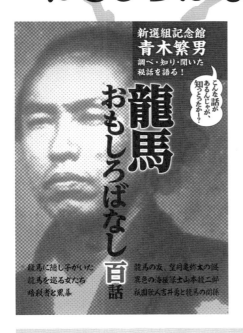

主な参考文献

■秋田書店

歴史と旅：昭和49年4月号		1974
歴史と旅：昭和50年7月号		1975
歴史と旅：昭和55年6月号		1980
歴史と旅：昭和55年10月号		1980
歴史と旅：昭和61年8月号		1986

■旺文社

ブレーン歴史にみる群像1～5	童門冬二、他	1986

■集英社

手堀り日本史	司馬遼太郎	2007

■小学館

逆説の日本史　9～12	井沢元彦	2001.10.31 ～2005.4.15

■新人物往来社

歴史読本：昭和43年10月号		1968
歴史読本：昭和50年8月号		1975
歴史読本：昭和61年7月号		1986

■人物往来社

人物往来　日本史の奇談：昭和33年7月		1958

■中央公論社

回想の織田信長	翻訳：松田毅一、他	1960
歴史と人物：昭和46年4月号		1965
歴史と人物：昭和56年3月号		1981

■日本文芸社

日本史・剣豪こぼれ話	渡辺誠	1993
百鬼夜行の日本史	松本沙月	1994

■文芸春秋社

余話として	司馬遼太郎	1979
歴史余話	海音寺潮五郎	1995

■三笠書房

おどろき日本史249の雑学	太田公	1992
マンガ　日本の歴史がわかる本－ 室町・戦国～江戸時代篇－	小和田哲男,他	1998

■歴研

歴史研究：1985年10月号		1985
歴史研究：1989年4月号		1989
歴史研究：1990年10月号		1990
歴史研究：1993年8月号		1993

写真提供　鳥越一朗、他

青木繁男　著者プロフィール

■昭和7年3月
京都市下京区にて出生。同志社大学商学部卒業
旧第一銀行入行　京都、伏見、本町、丸太町、浜松、梅田、京都支店を歴任

■平成4年3月
第一勧業銀行京都支店にて定年退職
余暇を利用し、飲食業レジャーサービス業の研究と経営コンサルタント、
京町家と幕末、特に第一銀行の創始者渋沢栄一の研究の際、土方と栄一の接点から新選組の研究へと発展。昭和35年より始める。

■平成4年3月
京町家保存会を設立。「京町家草の根保存運動開始」行政に町家保存を訴える。

■平成5年4月
京町家動態保存のため、京町家の宿、京町家ペンションをオープン。唯一の町家の体験宿泊施設。

■平成5年7月
池田屋事変記念日を期に、新選組記念館オープン。館長就任

■平成9年10月
（財）京都市景観・まちづくりセンターが第3セクターを設立、町家保存事業に市が動きだし、ボランティアとして調査に参画。

■平成10年11月
京都市まちづくり事業幕末ボランティアガイド塾を立ち上げ、塾長として55名の市民と幕末京都の史蹟や史実、京町家・町並みの調査研究、市民や観光客に紹介運動開始。

■平成11年6月
塾活動が大きく評価をあび、NHK、KBS、読売テレビや神戸新聞、静岡新聞、京都新聞、リビング新聞に紹介される。

■平成13年3月
21日より1ヶ月間、関西初の「土方歳三京都展」を西陣織会館にて開催。地元大手企業と連帯して、土方歳三の新しい京都に於ける実像に迫る。

■平成14年3月
京都で初めての新選組展を西陣織会館にて開催。

■平成16年1月
NHKスタジオパーク「誠」に出演。

■平成20年9月15日
内閣府エイジレス受賞

■平成26年
平成26年度京都府地域力再生プロジェクト事業「平家物語による町おこし、観光開発」を実施。平家物語を軸とした歴史ボランティアガイドの育成及び同ガイドによるウォークツアーの開催。「治承の乱の高倉宮以仁王生存伝承を追う」による町おこしを実施。

■平成27年1月
著書「京都幕末おもしろばなし　百話」を出版。好評を得る。
・高倉宮以仁王伝承の研究
・京都と滋賀の妖怪霊界物語伝承の研究を強化する。

■平成27年8月
月刊京都8月号に京都妖怪図鑑掲載。

■平成28年1月
「真田幸村　時代のおもしろばなし百話」を出版

■現在
「新選組おもしろばなし　百話」「龍馬　おもしろばなし百話」発行中。
宇治市観光ガイドクラブ初代代表　新京都シティ観光ボランティアガイド協会顧問
京都町作り大学院大学　講師

あとがき

戦国初期から、守護、守護代に代わって全国各地に戦国大名と呼ばれる勢力が出現しました。

今回の「おもしろばなし」は、天下布武を唱えた「一、信長」、天下統一の寸前までを実質的に成し遂げたが敗れた「二、本能寺の変」、日本全土を名目的に統一した「三、秀吉」、天下分け目の「六、関ヶ原の戦い」、江戸幕府を開き戦国時代を終焉させた「四、家康」の数々の話を取り上げました。

さて、２０１７年の大河ドラマは「おんな城主 直虎」として、知られざる井伊直虎が主人公と決定しました。私は若い頃、静岡県浜松へ転勤となり、遠江地方の戦国の歴史を調べ色々と歩いて廻りました。悲劇の親子・築山御前たち、曳馬城の女城主・お田鶴の方（椿姫）、そして井伊直政を育てあげた直虎ら戦国の女性たち。知られていないが戦国期の女性たちの果たした役割は大きなものです。五として「井伊直虎話」も取り上げました。

「七、その他の話」も数々を取り上げました。〝鉄砲の伝播〟、〝イエズス会と戦国大名〟、〝朝鮮の役〟、〝戦国逸話〟、〝茶人〟、〝武将と妻〟などのテーマに分けました。「武将を更に格付けるために、お歯黒を女性たちが付ける話」なども面白い内容です。

戦国ファン方々に喜んでいただけたらありがたいと思っております。

私は、得意の「新選組おもしろばなし 百話」と、大政奉還百五十周年記念として「龍馬おもしろばなし 百話」を書きました。新選組百話は、浪士隊、新選組拝命、芹沢鴨暗殺、池田屋事件、禁門の変、油小路の変、天満屋事件、近藤勇斬首、歳三の最後などの話を時系列でまとめ、さらに、その後の新選組、よもやま話などとして纏め上げました。

龍馬百話は、暗殺事件と龍馬と女性を中心において描きました。坂本龍馬の数々の逸話や、お龍の死後、夫の西村氏がその遺骨を、夜、霊山墓地龍馬のお墓のところに埋めたお話、龍馬の隠し子話とか、等々です。お読み下されば と願っています。

■写真提供
青木繁男、鳥越一朗など

新選組記念館青木繁男
調べ・知り・聞いた秘話を語る！
戦国おもしろばなし　百話

定　価　カバーに表示してあります
第1版第1刷
発行日　2017年1月5日
著　者　京都史跡研究家・ふるさと探訪クラブ代表
青木繁男（新選組記念館館長・幕末史家）
ユニプラン編集部
編集・校正　鈴木正貴・橋本 豪
デザイン　岩崎 宏
発行人　橋本 良郎
発行所　株式会社ユニプラン
http://www.uni-plan.co.jp
(E-mail) info@uni-plan.co.jp
〒604-8127
京都市中京区堺町通蛸薬師下ル　谷堺町ビル1F
TEL（075）251-0125　FAX（075）251-0128
振替口座／01030-3-23387
印刷所　株式会社　谷印刷所
ISBN978-4-89704-406-4　C0021